U0635795

本书研究获国家自然科学基金项目（项目编号：41271396；41231171）
"863计划"项目（项目编号：2007AA11Z207）支持

大城市
公共交通
空间网络规划

黄正东 刘学军 著

科学出版社

北京

内 容 简 介

　　大城市由于社会经济活动密集，公共交通具有重要地位。近十多年来，随着我国机动车数量迅猛增长，城市交通压力与日俱增，公共交通的重要性得到新的认识。许多大城市的公共交通正从单模式的公共汽车交通向多模式的公共交通转变，形成轨道交通、快速公共汽车交通、常规公共汽车交通多模式协调发展的格局。本书立足于城市交通发展的大背景，基于多模式公共交通发展的需求，研究大城市公共交通空间网络布局规划的技术与方法。主要内容包括：大城市公共交通系统的数据表达与数据库、公共交通数据处理技术、公共交通线网规划设计方法、公交站点出行需求预测、公交站点优化布局、遗传算法与公交线网优化、多模式公共交通线网规划及其软件、武汉市多模式公交线网优化案例分析。

　　本书适合交通运输、城市交通规划、地理信息系统等领域的教育、科技、管理工作者和高等院校师生阅读参考。

图书在版编目（CIP）数据

大城市公共交通空间网络规划／黄正东，刘学军著 . —北京：科学出版社，2013.11

　　ISBN　978-7-03-039037-0

　　Ⅰ.①大…　Ⅱ.①黄…②刘…　Ⅲ.①大城市–公共交通系统–交通网–规划–研究–中国　Ⅳ.①U491.1

　　中国版本图书馆 CIP 数据核字（2013）第 256610 号

责任编辑：林　剑／责任校对：宣　慧

责任印制：徐晓晨／封面设计：耕者设计工作室

科 学 出 版 社 出版

北京东黄城根北街 16 号
邮政编码：100717
http://www.sciencep.com

北京厚诚则铭印刷科技有限公司 印刷

科学出版社发行　各地新华书店经销

*

2014 年 1 月第　一　版　开本：720×1000　1/16
2017 年 4 月第二次印刷　印张：16
字数：357 000

定价：128.00 元

（如有印装质量问题，我社负责调换）

前　　言

我国城市机动车的迅猛发展对大城市交通产生了深远的影响。城市公共交通（简称公交）如何健康发展，是城市规划和决策者面临的重大问题。在各大城市轨道交通或快速公交系统逐步展开建设的过程中，各种公共交通模式的相互协调与互动也成为提高公交效率的关键问题，亟须深入研究。如何协调多种公交模式的发展，形成统一、互补、高效的综合公共交通运输大系统，是大城市交通规划者和决策者面临的重要任务。研究这个大系统需要多方面的数据和多种学科方法的支撑，现代交通理论和相关技术的发展为研究复杂的公共交通系统提供了必要的前提。

从国内外的重要科技文献中可以看出，有关公共交通的研究一直在延续，研究内容和水平不断提升。在数据来源方面，从人口、土地利用数据到公交出行智能卡数据，再到移动通信定位的 GPS 和手机数据，数据采集手段不断更新，数据分析方法也不断完善；在公交站点的布局研究方面，从单条线路上站点间距的设置到全局优化，从简单约束的位置覆盖集模型到多约束条件、多目标的空间覆盖模型，从单纯关注空间覆盖面积到综合评价覆盖效率，都显示出研究的深度和广度在不断深入；在公交线网布局优化方面，遗传算法、蚁群算法等启发式算法等都已用于解决线网布局、公交运行时间表规划等多层次的综合优化问题。

本书是国家自然科学基金项目（编号：41271396；41231171）和"863 计划"项目（编号：2007AA11Z207）主要研究成果的总结，项目组在社会经济数据的空间分解方法、多模式站点布局优化、多模式公交线网优化及其评价等方面进行了较为深入的研究，并用实际案例进行了验证。主要特点有：①提出了基于地理信息系统（GIS）的公交规划基础数据处理和融合方法，如社会经济数据的微观分解；②基于公交系统的空间分布特征，充分利用地理学领域的空间分析方法与运筹学领域的启发式算法，在线网优化中结合了两者的优势；③多学科的交叉，将 GIS、运筹与优化、交通规划、计算机等学科领域的技术方法进行了综合运用。

本书由黄正东主笔，刘学军负责第四章、第五章、第七章中部分小节的撰写。有关博士生、硕士生为书稿的撰写收集了数据或素材，他们是：魏学斌、丁寅、夏小棠、李捷、张宁、张莹、李琛、陈明敏、夏阳、佘冰、沈溪杰、李富鸿等。课题组的其他成员也给予了较大的帮助。

书中不足之处，恳请读者批评指正。

黄正东

2013 年 8 月

目　　录

前言

1　城市公共交通系统 ··· 1

　1.1　城市发展与城市交通 ·· 1

　1.2　城市公共交通在城市交通中的地位 ················· 5

　1.3　城市公共交通的模式构成 ································· 6

2　公共交通系统数据表达关键技术 ························· 11

　2.1　地理信息系统与交通 ······································ 11

　2.2　GIS-T 数据模型 ··· 14

　2.3　多层次综合公共交通数据模型 ······················ 25

　2.4　基于有向层次模型的公共交通出行优化案例 ········ 32

3　面向公共交通规划的数据处理 ··························· 40

　3.1　空间数据融合技术 ··· 40

　3.2　公共交通规划数据 ··· 42

　3.3　社会经济活动的地理参照与定位 ··················· 44

　3.4　公交出行数据分析 ··· 52

　3.5　基于土地利用的社会经济统计数据分解 ·········· 54

4　城市公共交通系统规划理论与方法 ··················· 64

　4.1　公共交通出行预测 ··· 64

　4.2　常规公共交通规划方法 ··································· 68

　4.3　常规公共交通线网优化模型 ··························· 76

　4.4　常规公共交通系统评价 ··································· 87

4.5　大运量快速公共交通规划 ·············· 88

4.6　多模式公共交通规划 ·············· 94

5　基于可达性模型的公交出行生成分析 ·············· 97

5.1　公交出行生成预测方法 ·············· 97

5.2　基于 GIS 可达性模型的公交出行需求预测 ·············· 109

5.3　站点可达性模型的验证与分析 ·············· 115

5.4　基于站点的公交出行分布模型 ·············· 120

6　多模式公交站点布局优化 ·············· 124

6.1　公交站点布局原则 ·············· 124

6.2　公交站点布局优化的理论方法 ·············· 126

6.3　公交站点的层次优化方法 ·············· 135

6.4　案例分析 ·············· 144

7　遗传算法与公交线网优化 ·············· 157

7.1　遗传算法 ·············· 157

7.2　遗传算法与公交系统优化总体思路 ·············· 161

7.3　候选线路及线路方案集 ·············· 162

7.4　优化目标与适应函数 ·············· 168

7.5　个体与种群 ·············· 172

7.6　优化过程 ·············· 177

7.7　应用案例 ·············· 179

8　基于站点的公共交通线网规划 ·············· 185

8.1　以站点为基础的公交线网优化配置思路 ·············· 185

8.2　公交站点布局优化 ·············· 187

8.3　公交出行需求预测 ·············· 188

8.4　候选线路生成 ·············· 189

8.5　基于遗传算法的多模式公交线网优化 ·············· 191

8.6　线网布局评价 ·············· 197

8.7　TransitNet——城市公共交通线网空间配置与优化软件 ············ 200

9　武汉市多模式公交线网优化案例 ················· 212

9.1　武汉市概况 ··················· 212

9.2　武汉市公共交通发展与规划 ··············· 215

9.3　多模式线网优化的数据描述 ··············· 217

9.4　轨道交通网络优化及评价 ··············· 221

9.5　常规公共汽车网络优化及评价 ·············· 225

参考文献 ·························· 235

1　城市公共交通系统

随着城市经济发展、规模扩大、机动车发展战略等因素带来的城市交通需求的剧增，交通拥堵问题凸显，交通问题成为困扰和制约城市可持续发展的瓶颈。大力优先发展公共交通成为普遍认可的解决方法，更是世界各大城市交通发展的一条根本性战略。一个良好的公共交通系统不仅能够有效缓解城市交通拥堵，改善城市人居环境，为出行者提供安全、经济、舒适、快捷、便利的出行方式，而且能够促进地区经济发展，有利于建设良好的投资环境，提升城市形象。

1.1　城市发展与城市交通

随着第二次世界大战的结束，经济、社会增长便成为全世界发展的主旋律。在经济方面，以战后的重建与发展为契机，西方发达国家实现了经济腾飞。尽管在 20 世纪 70 年代初，石油危机导致了严重的经济衰退，之后各个年代又遇到各种金融危机，但总体上经济增长、生活水平提高是过去半个多世纪的重要特征。在人口方面，过去几十年人口增长速度之快，早已引起世界范围内的广泛讨论。1960 年全世界人口总量约为 30 亿人，到 2011 年已超过 70 亿人，在这一过程中，发达国家人口增长趋缓略有减少，发展中国家人口则持续增长。

随着经济和人口的增长，城市的聚集效应逐渐增强，城市化率不断攀升。根据联合国的统计，2011 年已经有 23 个人口超千万的超级大城市、40 个 500 万～1000 万人的特大城市、394 个 100 万～500 万人的大城市，这些等级的城市人口总量分别达到 3.59 亿人、2.83 亿人和 7.76 亿人，另有 23.6 亿城市人口生活在百万人以下的城市之中（United Nations，2012）。在超过千万人口的超级大城市中，亚洲占有 11 席，中国的上海、北京、广州和深圳位列其中（图 1.1）。

近三十年来我国城市化增长的速度很快，2011 年已经有 6.9 亿城镇人口，超过总人口的一半（图 1.2）。城市化水平较高的地区集中于沿海省份，中部地区城市化则发展较慢。过半的城市化率普遍被认为是社会经济发展的重要标志性事件，快速城市化的进程不会停滞，甚至可能还会加速。加速城市化进程，要求有更系统全面的社会、经济、物质基础设施承载水平，具体而言，既要有数量的规模，又要有质量的保障，这对城市的规划、建设、管理都提出了严峻的挑战。城

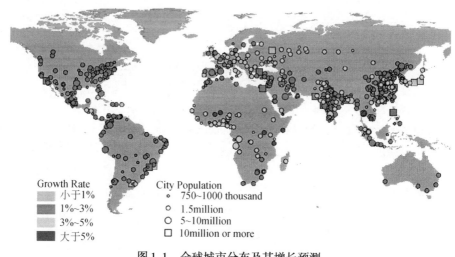

图 1.1　全球城市分布及其增长预测

资料来源：United Nations，2012

市人口聚集有利于经济发展和公共服务设施的高效配置，但发展不当也会引起诸多问题，包括防灾、安全、卫生、医疗、环境、教育等。其中，城市交通是备受关注的话题，与人民生活水平、安全、经济、环境等有着千丝万缕的联系。

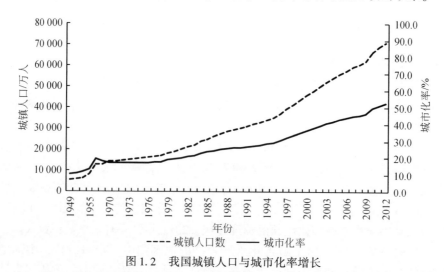

图 1.2　我国城镇人口与城市化率增长

　　由人口和经济增长带来的空间扩张是城市化的外在表现，包括建设用地范围的扩大和地上、地下空间的综合开发利用。城市空间活动需要交通进行联系，因此交通设施也随着空间扩展而延伸，包括交通模式的多样化、道路基础设施的精细化与立体化、对外交通枢纽的综合一体化等。一个城市，可以建成现代化的综合交通供给体系，但随着社会的发展、经济活动的增强，其引发的交通出行需求总是会对现有的交通体系提出挑战。早在 1963 年的布坎南报告中就指出，机动车数量的增长与城市设施不足是导致城市环境恶化和交通拥堵的根本问题，而规划师需要通过精明的设计手法来避免这些问题的发生，尤其是要维护城市中心区的活力（Buchanan，1964）。

小汽车数量的增长是西方发达国家在第二次世界大战后发展的显著标志。经济合作与发展组织（OECD）国家 1975 年轻型汽车数量约为 2.8 亿辆，而其他国家仅有 0.5 亿辆左右；之后，OECD 国家轻型汽车数量稳定增长，到 2005 年达到 5.6 亿辆左右，同年其他国家的总量约为 1.8 亿辆；2005 年之后，OECD 国家轻型汽车数量增长放缓，非 OECD 国家增长加速，到 2010 年全球轻型汽车总量达 8.3 亿辆（OECD/ITF，2012）。根据统计，目前全球小汽车的总量已经超过 10 亿辆，增长主要来自发展中国家。

我国小汽车数量的大规模增长则是在 2000 年之后。早在 1994 年，国务院发布的《汽车工业产业政策》就将汽车工业定位为国民经济的支柱产业。汽车生产能力不断扩大和城镇居民收入增加，都刺激着汽车消费数量的迅猛增长。1990~2011 年，我国几个特大城市机动车数量增长都十分迅速（图 1.3）。例如，北京不到四年的时间就出现 200 万辆的增长，总量达到 500 万辆，政府不得不出台限购政策进行干预；上海 2010 年也超过了 300 万辆；广州则超过 200 万辆；武汉 2012 年的数据是 130 万辆。我国的城市用地一直有非常严格的控制，中心城区的人口和经济活动密度都远高于发达国家。道路空间有限，过多的机动车同时出行将会使一个城市变成"堵城"，因此公共交通被认为是解决拥堵问题的重要手段。

小汽车给单位、家庭和个人出行带来舒适和便利，提高了工作效率、生活水平和幸福感。由于城市道路空间有限，过多的机动车在时空上的聚集必然会产生交通拥堵和环境污染问题。交通拥堵是一种机动车的时空聚集现象，涉及的三大要素为道路空间、机动车、时间，因此通过增强道路通行能力、减少机动车出行、错开出行时间将会缓解交通拥堵状况。提高道路通行能力是城市规划师和交通工程师不断追求的目标，但城市空间终究是有限的，所提供道路通行能力必然也有个最大值。通过提高公共交通的服务水平，可以吸引大量的出行者，从而减少个人小汽车的出行；同时，合理的城市用地空间布局有可能在局部范围达到一定比例的居住和就业平衡，增加短距离的出行需求，抑制长距离的出行需求，从而降低小汽车的出行比例。通过规定各种政府部门和机构的上下班时间，是从时间上将出行需求进行分离，这也是许多城市正在实行的措施。

道路基础设施建设是交通供给的重要保障，在我国的城市建设用地分类体系

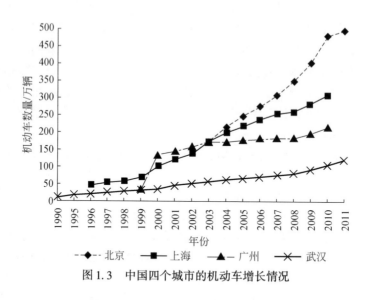

图 1.3　中国四个城市的机动车增长情况

中，将道路及交通设施用地单独归为一大类，与居住用地、公共管理与公共服务
用地、工业用地、绿地与广场用地一起成为城市五大主要用地类型。道路与交通
设施用地一般占城市建设用地的比例为 10% ~ 25% （住房和城乡建设部，
2011）。世界各大城市在道路建设水平上差别较大，如伦敦、纽约、东京等超大
城市的道路网密度都高于国内主要城市（表 1.1）。道路等级级配也是衡量道路
系统效率的重要指标，一般是等级越低的道路，数量越多、面积越大。我国大城
市主干道和快速路的比例一般较高，而支路网络构建及其与干路网络的衔接往往
被忽略，这也是导致交通拥堵的重要原因。

表 1.1　国内外主要城市道路指标比较

道路指标	北京 （2010 年）	上海 （2010 年）	广州 （2010 年）	武汉 （2010 年）	伦敦 （2009 年）	纽约 （2005 年）	东京 （2005 年）
建成区或中心城区面积/km²	1 370	657	952	500	1 578	785	633
道路长度/km	6 355	4 400	6 986	2 682	14 676	13 352	11 845
路网密度/(km/km²)	4.64	6.7	7.34	5.36	9.3	17	18.7
道路面积率/%	12.78	10.98	10.22	14.55	16.40	23.00	15.90
次级及以下道路占比/%	82.11	—	—	76.19	87.90	—	94.50

　　大城市是多元社会的综合聚居地，必然在交通出行方面也追求模式的多元化。

以地铁、轻轨为代表的大容量快速公共交通当然是理想的选择，常规公交则是基本的必备公共客运配置，小汽车出行更受到高收入群体和实力雄厚机构的推崇。而在低碳城市、可持续发展和健康理念的推动下，非机动化的出行正受到越来越多居民的青睐。这些多元化的需求呼唤对城市交通设施的多层次优化配置，过于强化某一种模式而忽略其他模式的交通规划难以构成多模式的综合交通体系。

1.2　城市公共交通在城市交通中的地位

过去几十年，全世界机动车数量以前所未有的速度增长，城市交通状况恶化，使得经济损失严重。城市公共交通的重要性逐步被政府管理机构和普通市民所认识，一系列鼓励公共交通发展的政策及措施在各国相继出现。大城市的人口数量及土地开发强度决定了公共交通的重要地位，而在我国的许多大城市，这种重要性一度被忽略。我国的机动化政策实施以来，首先在大城市出现严重的交通问题，随后逐渐向中小城市蔓延。严酷的现实促使决策者更多地进行权衡，而交通参与者则主动调整出行行为。公共交通的重要性得到进一步认识。

城市公共交通的主体地位是由其具有的多种鲜明特征和优势决定的，包括以下几点。

（1）公共交通是一种集约型的运输工具，通过统一配置运输资源，可以降低整个城市出行供给系统的成本，缓解城市交通拥堵、提高运行效益。

（2）更多人选择公共交通将减少私人交通工具的使用，进而减少污染物排放，促进城市环境改善。

（3）相比拥堵的城市道路，具有专用路权和优先信号的公共交通比私人交通更加快捷。

（4）乘坐轨道交通进行长距离出行比其他机动交通具有更大的时间可靠性，安全性方面也更有保障。

（5）乘坐公共交通不需要集中精力驾驶，身心可以得到休息。

公共交通出行也有不受欢迎的特征，如换乘需要较多的精力和时间消耗、舒适性较低、安全感减少、步行到达公共交通站点时间过长等。这些问题呼唤交通规划师和工程师作出更加系统高效的多模式公共交通网络、提升车辆乘行环境、提高公共交通覆盖率。

在社会经济活动密集的大城市区域，公共交通成为城市客运的骨架运输网络，承担较大比例的出行，这在伦敦、东京、巴黎、香港等城市已得到充分体现。根据各城市在互联网上发布的资料，在巴黎内环区域内的 762km² 范围内，公共交通出行比例为 62%，小汽车为 32%；东京的 23 区内 622km² 范围内，公共交通出行比例为 51%，小汽车为 12%；伦敦内城区 337km² 范围内，公共交通出行比例为 33%，小汽车为 23%；香港公共交通出行占 80%，小汽车则只有 11%。

但对于密度稍低的大城市，如芝加哥、墨尔本、悉尼、多伦多等，以及多数发达国家的中小城市，个体小汽车交通占有绝对的比例。对于伦敦、东京、巴黎等大都市而言，也只有在中心城区才能凸显公交优势。北京和上海都拥有十分庞大的公交体系，在近年才勉强接近 30% 的出行比例。上海市只是在中心城区才有更高的比例，公共交通与小汽车的竞争还将持续（陆锡明和顾啸涛，2011）。因此，需要认识到公交系统的局限性，其优势只有在中心城区得以凸显。

在过去的十多年里，我国对公共交通的认识更加全面，重视程度进一步增强。2005 年，建设部等六部委联合发布《关于优先发展城市公共交通的意见》，提出按照因地制宜、统筹规划、分步实施、协调发展的要求，坚持政府主导、有序竞争、政策扶持、优先发展的原则，加大投入力度，采取有效措施，基本确立公共交通在城市交通中的主体地位。通过科学规划和建设，提高线网密度和站点覆盖率，优化运营结构，形成干支协调、结构合理、高效快捷并与城市规模、人口和经济发展相适应的公共交通系统。2012 年，国务院发布关于城市优先发展公共交通的指导意见指出"优先发展公共交通是缓解交通拥堵、转变城市交通发展方式、提升人民群众生活品质、提高政府基本公共服务水平的必然要求，是构建资源节约型、环境友好型社会的战略选择"（国发〔2012〕64 号）。在规划布局、设施建设、技术装备、运营服务等方面，明确公共交通发展目标，落实保障措施，创新体制机制，形成城市公共交通优先发展的新格局。通过提高运输能力、提升服务水平、增强公共交通竞争力和吸引力，构建以公共交通为主的城市机动化出行系统，同时改善步行、自行车出行条件。发展多种形式的大容量公共交通工具，建设综合交通枢纽，优化换乘中心功能和布局，提高站点覆盖率，提升公共交通出行分担比例，确立公共交通在城市交通中的主体地位。

1.3 城市公共交通的模式构成

大城市交通环境复杂，常规单模式公共汽车的服务效率已跟不上整个城市客运的发展需求，需要引入快速公交系统。为提高服务效率和质量，公共交通的多模式也需要综合优化、协调发展。实现公共交通多元化的基本策略是，为满足不同层次的需要，在经济比较发达的大城市，逐步建立起以大中运量快速交通系统为骨干，以地面常规公共交通为主体，辅之以其他客运交通方式的多层次的、符合生态及环保要求的城市客运交通体系。

公交模式一般有地铁、轻轨、快速巴士（BRT）、常规公共汽电车、轮渡及辅助性的出租车等。如果不计辅助公交，可以根据运送模式与速度大致将公交分为两类，即快速公交和常规公交。快速公交（地铁、轻轨、快速巴士）在道路使用的排他性、运送形式、站点及线路布局具有相似的特征。

地铁是所有城市公交模式中运输能力最大的轨道系统，根据车型和发车频率的不同，每小时一般可达 3 万～6 万人。地铁轨道在城市地下铺设，若延伸到郊区则可在地面铺设。地铁的运量大，相比地面公交而言速度快，是特大城市公共交通系统中的骨架，对城市多节点空间的形成也具有促进作用。地铁的建设周期长，运行与维护成本高，对城市的财政来说也是不小的负担；但比起交通拥堵带来的损失，这种投资是物有所值的。伦敦于 1863 年建成了第一条地铁线路，巴黎的第一条地铁于 1900 年通车，纽约建成第一条地铁则是在 1904 年。另有市郊铁路与地铁比较接近，建在城市内部或内外结合部，线路设施与干线铁路基本相同，服务对象以城市公共交通客流，即短途、通勤旅客为主，发车频率低于城市地铁。

轻轨是介于有轨电车和地铁之间的一种中运量快速运输工具，准确地说是运量或车辆轴重稍小于地铁的快速轨道交通，建造技术可有地面和地上两种形式，以地面高架居多。相比地铁，其车厢较小、车辆数较少，每小时单向客流量在 0.6 万～3 万人次。另一种单轨系统采用单轨支撑技术，运力与轻轨比较相似，从运量规模的角度可以归为轻轨一类。轻轨造价比地铁低，在客流量需求不太大的城市可以作为其骨干公共交通模式，也可作为大城市地铁系统的补充。

我国的城市轨道交通建设速度很快，北京、上海和广州在短短几十年就达到国际大都市的轨道交通规模（表 1.2）。根据规划，北京 2020 年的轨道长度将达到 1000km，上海近 900km，广州 600km，武汉也将达到 560km。因此可以说，近一段时期，中国的城市轨道交通建设是全球建设速度最快、规模最大的。根据国家发展和改革委员会的统计，2012 年度全国有 35 个城市在建轨道交通线路，总投资 2600 亿元，估计 2013 年这一投资规模将达到 2800 亿～2900 亿元。

表 1.2　世界大都市区轨道交通情况

城市	轨道长度/km	轨道站点数	年客运量/亿人	统计年份
伦敦	402	207	11.07	2010
巴黎	215	371	15.06	2010
纽约	369	468	16.4	2011
东京	326	280	31.61	2010
香港	218	171	16.87	2011

续表

城市	轨道长度/km	轨道站点数	年客运量/亿人	统计年份
北京	456	261	24.6	2012
上海	435	285	22.76	2012
广州	236	148	16.4	2011

资料来源：http://zh.wikipedia.org/wiki/［2013-08-02］

快速巴士（BRT）的基本思想是将改进的公共汽车置于专用路权的巴士车道，并采用类似轨道交通的运营模式，如封闭站台、入站购票、上下无台阶、高发车频率等。BRT 的车辆是将常规公共汽车的车厢进行铰接而形成的，有双节车厢或三节车厢，大大提升了一趟车的客容量。根据库里蒂巴的经验，其运力几乎与普通轻轨相当。BRT 的优势在于造价低廉，大约为地铁的二十分之一。由于成本上的优势，以及在库里蒂巴、波哥大、首尔等城市的成功经验，BRT 很快在中国得以推广。目前，昆明、杭州、广州、厦门、北京、郑州等城市已经有 BRT 线路建成并投入运行，其他城市，如上海、武汉也正在建设中。BRT 模式也存在一些争议，主要在于 BRT 线路基本上占用的都是城市地表的道路面积，并且在交叉口需要设定信号优先管制，这对于我国许多本已捉襟见肘的道路面积来说是雪上加霜。此外，我国大城市的公交线路具有很高的重复率，本来可以将线路密集的路段进行集中，合并成为一条 BRT 线路，但这将导致重新设计线路网络并对换乘设施进行大规模改造，这将付出很大的代价。因此，许多项目被称为"准BRT"，采用全部或部分专用路权，信号优先，多条线路共同使用等方式进行组织，这也大大提高了公交的运行效率，而这种形式，早已在欧洲的一些城市实行多年。

以伦敦市为例，来看看一个大城市多模式公共交通的构成。伦敦公共交通系统完善，主要由地铁、轻轨、电车、公共汽车、出租车组成，同时还有一些特殊的点对点快捷运输系统。伦敦作为发达的国际大都市，其公共交通系统走在世界前沿，同时对其他国家城市公共交通的发展和建设也具有示范作用。伦敦交通局所属的三个不同的铁路系统贯穿伦敦市，最大的是伦敦地铁，运行在地下两层线路；另外还有轻轨系统，城市的东部及伦敦南部的电车系统。地下线路从中心区辐射到郊区，这些交通线路对在市中心和郊区之间的通勤人员非常重要。如果使用公共汽车穿过伦敦到达郊区时间将会延长，最新的轻轨发展和伦敦地下铁路轨道路线的引入将解决这些严峻的问题。

（1）地铁系统：伦敦地铁是世界上第一个地下铁路系统，1863 年已经开始运营。目前每天超过 300 万乘客通过地铁旅行，2006 年首次年运载乘客量达到

10 亿人次。地铁有 11 条线路，大部分连接郊区与伦敦市中心，从主要的铁路枢纽围绕市中心分布各区域。地铁主要服务于伦敦北部，这是由地质条件和历史条件造成的，而伦敦南部的公共交通主要依靠地上铁路。

（2）轻轨系统：自动化的轻轨系统服务于伦敦东部的码头地区，它们补充地铁系统，共享票价和相互换乘。轻轨系统主要集中于金丝雀码头商务区，虽然这不是 1987 年建设之初的构想。由于金丝雀码头的成功，轻轨系统比起建设之初已经扩大了好几倍。目前轻轨有五个主要的分支连接各个码头，并服务于伦敦市机场和斯特拉特福国际火车站。

（3）电车轨道：伦敦早期的电车轨道是世界上最古老的，可以追溯到维多利亚时代，目前仍然保留着顶峰时期的电车网络。伦敦街道广泛的电车轨道线路从 20 世纪中期开始消失，但是 2000 年新的电车网络开始服务于伦敦南部的柯璐顿就业中心。电车线路连接柯璐顿和地上铁路站点，到周围的郊区和温布尔顿镇中心。

（4）公共汽车：伦敦市的红色双层公共汽车已经被纳入流行文化，成为英国特有的图标，虽然车辆的设计和运营模式相比过去已经发生改变，但是仍然保持着它的传统红色。伦敦的公共汽车分布非常广泛，大约每周有 6800 次预订服务，承载 600 万乘客。超过 700 条不同的路线使它成为欧洲覆盖范围最广的公共汽车系统，该系统迄今为止在世界上也是领先的。

（5）出租车：标志性的黑色出租车在伦敦仍然十分常见。世界上几乎只有伦敦的出租车司机才开这样的出租车，伦敦所有的出租车都由公共运输局颁布许可，费用随着严格的尾气排放标准而调整。出租车可以在街上直接搭乘，也可以在出租车站台搭乘。出租车的搭乘费用由伦敦交通局制定，乘客根据乘坐距离以及乘坐时间来付费。

（6）其他公交系统：伦敦市还有发往机场的快捷运输系统，这些小范围的交通运输系统独立于伦敦的主要交通网络。盖特威克机场终端间的交通线建设于 1983 年，2010 年重新更新了该系统。除美国之外，该系统称得上是世界上第一个机场无人驾驶列车系统。与之类似的还有斯坦斯特德机场的交通系统。2011 年，希斯罗机场引入了"ULTra 个人快速运输系统"，车辆由电力驱动，其运行里程只有 3.9km，将一个停车场与第五航站楼连接起来，运行稳定。

我国的城市公共交通一直保持着与市政公用设施同等的地位。在过去十年中，无论是公共汽、电车、出租车，还是轨道交通，都处于增长阶段（表 1.3），公共汽、电车的车辆总数从 2002 年的 24.4 万辆增加到 2011 年的 40.3 万辆，增长 65%；客运总量从 375.3 亿人次增长到 672.6 亿人次，增长 79%。增长最快的是轨道交通，2002 年不足 1000 辆车厢，2011 年接近 1 万辆车厢，为 2002 年的

10 倍左右；轨道客运从 8.3 亿人次增长到 71.3 亿人次，2011 年为 2002 年的 8.5 倍左右。从统计表 1.3 中可以看出，2009～2011 年是增长最快的时期，从全国各城市开工建设的轨道项目来看，这种增长趋势将延续下去。

表 1.3　中国城市公共交通发展情况

年份	运营车辆数/万辆			线网长度/万公里		客运总量/亿人次	
	汽、电车	轨道	出租车	汽、电车	轨道	汽、电车	轨道
2011	40.3	0.99	100.2	52.0	0.17	672.6	71.3
2010	37.5	0.83	98.6	48.9	0.15	631.1	55.7
2009	36.5	0.55	97.2	20.8	0.10	640.1	36.7
2008	36.7	0.45	96.9	14.7	0.08	470.9	33.7
2007	34.4	0.35	96.0	14.0	0.07	532.6	22.1
2006	31.3	0.28	92.9	12.5	0.06	447.8	18.2
2005	31.0	0.24	93.7			467.2	16.5
2004	28.0	0.19				414.0	13.3
2003	26.3	0.19	90.3			371.3	10.0
2002	24.4	0.10	88.4			375.3	8.3

资料来源：各年度中国统计年鉴

我国正处于公共交通系统的完善提升阶段，尤其是轨道交通的建设，尚需二三十年的时间，甚至更长。这期间，公共交通吸引力将逐步提升，但也受到多种因素的影响。小汽车出行将仍然维持在较高的比例，而低碳便捷的电动自行车已经在各城市广泛使用，对城市道路空间提出了新的分割需求。在这种环境下，唯有科学规划、系统建设、高效运营才能进一步提升公共交通的吸引力，使公共交通模式成为居民出行的首选。

扩大公共交通覆盖范围、优化线网结构和提高服务质量成为城市交通工作当前的重要内容。轨道交通大运量、高时速、安全稳定的特点使之成为解决当前城市交通问题的必要手段。随着轨道交通及快速公交系统的规划建设，多模式的综合公交系统将是近期及未来城市交通规划的重要工作。理想的城市公交网络需要各种公交方式按照自身的特点分工组织，实行不同的运送标准，才能够物尽其用，实现运营的良性循环。随着各城市轨道交通网络的建设形成，为充分利用其优势，除了其自身建设规模与线网布设的合理性之外，与常规公共交通的整体规划、协调运输就显得尤为重要。

2 公共交通系统数据表达关键技术

交通要素的计算机表达是从现实世界到虚拟世界的过程，其中的关键是通过构建数据模型实现交通要素的数字化表达。交通要素具有地理空间和非空间特征，要素之间还存在时空联系，通过分析这些特征和联系可建立交通数据模型，并形成行业数据模型标准。

2.1 地理信息系统与交通

2.1.1 基本概念

地理信息系统（geographic information system，GIS）是关于管理和分析地理空间要素及其关系的计算机系统。由于人类活动的绝大部分信息都与位置有关，地理空间相关要素的表达、存储、管理和分析成为重要需求。自 20 世纪 60 年代被提出以来，得益于计算机技术的进步，地理信息系统也是飞速发展，成为数字城市、数字国家、数字地球的重要组成部分。作为一个数据库系统类型，GIS 系统也具有数据的采集、存储、编辑、分析、查询、显示、输出等功能。其中最显著的特征是其处理的对象为空间有关的要素信息，如道路、用地、建筑物等空间实体，以及在这些实体上活动的信息。GIS 实现了空间实体要素的位置与属性的一体化管理，正是这种特征使其有别于其他单纯的空间或非空间管理系统。

交通地理信息系统（GIS for transportation，GIS-T）是在传统 GIS 的基础上，结合交通系统特有的特征，如动态分段及几何空间网络等概念和技术，直接应用于交通领域的专门系统。交通实体要素具有明显的空间位置和分布特征，如道路、车辆位置、航线等，利用 GIS 技术管理交通实体对象、分析交通要素信息是一种必然。两者的结合被冠以 GIS-T 的特别术语，成为 GIS 领域的一个重要分支。一些 GIS 的功能，如动态分段技术与线性参照技术，正是为道路实体的动态表达和定位而发展起来的。

2.1.2　发展状况

美国州公路和运输工作者协会（American Association of State Highway and Transportation Officials，AASHTO）资助成立了 GIS-T 专门工作组，自 1987 年开始每年设定一个主题，召开年会。会议议题涉及 GIS-T 的方方面面，除各参会者的经验交流之外，技术服务提供商家都会在会场设置展台，展示最新的技术成果。中国也于 2007 年成立了交通地理信息系统协会。

早期研究侧重于 GIS 在交通领域各方向应用的一般性技术探讨。例如，个体交通行为建模（Golledge，1998；Goodchild，1998）；交通规划与分析（Spear and Lakshmanan，1998）；交通小区设计（O'Neill，1991；You et al.，1997）；交通与土地利用规划（You and Kim，1999）；交通安全评价（Affum and Taylor，1997）；公共交通可达性分析（O'Sullivan et al.，2000）；数据属性与交通网络表示（Sutton，1997）。

专业交通规划软件也需要对交通要素进行空间定位，以最基本的弧段-节点道路数据模型为基础，实现交通流分配计算和显示，可以看成是一种专门用于交通规划的 GIS 系统。但其数据应用的灵活性和可扩展性与商业 GIS 系统相比存在局限性，因此交通规划系统可能会提供一些数据转换工具，既可以从 GIS 数据库中导入空间和属性数据，又可以将规划成果数据导出至 GIS。较深入的做法是建立 GIS 和规划软件之间的紧密耦合机制，让每一规划阶段的数据都可以与 GIS 系统实现互操作，甚至在商业 GIS 环境下直接编制交通规划模型。

近年来，GIS 在交通领域的应用趋于专门化，数据来源更多，内容更加深入。GIS 几乎成为研究交通问题必备的工具。单就交通数据来说，GIS 技术及相关数据采集手段在不断进步，由此出现很多在交通领域的应用，涉及数据建模、GPS 数据挖掘、手机数据挖掘、交通数据共享、设施数据库、交通安全监测、环境影响、项目管理等。

2.1.3　交通数据标准

数据标准的主要作用是为各种系统间的数据交换提供一种基准，以促进数据采集的完备性和数据共享。对于基础道路网已经有一些数据标准，比较典型的有美国联邦地理数据委员会（FGDC）的地理信息框架数据标准和欧洲的地理数据文件（GDF）。这两个标准在道路表达细节的范围方面有所区别，但从 GIS 应用的角度来看都能够描述道路的最细节层次（如非平面道路和交叉口）。

2.1.3.1 地理信息框架数据标准

地理信息框架数据标准（geographic information framework data content standard）由美国联邦地理数据委员会（Federal Geographic Data Committee，FGDC）于 2008 年采纳。该标准服务于国家空间数据基础设施（national spatial data infrastructure，NSDI），由七个专题的地理数据标准组成。七个地理数据专题包括地籍数据、数字正射影像、高程、大地控制点、政府单位、水文地理和交通。其中交通专题最为复杂，包括了一个基础标准和四个交通模式专题，即基础、铁路、道路、公交、内陆水上航道。地理信息框架数据标准中的基础交通模型如图 2.1 所示。

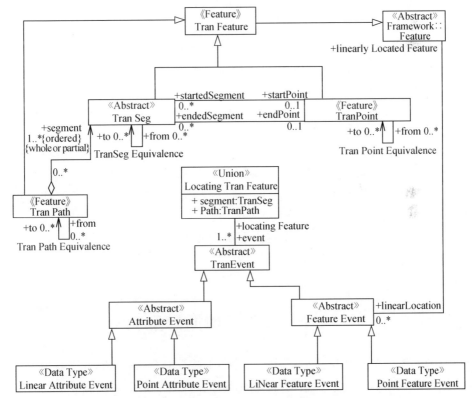

图 2.1　地理信息框架数据标准中的基础交通模型（FGDC，2008）

在基础交通模型中定义了两大类要素，即交通实体（tran features）和交通事件（tran event）。交通实体包括交通段（tran segs）、交通点（tran points）和交通路径（tran paths），它们构成了交通网络。交通事件可以是由交通实体属性定义的属性事件（attribute events），也可以是沿交通实体独立定位的实体事件

（feature events）。这种基础性的交通模型概念可以在铁路、道路、公交、水道上应用。如将这些概念应用到道路网络系统，就可分别实例化为道路段（road seg）、道路节点（road points）道路路径（road paths）。

2.1.3.2 地理数据文件（GDF）

地理数据文件（geographic data files，GDF）是针对智能交通系统（intelligent transportation system，ITS）的需要提出，主要是一种地理文件交换格式。GDF 不同于普通 GIS 标准格式，除数据格式之外，它还详细规定了数据采集和模型表达方式，制定了一整套框架来表示标准要素、要素属性和要素之间的关系。除了 ITS 中的导航应用，GDF 在交通运输领域也具有重要应用，如运输车辆管理、分派管理、道路交通分析、交通管理、车辆定位、行人导航、3D 地图表现、驾驶员辅助系统等[①]。GDF 先是成为欧洲标准（CEN GDF 3.0），经过进一步完善形成了 GDF 4.0 版本，被 ISO/TC204 采纳为世界标准（ISO14825：2004），2011 年又完善为 GDF 5.0（ISO14825：2011）。

GDF 是一个较为稳定的标准，尽管在不断完善，但其基本要素是维持不变的。它是一个三层结构（ERTICO，1999）：①0 层（拓扑层）：这是一种通用的 GIS 拓扑描述，如所有要素都是由点、线、面构成的；②1 层（要素层）：这是最常用到的层次，包含简单的道路、河流、边界和标志实体要素，其属性定义可包含一般具体化的属性值（如单行道、宽度、车道数等），还可包含一些道路关系信息（如不能从路段 1 转到路段 2、路段 1 优先于路段 2 等）；③2 层（复杂要素）：将简单的要素进行合并成为更高层次的要素，如在一个环岛交叉口，所有的车道、交点、衔接弧段都在第 1 层次表示，但在第 2 层次，仅需要用一个点来表示。

2.2 GIS-T 数据模型

交通系统的多元化需要对交通数据进行多视角表达，最基本的交通物理对象（如道路及其交叉口）是客观存在的物质实体，在此基础上又可能被定义为逻辑上关联的路线（如 G8 高速公路）；在计算机系统数据库中，这些要素又需要进行虚拟化的表达（Fletcher，1987）。由此构成了复杂的数据关系（图 2.2）。对于交通实体的表达从逻辑层面来看是由人工（法规）赋予的各种名称，从物理

---

① http：//wiki. gis. com/wiki/index. php/Geographic_Data_Files.

层面则是实际存在于现实世界的物理设施，两者之间是一对多的关系，如一条冠名的城市主干道由多条道路段组成。将实体要素在计算机中表示，就成为虚拟表达形式。虚拟表达模型是客观实体的计算机模型化，对法规定义的逻辑要素表现为数据结构，如弧段、网络、线路等；对物理设施要素表现为几何/地理位置及其属性值。

	逻辑要素	物理要素
实体表达	法规定义： 线路(route) 州主干网(state trunk network) 县主干网(county trunk network) 街道网(street network) 行政边界(political boundary)	物理设施： 高等级公路(highways) 道路(roads) 互通立交(interchanges) 交叉口(intersections)
虚拟表达	数据结构： 网络(networks) 链(chains) 边(links) 节点(nodes) 格网(lattices)	数值： 线(lines) 点(points) 多义线(polylines) 多边形(polygons) 属性(attributes)

图 2.2　GIS-T 建模要素

资料来源：Miller and Shaw, 2001

数据模型（data model）是对现实世界某一部分的逻辑描述。GIS 数据模型以数字的形式表达现实世界地理对象及其相互关系。GIS-T 数据模型则是针对交通系统应用范围广、参与者众多、数据建模过程可以被广泛定义等特征所设计的符合它的要求的数据模型。实践中，GIS-T 数据模型随着时间的推移已有多种，可简单地归类为网络模型、过程模型和对象模型。网络模型是交通网络的基本几何表达，通过网络模型已经可以计算最优路径、最小成本等问题；过程模型关注的是交通行为如何被引导，如以规划四阶段为核心的交通规划软件系统 UTPS（或 UTMS）中的数据模型包含了网络模型；对象模型则是更全面地表达所有交通实体及交通管理要素，构成多层次和动态的整体，其中也集成并优化了网络模型和过程模型。

2.2.1　UML 数据建模工具

经典的数据建模方法属于 20 世纪 70 年代兴起的实体-关系（entity-relationship，E-R）模型。通过系统分析制作的 E-R 图，可以方便地转化为关系数据库，实现工作目标系统的数据建库工作。随着应用的深入和程序开发语言的发展，在面向对象的开发语言环境中逐渐引入了面向对象数据库。面向对象数据库与传统的关系型数据库具有不同的模型结构，因此数据库的过渡中也需要建模工具的开发。

统一建模语言（unified modeling language，UML）是一种模型驱动架构（model driven architecture，MDA）。面向对象的分析与设计方法在20世纪80年代末至90年代出现了一个发展高潮，UML在这种背景下于1997年由OMG组织提出。UML的核心是一套统一的标准建模符号，为开发团队提供标准通用的设计语言来开发和构建计算机应用[①]。通过使用UML，开发人员能够阅读和交流系统架构和设计规划，类似建筑领域所用的建筑设计图。UML统一了Booch、Rumbaugh和Jacobson的各种表示方法，并对其作了进一步的拓展，并最终统一为大众所接受的标准建模语言（Page-Jones，2001）。UML是标准的建模语言，而不是标准的开发过程。尽管UML的应用必然以系统的开发过程为背景，但由于不同的组织和不同的应用领域，需要采取不同的开发过程。

UML的定义包括UML语义和UML表示法两个部分。

（1）UML语义：描述基于UML的精确元模型定义。元模型为UML的所有元素在语法和语义上提供了简单、一致、通用的定义性说明，使开发者能在语义上取得一致，消除了因人而异的最佳表达方法所造成的影响。此外UML还支持对元模型的扩展定义。

（2）UML表示法：是UML语义的可视化表示，是系统建模的工具。UML定义的两类视图分别是结构（静态）图和行为（动态）图。在UML 2.2版本中，包括七种结构图和七种行为图。它们都是元模型的实例。

UML还吸取了面向对象技术领域中其他流派的长处，其中也包括非面向对象方法的影响。UML可以完成传统E-R模型的所有建模工作，而且可以描述E-R模型所不能表示的关系。UML在数据库设计中的应用与传统的E-R建模方法相比有很多优点：拥有更强的数据表达能力；可以实现各种对象间的关系（如关联、聚合），这些关系将来在数据库实现时都可以通过触发器或者存储过程来完成；可以为开发的数据库保留应用程序的接口，采用统一标准，增强系统整体的稳健性、可重用性、移植性；可以直接用于各级测试，使系统设计问题尽早暴露。

UML作为面向对象的设计语言，具有逻辑性强、表达力强、清晰和一致的特点，通过图、类、关联、聚合、模板类等元素，可以非常容易地实现公交实体及相互间关联的定义与表达，在数据模型的设计上有极大的便利。在UML中，空间实体以特征类（feature class）表达，非空间数据以对象类（object class）表

---

① 参考 http://www.uml.org.

达，特征数据集（feature dataset）以包（package）表达，几何网络（geometric network）以 geometric network 模版类表达。图 2.3 给出了公交站点的 UML 静态结构图。

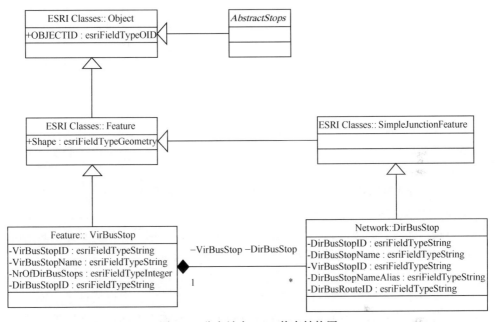

图 2.3 公交站点 UML 静态结构图

UML 也存在缺点，如缺乏设计过程指导。UML 只是一种建模语言而非建模方法，它没有定义一个设计过程。也就是说，一个系统的开发构思必须由设计人员给出。由于设计过程的元素中有太多的可变因素，如开发人员的技术高低、要解决的问题的本质、使用的工具等，这些因素都不是 UML 建模语言能够表达的，因此系统的完整性可能存在差异。

2.2.2 综合交通数据模型

随着地理信息系统（GIS）和数据库技术的发展，制约交通数据库开发的技术难题正逐步被攻克，如动态分段技术、面向对象的数据建模技术、线性/位置参照系统、数据融合技术、数据仓库、数据交换机等。

以道路交通数据标准为基础，在交通系统应用中逐渐出现了一些空间和时空数据模型，如 GIS-T 交通行业数据模型、美国国家合作公路研究项目（NCHRP）的位置参照系统模型等。具体地，这些 GIS-T 模型已经在各类交通数据库构建中得到应用，服务于交通系统分析、规划和管理任务。

2.2.2.1　GIS-T 行业数据模型

Dueker 和 Butler（1998）的 GIS-T 行业模型为交通机构提供了构建数据库的总体模型框架。该框架包括四个主要部分：交通实体的设施列表；由节点、弧段、出行路径和路径段构成的网络；包含定位点、定位段、参照实体和地理点的量测元数据；制图要素。基础的 GIS-T 模型由七个相互关联的实体构成，即交通区域、交通要素、事件点、点事件、线事件、面事件、交叉点。基于面向要素（对象）的数据建库方法，该模型适合于交通行业各机构中多种空间尺度的数据需求（Dueker and Butler，2000）。陆锋（2000）采用类似的概念构建了城市交通网络非平面数据模型，可为交通数据融合、交通建模、网络分析提供必要的数据建库基础。

GIS-T 行业数据模型由四个部分构成（Butler and Dueker，2001）：①交通设施实体：实施范围、交通实体、事件点、线性事件、点事件、交叉口；②交通网络：节点、弧段、路径、路径段；③量测基准：锚点、锚段、参照对象、地理点位；④制图要素：基础线段、线性事件段、线段、点符号、制图点位。

这些部分中要素的表达及其关系如图 2.4 所示。其中黑边框表示交通实体要素，单线边框表示线性参照对象，长虚线框表示制图要素，短虚线框表示网络要素。各模块可相对独立存在，具有较高的灵活性，有利于不同系统之间的数据共享和数据转换利用。在 GIS 系统小型化和大众化的背景下，GIS-T 行业模型将数据从软件系统中独立出来，成为数据驱动的系统构成。

2.2.2.2　NCHRP 位置参照模型

美国的国家合作公路研究项目（national cooperative highway research program，NCHRP）中的"20-27（2）"项目着重研究适合于位置参照系统（location reference system，LRS）的统一交通数据模型，该模型主要考虑了点状和线状交通要素及基于这些要素的线性参照方法（Vonderohe et al.，1997）。在该项目的后续项目"20-27（3）"中，加入了多维及时间参照，使得位置参照系统模型得到进一步的完善，成为多维位置参照系统（MDLRS）（Koncz and Adams，2002）。其主要特征包括：

（1）融入时态的 GIS-T 模型。定义了时间对象（time object），可以表达绝对时间、相对时间和多维时间中的时间点和时间区间；设置时间参照基准（temporal datum）；计算时态关系（temporal relationship）；查询历史发展脉络。

（2）导航应用。MDLRS 满足实时导航需求，定义了 conveyance 对象，表达

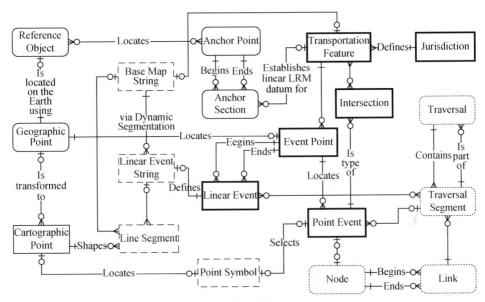

图 2.4 GIS-T 行业数据模型的简化模型 （Dueker and Butler，2000）

任何时空中移动的实体，同时也包含了导航功能（track 和 route）。track 功能用于跟踪移动实体的运动轨迹，route 功能用于路径计算和导航指示。

（3）多维位置参照。在 3D 空间中定义元数据，设置 3D 参照实体对象，实现二维和三维的位置参照，这是对二维位置参照系统的有效补充。

（4）多尺度表达：针对不同空间尺度的应用需求设计多尺度的表达模型，既可表达拓扑类要素，又可表达地理几何（制图）类要素（图 2.5）。

2.2.2.3　UNETRANS

2000 年左右，随着面向对象技术的发展及成熟，美国 UCGIS 协会与 ESRI 公司联合提出了 UNETRANS（the unified network for transportation data model）数据模型。该模型由面向对象的方法构建，以 ArcGIS 为基础平台。UNETRANS 试图更加全面地表达所有交通要素，技术上也不断改进，如从地理数据库几何网络（geodatabase geometric network）升级到拓扑参照网络（topology for the reference network）。由于该模型针对整个交通领域，覆盖范围大，因此在特定领域（如公交）的研究需进行相应的取舍。

UNETRANS 联盟制定了四个相关要素组成的成果：

（1）建立在 ARCGIS 中的面向对象的交通数据模型，模型采用工业标准的建模语言 UML 表述并且作为构建交通数据的开始点。通过 UML 的图描述数据类

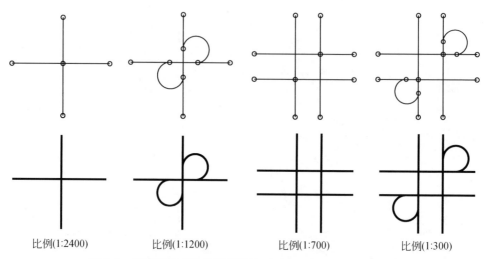

比例(1:2400)　　　　比例(1:1200)　　　　比例(1:700)　　　　比例(1:300)

图2.5　道路交叉口的多尺度表达（Koncz and Adams，2002）

注：上排为拓扑表达；下排为地理几何表达

型、关系及其他细节。该图可以用来产生地理数据库。在基本 UNETRANS 模型中，用户可编辑或增加特殊数据。

（2）描述基本结构的 UML 模型逻辑数据视图非常容易阅读，项目小组可以和用户共同讨论确定取舍视图中的元素。

（3）一组用来论证 UNETRANS 数据模型效能的数据。这组数据由公众及交通相关的数据组成，可以用来支持特殊应用。

（4）描述及解释 UNETRANS 数据模型的文档。

UNETRANS 模型体系包括六个逻辑上相互关联的组，即参照网络、路径和位置参照、交通资产、交通活动、交通事件、移动实体（Curtin et al.，2001）。这六个组分别构成六个包（package），分别解释如下。

（1）参照网络包（reference network package）：主要处理构成几何及拓扑网络的对象。

（2）路线及位置参照包（routes and location referencing package）：主要处理带有位置参照信息的对象，如设施、活动、事件、移动对象等。

（3）设施包（assets package）：处理那些同网络有关但不在网络中的对象，如红绿灯、交通标志等。

（4）行为包（activities package）：处理那些同网络有关但不在网络中的短暂对象，如有计划的道路修理等对象。

（5）事件包（incidents package）：处理突发的事件对象，如交通事故等。

（6）移动对象包（mobile objects package）：交通相关的活动对象，如车辆等。

2.2.3 公共交通数据模型

公共交通系统是综合交通系统的一个子系统，因此在综合交通系统模型中一般都纳入了公共交通实体，可以实现公共交通一般性目标的应用，如系统管理与查询。而一些专门的公交应用，则需要更细致的建模。

已有的研究从不同的角度开发了公共交通数据模型，这些模型都对应于特定的应用需求。根据其应用目标，已有模型可以分为三个类别。第一类将公交实体纳入整个交通系统的体系之中，包括 FGDC 标准模型、GIS-T 行业模型以及 NCHRP 的位置参照系统模型；第二类以 ArcGIS 为基础研究实用的交通数据模型，包括美国环境系统研究所（ESRI）与美国地理信息科学大学联盟（UCGIS）联合提出的统一交通网络模型（UNETRANS），以及交通对象平台（TOP）模型；第三类为面向某一明确目标的公交数据模型，包括面向动态出行计划的数据模型和面向公交数据管理的数据模型。

2.2.3.1 FGDC 标准中的公交模型

FGDC 的地理信息框架数据标准中专门制定了公交模型，作为公交数据共享与交换标准。公交模型是交通基础模型（transportation base model）在公交领域的延伸应用。公交模型要素参照交通基础模型进行逻辑定义，不对交通基础模型中的要素提出更改要求。从图 2.6 中可以看出，公交模型的主要要素包括公交站点（transit stop）、时间点（time point）、公交路径（transit path）、模式（pattern）。公交路径由道路要素进行定义。其他要素包括换乘集合（transfer cluster）、地标（landmark）、设施（facility）、公交车辆（PTV ehicle）、舒适性（amenity）、街道块（block）、公交线路（transit route）、公交出行（trip）和票价（fare）。这其中，time point、facilty、amenity 和 transit stop 都是 transit feature 的子类型（subtype），而 transit feature 则是交通基础模型中定义的 tran feature 的子类型。

公交站点（transit stop）是公交模型中最关键的要素，这是带有坐标的点状实体，具有相关的属性值，可以构成公交站点集合（stop cluster），可以与时间点关联起来。同时，还可以用 pattern 来表示一个公交站点序列。站点之间用连接段（connection seg）进行连接，可以是步行路段、自行车路段、电梯或其他模式的衔接。美国 FGDC 的公交系统数据模型主体部分，如图 2.6 所示。

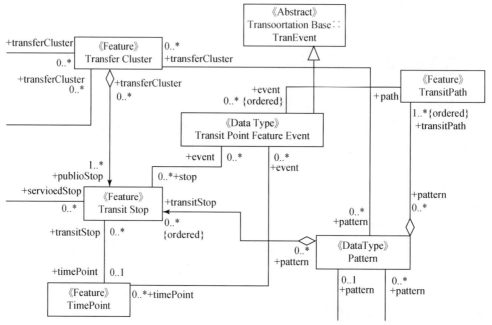

图2.6 美国FGDC的公交系统数据模型主体部分（FGDC，2008）

2.2.3.2 UNETRANS公交模型

UNETRANS提供了在GIS环境下进行更深入的交通数据表达及数据共享应用的基本框架。在此框架中，基本的公共交通要素被包含在模型不同的包（packages）中。route feature类可用于表达各类路径，当然也包括公交线路路径；根据具体需要，公共汽车线路可以用transport route对象或route feature类进行定义，其中前者为非空间对象。UNETRANS区别了站点（stop）和站点集（stop group），前者是沿交通线路有位置参照的单个站点，后者是前者的逻辑集合（图2.7）。在定义上，站点是沿交通线路的空间点事件，而站点集则是非空间实体。UNETRANS没有明确提供站点和站点集之间关系的自动维护，这与公交站点和公交线路之间的关系定义有所区别。很显然，由于UNETRANS是面向所有交通要素的数据模型，若要以此建立公交数据库系统还需做进一步的工作。

2.2.3.3 TOP模型

交通对象平台（transportation object platform，TOP）是在ArcGIS环境下开发的用于一般交通数据存储及管理的模型。TOP的主要目标是构建一个适用于交通

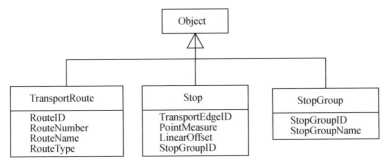

图 2.7　公交类实体在 UNETRANS 中的表达

系统的智能对象模型，一个高效直观的用户编辑界面，以及一些应用分析、建模与展示工具（Nielsen and Frederiksen，2001）。

在交通对象平台（TOP）系统中，也根据站点表达层次进行分级处理，站点集用 stop junction 来代表，而且增加了一个联系站点和站点集的虚拟边 stop edge（图 2.8）。定义 transport edge 为基础道路边，公交线路段（route segment）和站点集定义在基础道路边上；公交线路用 route segment 的组合来表达。

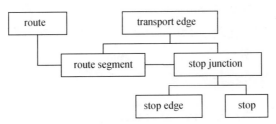

图 2.8　公交类实体在 TOP 中的表达（Nielsen and Frederiksen，2001）

2.2.3.4　特定目标的公交数据模型

面向对象的建模方式也直接应用于公交出行计划系统。例如，公交出行计划数据模型考虑了公共交通运行的动态时空因素，定义了时空对象来实现公交拓扑网络的动态构建，减少了数据冗余并提高了网络搜索速度（Huang and Peng，2002）。该应用模型中定义了公交站点（bus stop）、站点集（stop group）、换乘结点（transfer node）、有向路径（traversal）、公交线路（route）以及道路中线。站点与站点集的定义与 UNETRANS 中的是一致的，站点与有向路径关联，一个站点集则将站点与一条普通双向线路关联起来。换乘结点作为一个点事件，由站点集构成。普通路径由连接站点集的一系列路径段构成。该模型的一个重要特征是一条公交线路可以由大于两条的普通路径来表达，以反映公交线路随时间变化的情况。公交出行规划系统中的实体表达，如图2.9所示。

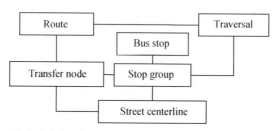

图2.9　公交出行规划系统中的实体表达（Huang and Peng, 2002）

另一个例子是交通运行管理数据模型，该模型运用面向对象的模型方法构建交通运行数据与基础道路网的关联（Trepanier and Chapleau, 2001）。这种关联建立在几个细节层次之上，以满足交通规划的多种需求。例如，公交线路对应了时间点、公交节点、公交站点以及沿道路网的公交路径等细节层次。前三个层次采用了点要素来表达公交线路，而第四个层次才是公交线路的精确线状空间表达。在此模型体系中公交网络和道路网络在公交站点处实现对接，而较少考虑具体的线路位置。显然，这种处理方式是与为公共交通规划服务的目标分不开的。在实际应用中，该模型有效地融合了用户数据、公交线路对接数据、起讫点调查数据以及基础设施管理数据。

2.2.3.5　对比分析

以上列举的数据模型都包括了交通及公交实体要素，并且建立了实体间的关联关系。在这些模型中，第一类没有专门定义公交系统的实体要素，但公交实体要素可以采用相关通用的特征进行描述（如线路可以用 traversal，站点可以用 point event）；第二类定义了通用的交通线路，且对公交站点与站点集进行了区分和表达；第三类是专门针对公交系统的，明确区分了站点和站牌点，以及单向和双向线路（表2.1）。显然，这些公交要素实际上是定义在不同的空间层次上。

表2.1　各数据模型对公共交通实体的定义

模型名称	站点集	站牌点	公交线路	有向线路
FGDC	transfer cluster	transit stop		transit route
GIS-T 行业数据模型	point event			traversal
NCHRP 20-27	point event			traversal
UNETRANS	stop group	stop		transport route

续表

模型名称	站点集	站牌点	公交线路	有向线路
TOP	stop junction	stop	route	
公交出行计划数据模型	stop group	bus stop	route	traversal
交通运行管理数据模型	route stop	bus stop	bus route	trace

2.3　多层次综合公共交通数据模型

公共交通包含一系列的任务需求，如公交路线规划、设施管理、公交运行管理与调度、出行指南等。这些任务作用于不同的空间层次上，要求对公交要素进行适当的表达。例如，在公交规划中路线分配需要在普通的路线-站点的层次上实施，在设施管理中需要明确各站点及站牌点的详细地理位置，在公交调度中每辆公交车的位置及相关数据需要被记录和发布，而在出行规划中用户可能需要了解如何在一个复杂的换乘点正确找到目标线路。公交实体的层次性在这些应用中有明确的体现。多层次公交数据模型的提出是基于以下两个主要的目标：第一，描述复杂的公交系统结构，特别是我国大城市环境下的公共汽车系统；第二，在此基础上，满足各层次城市公交系统的应用需求，包括公交规划、管理与维护、公交出行指导。

公共交通实体的数据表达是否适当将直接影响公交数据库的使用效率。公交站点和线路的表达可采用独立方式和非独立方式。独立方式直接用坐标记录站点和线路的空间位置；非独立方式直接将公交实体关联到路网上，而不需显示记录实体的位置坐标。利用 GIS 的空间分析和动态分段技术来建立独立的公交实体网络（Choi and Jang, 2000）。这种独立网络适合于公交规划中的需求建模，对于多模式线路规划分析则需要重建空间关系。该实例中也考虑到了区分单向站点和双向站点，但没有涉及较为复杂的情形以及有向线路的表达。

公交实体的表达需要依据不同的需求采用相应的层次和规模。采用面向对象的模型可以实现公交运行数据和路网的关联表达（Trepanier and Chapleau, 2001）。为适应不同的需要，公交线路被定义在四个层次上，最简单的方式为用时间点来描述，最详细的则是基于具体的路线描述。公交对象实体模型中包括线路、线路方向和站点。在这个模型中，公交线路网络与基础路网通过站点进行关联，详细的公交路线不存在于数据库中，但可在 GIS 中进行重构。

2.3.1 三个层次的公交数据模型

三层公交数据模型由非空间对象、空间要素和网络为元素，构成了语义层次、虚拟层次和有向层次（图2.10）。在三个层次中公交线路和公交站点是最基本的要素，而公交网络则可以在三个层次分别构成。

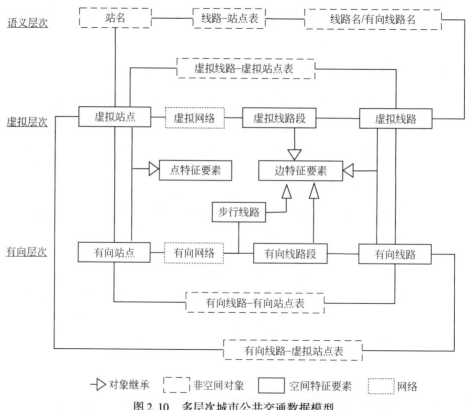

图 2.10　多层次城市公共交通数据模型

（1）语义层次（semantic level）：在该层次中，公交线路和站点是带有名称等属性的非空间对象，线路是站点的集合。在大多数情况下，线路也进行有向区分，即分为去行和回行两个方向，此时线路是站点的有序集合。语义层次不需要空间位置表达，因此用普通的关系数据库即可实现，大大降低了技术要求。在基于互联网的公交信息发布、线路及站点查询等方面比较实用。

（2）虚拟层次（virtual level）：许多公交分析要求空间实体要素进行聚集描述，聚集的公交实体要素是一种制图的综合结果，在城市地理空间中并无真正的实体对应。因此在公共交通系统体系中被认为是虚拟的。例如，一条虚拟公交线路用一条现状要素来表示，没有方向性；一个虚拟公交站点是相关站牌点的综合，没有对应的空间站点实体。虚拟层次在公交规划中得到应用，如公交分配运算、线路–站点规划等，在智能公交系统中也可以应用。

（3）有向层次（directional level）：该层次对应于实际存在的公交实体要素，包括有向线路和（有向）站牌点。有向线路是公交车辆实际运行的路线轨迹（一般是城市道路的外侧车道），站牌点是公交站牌实际竖立的地点。该层次在公交出行指南、公交设施管理、公交的去行和回行路线不重合的情况下可以得到最好的应用。

2.3.2 模型说明

2.3.2.1 公交实体要素

图 2.11 描述了虚拟层和有向层包含的公交要素及其关系。在虚拟层上，虚拟线路段连接虚拟站点，构成虚拟公交网络；在有向层上，由有向线路段和有向站点构成有向公交网络。根据这一定义，各层中的线路段都将存在部分重叠的情况，这在复杂的、由多个有向站点构成的虚拟站点附近尤为明显。线路段的部分重叠在一些 GIS 环境中需要进行空间上特殊的处理，以满足网络拓扑的要求。另外需要指出，虚拟线路段是双向的，而有向线路段则是单向的（步行路段除外）。由它们构成的公交网络就分别是无向（双向）网络和有向（单向）网络。多数情况下这两个公交网络不会同时使用，且它们都可以实时构建。

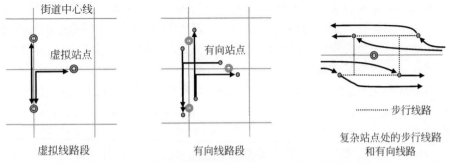

图 2.11　多层次数据模型中各类公交实体要素的示例

步行路段是连接两个有向站点的辅助线路段，用于指示公交出行者换乘时的步行线路和方向，同时也参与构建有向公交网络。理论上步行路段可以定义为任意两个有向站点之间的联系，但实际应用中，一般只有同一站名（即虚拟站点）下的有向站点之间才可定义步行路段。

2.3.2.2 时态要素的处理

在所有三个层次中都需要定义线路与站点的关联关系，这种关联关系的基本形式是线路–站点对象类。关联类的属性根据需要可以进行添加。在实际应用中，除了各层内部的线路–站点关系之外，有向线路和虚拟站点也常常需要建立关联，此即为跨层次关联。

公交系统运行具有很强的时态特征，在多层次数据模型的线路–站点对象类中包含了时态信息。一个有向线路–有向站点关联表的属性包括线路标识、出车编号、有向站点标识、每周运行时间段、计划到达时间、实际到达时间等。出车编号是一条公交线路一天中发车的顺序编号，用于标识该条线路的一次运行。有向线路–有向站点关联表中可以对每一次运行到达每一个站点的计划和实际时间进行记载。这个表同时还可以表示大站快车、一周中各天的时间变动等时间信息。结合公交数据模型中的空间实体要素，公交系统运行的时空特征得到明确的体现。时间和空间要素在公交系统的某些应用中显得十分重要，如基于时间表的公交出行计划、在线估计到达时间、公交运行过程的管理等。同时，如果在线路–站点表中不考虑时态因素，则该站点简化为一个普通的线路–站点表，即仅仅描述公交线路与站点的关联关系。这也表明，线路–站点表的属性可根据需要进行定制，既可表示时态因素，也可表示非时态因素。

2.3.2.3 其他特征

节点特征要素和边特征要素是构建空间网络的基本元素。对于道路网，道路交叉口是节点特征要素，道路段是边特征要素。在公交数据模型的虚拟层次和有向层次都设计了公交网络，其中站点是构成公交网络的节点特征要素，同时定义了线路段作为边特征要素。

多层次公交数据模型中定义的许多公交要素都可以在已发表的数据模型中找到对应的定义。虚拟站点对应于 UNETRANS 的 stop group 或 TOP 的 stop junction，有向站点则为这些模型中的 stop。有向线路在公交出行计划数据模型中表示为traversal，而在交通运行管理数据模型中则表示为 on-road bus path。步行线路在FGDC 模型中用 connection seg 表示，在 TOP 模型中用 stop edge 表示。

公交数据模型的层次性与城市道路的数据模型的层次性有对应的关系。城市道路一般用道路中心线进行表达；而对于车辆导航、交通工程规划等目的，道路的车道也需要从空间上确定（Goodchild，1998）。显然，道路中心线和车道构成了空间上的两个层次。大多数交通应用中，几何道路网络由道路中心线来构建。如果在交通数据库中加入了车道数据，这些车道即可用于给有向线路和有向站点提供空间参照。城市道路中的公交专用道是这种空间参照的最好实例。

2.3.3　多层次公交数据库原型

统一模型建模语言（UML）是一种面向对象的数据模型建模语言，已经出现诸多 UML 建模工具软件，其中微软公司的 Visio 软件是一个典型的代表。多层次公交数据模型的设计过程中一直采用面向对象的方法，因此可以利用 UML 工具自动实现公交原型数据库的构建。ESRI 的 ArcGIS 软件包含了适用于 Visio 软件的 ArcInfo UML 模型模板，利用该模板可以比较方便地进行数据模型设计，并通过 ArcGIS 的计算机辅助软件工程（CASE）工具生成与设计模型对应的数据库结构（ESRI，2004）。例如，将武汉市的公交数据按照设计的要求输入该数据库，得到一个具有实验数据的原型数据库。经过该数据库实验，有一些关键性的内容需要进一步说明。

在原型数据库中所有三个层次的非空间对象及空间要素都进行了定义。由于不同层次的要素之间存在关联，必须在数据库中建立并控制这些关联关系，如虚拟站点的产生与删除都需要对其控制下的有向站点产生影响（图2.12）。根据面向对象的设计原理，可以通过编程对各类公交实体增加相关的数据操作方法，如可以在虚拟站点类中定义"addDirStop"方法，当有新的有向站点加入该虚拟站点时，自动给虚拟站点的有关属性赋值。

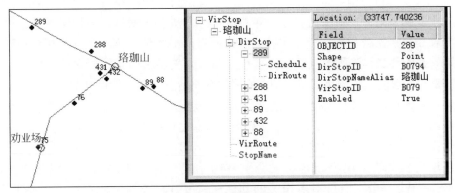

图2.12　原型公共交通数据库中的各种关联

在 GIS 中向公交数据库添加数据有两种基本的方法：一是参照基础道路网，

对站点和线路进行手工数字化操作，并同时建立实体关系；二是直接将已有的数字化成果导入公交数据库（如 ArcGIS 提供了 Object Loader 工具来完成此项工作），并手工建立实体间的联系。

数据输入中的大量工作来自线路段的构建。由多层次公交模型的定义可知，线路段由两个站点之间的线路构成，且线路必须遵循公交车的运行轨迹进行输入。这时一个站点有多条非重复公交线路经过，则此站点关联的若干线路段会存在部分重叠；这种情况在有向线路段中更加突出。同时，在数据录入之前需要建立严格的公交实体间的拓扑规则，以保证低层次公交实体要素的空间位置与高层次公交实体要素空间位置一致。例如，虚拟站点和虚拟线路需要沿道路中心线布置，线路段和线路的两端必须连接相应的站点。

2.3.4　几个问题的讨论

三层公交数据模型体系只包含了主要的公交实体要素，而公交系统的运用可能涉及其他相关的要素。对于公交规划，需要补充的数据项包括 O-D 矩阵、土地利用、人口结构、交通流量、交通拥挤等；对于公交出行诱导，则需要 O-D 点对、出行时间、最优路线、换乘方案、出行者的个人特征等。这些数据项需要与多层次模型中相关层次的公交实体进行关联。从这个意义上来讲，多层次公交数据模型提供了一个构建综合性的大规模公交数据库的良好基础。同时，也可以直接从三层数据模型库中提取公交实体要素，并与专题应用的数据项合并关联构成目标明确的专题数据库系统。

以公交出行指南数据库的构建为例。公交出行指南涉及从简单的线路图到复杂的交互路线计划，其中包括多种策略和计算方法。根据具体的指南需求，可能需要使用多层次公交数据模型中某一层或所有层的实体定义。如果目标用户群只想了解某条公交线路所经过的站点名称，那么语义层次的实体要素就可以满足需求。对于一般的大中城市，虚拟站点所属的有向站点分布不是很复杂，此时虚拟层次即可实现有效的公交出行指南系统。而对于特大城市，公交系统线路多，同名的有向站点也多，有必要从有向层次开始向上构建出行指南数据库（黄正东，2003）。

图 2.13 是用于详细公交出行指南的一个数据模型例子，其中一部分要素来自多层次公交数据模型（虚拟站点、有向站点、有向线路名、虚拟公交网络等），一部分是公交出行指南相关的其他要素（O-D 点对、旅行线路、换乘表、出行最优路线等）。在此模型体系中，最优公交路线依据虚拟层次的公交网络进行计算，有向线路–有向站点表用于搜索换乘点（包括基于时间表的搜索），有向站点则可以辅助给出换乘指南。

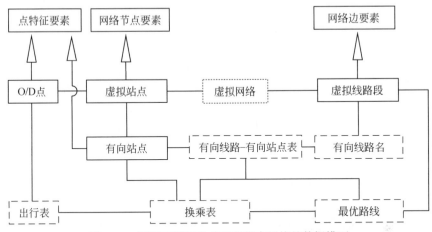

图 2.13　适用于详细公交出行指南系统的数据模型

　　公交出行时间表和实时时间记录及预报是公交出行系统中的重要数据项。时空数据模型已经在交通系统领域从多种角度进行了研究，如个体出行行为的表达（Frihida et al.，2002），基于个体行为的需求建模数据模型（Wang and Cheng，2001），以及动态公交系统表达（Huang and Peng，2002）。所有这些研究都采用了面向对象的建模方式，可以在各自的应用环境中有效表达时空问题。多层次公交数据模型在各个层次都定义了具有时间特征的线路–站点表，可以存储计划时间表，也可记录实时的到站时间。这种定义方式能够满足大多数情况下的应用需求，但若需构建复杂的时间对象及其关系，则仍要进行深入的探讨。一个明显的例子是，公交系统的历史数据十分重要，但多层次数据模型中并未进行定义。

　　另一个未在多层次中考虑的问题是公交实体的三维表达。一般意义上的公共交通包含地面、地下、空中高架等形式，它们都具有十分明确的三维空间特征。公交三维空间数据必须建立在三维地形基础上，因此需要实用的三维数据库及三维线性参照方法。同时，由于公共交通不存在普通交通中的导航问题，公交出行者关心的是出发站点、换乘站点和终到站点处的位置及周边设施布局状况，因此公交站点是三维表达研究中的重点。从目前的研究成果来看，尽管距离实用的表达方法还有些差距，但在多维交通的数据模型方面已经有比较深入的研究（Koncz and Adams 2002；李清泉等，2004）。在不具备三维参照基础的条件下，可以在数据模型中增加特别属性来标识三维实体的类型及相互关系，再通过编程实现其在公交规划、换乘指导等功能。

　　地面公共交通的线路和站点可以直接由其坐标进行表示，也可以参照基础道路网用动态分段的方式来表示。前者为独立表示法，后者则为非独立表示法。独立表示法中公交线路和站点与道路网的关系通过定义拓扑来约束，如虚拟站点需要分布在道路中心线上，有向站点则需要与道路中心线偏离一定的距离。尽管两种表示方法可以互换，但在特殊状况下，一种方式可能比另一种方式更为有效。例如，在道路的数据不完整时，非独立表示法就会遇到问题。因此，采用何种方法来表示公交实体取决于现有数据的形式、质量及公交系统应用需求。

2.4　基于有向层次模型的公共交通出行优化案例

2.4.1　基于有向层次的公交出行优化算法

居民公交出行一般选择换乘次数少或出行时间短的路线。与此相对应，公交出行路径选择算法一般有两种：第一种，以出行时间为代价换取最少的换乘次数；第二种，以换乘次数为代价换取空间上最短的距离。第一种算法寻求最少换乘次数，通过对公交数据集合进行不断地扩展、排序和求交集，选择两点间换乘次数最少的路径。第二种算法是在已有的公交网络中以空间距离最短为目标搜索出最短路径，但没有考虑换乘因素。由于大城市公共交通网络空间分布比较密集，线路重复率高，换乘点情况复杂，单纯以两种算法中的一种进行求解会产生一些奇异的特例，如最少换乘次数的出行路线可能产生不可接受的出行距离。为此，需要研究两种模式目标的综合，以获得更为合理的公交出行及换乘方案。

城市公交线网是一个具有重复线路的动态网络，在重要节点处换乘点往往具有复杂的空间分布。由于这种特殊性，一般常用的最短路径算法（Dijkstra 算法、Floyd 算法、Moor-page 算法、启发式 A * 算法）在应用到公交出行最短路径计算时都存在相应的问题（Peng and Huang，2000）。从公交出行者的角度来看，基于其不同的社会、经济、职业背景，在考虑出行时间、费用和换乘等方面有不同的侧重，这一点使得公交最优出行的算法更具难度。

一般公交出行路径算法受数据模型的局限，不能处理换乘时步行和等待的延误；而基于多层次公交数据模型，这些延误因素可以在有向公交网络模型中得到客观的反映和处理。有向公交网络由有向线路段、步行线路段、有向站点构成，如果在此网络生成的最短路径中包含步行线路，则一定存在换乘；如果不包含步行线路，则可结合具体线路分布确定是否存在换乘。这里的关键是换乘延误如何进行可比性折算，以反馈到有向公交网络中。

换乘点的延误阻抗可以是时间延误，也可转换为用距离进行表示。

设 L_{bus} 表示有向公交线路段的长度，L_{walk} 为步行路段的长度，H_{bus} 为公交车头时距（平均等待时间 T_{wait} 为车头时距的一半），V_{bus} 为公交运行的平均车速，V_{walk} 为步行速度。

在此架构下，出行总时间 T_{trip} 由车内时间 T_{bus} 和换乘时间 T_{trans} 构成，表示为

$$T_{\text{trip}} = T_{\text{bus}} + T_{\text{trans}} \tag{2.1}$$

其中，

$$T_{\text{bus}} = L_{\text{bus}} / V_{\text{bus}}$$

$$T_{\text{trans}} = T_{\text{wait}} \times int\left[\left(T_{\text{walk}} + T_{\text{wait}} \right) / T_{\text{wait}} \right]$$

$$T_{\text{wait}} = H_{\text{bus}} / 2$$

$$T_{\text{walk}} = L_{\text{walk}} / V_{\text{walk}}$$

例如，大城市中公交车速 V_{bus} 取平均值 15km/h，步行速度 V_{walk} 大约为 3km/h，非高峰时段公交车头时距一般为 10min，则 $D_{\text{wait}} = 15000 \times$（$10 \div 2$）$\div 60 = 1250\text{m}$；若 L_{walk} 为 50m，则 $D_{\text{walk}} = 50\text{m} \times$（$15 \div 3$）$= 250\text{m}$。由于此时 $D_{\text{walk}} < D_{\text{wait}}$，在网络中需将换乘的阻抗值 D_{trans} 设为 1250。

ArcGIS 的网络分析模块提供了单条线路的最优路径计算功能，公交出行路径寻优中，如果需要获得多个出行方案，则需要采用分步循环的方法，每一次计算新线路时都对上次线路涉及的要素属性进行修改（图 2.14）。一次出行路线可能

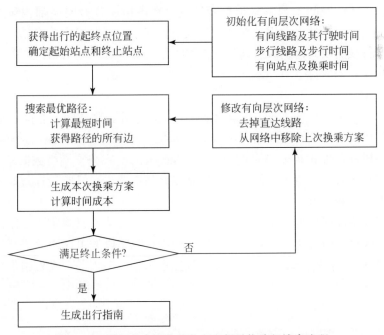

图 2.14　基于有向层次的公交出行最优路径搜索流程

为直达出行，也可能包含换乘。在下一轮的搜索中，若上一轮为直达出行，则直接将直达线路的出行成本置为最大；若上一轮中有换乘，则将换乘点的换乘成本置为最大。这样可确保直达线路或换乘点将不再出现在下一轮的方案中。

2.4.2　武汉市的公交出行优化实例

2.4.2.1　武汉市常规公交数据库概况

武汉市建成区在过去的十年中发展迅速，目前主城区面积已超过 450km²。随着建筑密度提高及建成区的扩张，武汉市常规公共交通不断延伸，快速轨道交通线路也已着手建设。在短时间内，常规公交仍将是公共交通的主要方式。武汉市常规公交由公共汽车、无轨电车、轮渡等构成，目前公共汽车、电车线路共有二百多条，公交站点超过四百个。公交线路的问题包括重复系数过高、平均长度超长、中心城区公交运力过乘、平均车速较低等。

用于公交出行优化的武汉市常规公交数据库包含了武汉市三镇构成的中心城区域，不包括经济技术开发区、东湖高新新区，以及吴家山台商投资区。数据库根据三层次公交模型构建，包含了语义层、虚拟层及有向层。数据采用手工直接坐标记录方式，空间上与基础道路相适应。在虚拟层及有向层都构建了公交网络，虚拟层由虚拟站点及虚拟线路段构成虚拟网络，有向层由有向站点、有向线路段及步行线路段共同构成有向线路网络。整个数据库采用 ESRI 公司的 Personal Geodatabase 进行构建，在 ArcGIS 环境中进行录入、编辑、显示以及网络优化求解（图 2.15）。

利用 ArcGIS 的 Network Dataset 构建有向公交网络数据库。有向公交网络数据库的构成要素包括有向线路（dir bus route）、有向线路段（dir bus route seg）、步行线路段（walk route）、有向站点（dir bus stop）。在公交网络数据库中规定有向线路之间在有向站点进行衔接，有向站点之间也用步行线路段连接起来，用于计算换乘时间和步行距离。

所有线路段都包含线路长度，通过前节定义的方法可以确定可比距离。其中有向公交线路段的可比距离就是其长度，而步行线路段的可比距离进行调整，若取 $V_{bus} = 15km/h$，$V_{walk} = 3km/h$，则步行线路段 $D_{walk} = 5 \times L_{walk}$；或采用步行时间表示为 $T_{walk} = L_{walk} / V_{walk}$。

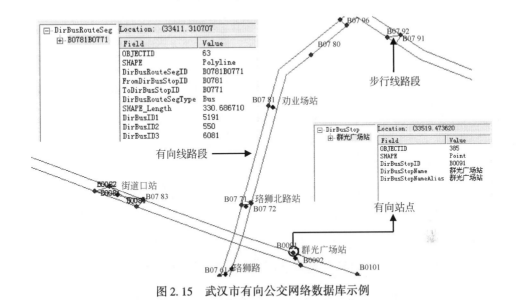

图 2.15　武汉市有向公交网络数据库示例

2.4.2.2　公交优化计算实例

1. 根据距离搜索

距离搜索的准则是总出行距离最短，包括步行距离和车行距离。步行速度慢，需要将步行距离转换为可比距离 D_{walk}；在换乘时存在时间延误，也需要将延误的时间转换为同等可比距离 D_{wait}。

选取一次公交出行进行分析，其起点为汉口火车站东站（编号：A0571）、终点为珞珈山站（编号：B0792）。按照前面的方法，以距离为出行费用，经过系统搜索，获得优化结果。图 2.16 为前两次搜索获得的最优路径及换乘方案，其中路线 1 有两个换乘点，路线 2 为直达线路，没有换乘点。

两次搜索的基本内容如表 2.2 所示。路线 1 需要两次换乘，计算获得的综合出行距离为 20 063m；第二次搜索后综合出行距离为 20 463m。尽管路线 1 存在 2 次换乘，但其综合距离却比直达的路线 2 少 400m。如果线路运行衔接紧凑，路线 1 可能在时间上比路线 2 也少一些。但考虑到票价因素（武汉市实行上车一票制）和舒适度等敏感因素，路线 2 的直达出行将更具吸引力。此时需要将所有因素全盘纳入，计算综合效用值后再作比较，可以对出行者的决策行为进行预测。如果不利用公交网络空间数据库，按照普通方法直接在数据库表中搜索出行端点的站点名称，则将首先搜索到直达线路，即 5190 路。

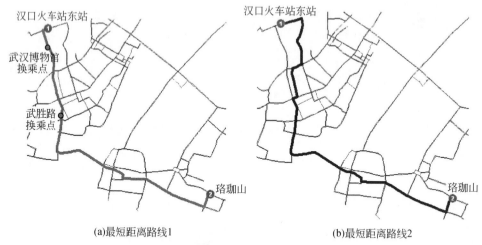

图 2.16 根据最短距离搜索最优公交出行路线

表 2.2 一个点对间最优公交出行各循环阶段计算结果

步骤	站点总数	综合出行距离 dtrip/m	换乘次数	换乘点号	换乘点名称及编号	换乘线路及路段
路线1	19	17 563	2	1	武汉博物馆 A0591	4110/5091→100 A0581 A0591→A0591 A0601
				2	武胜路 A0763	100→5190 A0174 A0763→A0763 C0013
路线2	23	19 478	0	—	—	—

有向公交网络中最优算法获得的线路是有向线路段和步行路段的有序集合，搜索换乘时需要从有向线路段中找到公交有向线路，并进行比较筛选，获得换乘方案。一条有向线路段可能有多条公交线路经过，存在大量的换乘组合，使得换乘搜索的工作量较大。一个较为简便的方法是在有向线路段数据表中统计各有向线路的出现频率，根据频率值进行组合即可获得换乘方案（黄正东，2003）。

2. 根据时间搜索

在很多情况下，出行时间对出行者的方式选择具有决定性的作用。将公交网络数据库中的费用项设置为按时间计算，则可以搜索出行的时间成本。对武汉市发展一村站（A1232）至梨园站（B0273）的路线进行搜索，可以获得最短、1次最短⋯n 次最短时间的路线。由于 GIS 系统并不直接提供 k 最短路径算法，因此需要手工修改上一次路径中的路线及换乘成本。对于直达线路，可以直接将成本设置为最大值；对于换乘站点，将站点处的换乘时间成本设为最大值；如果最优路径中两条衔接线路之间存在多个重叠站点，且其中一个被搜索为换乘站点，需同时将所有重叠站点的换乘成本都设为最大值。这样，上一次的路线就不会出现在下一次的搜索中。

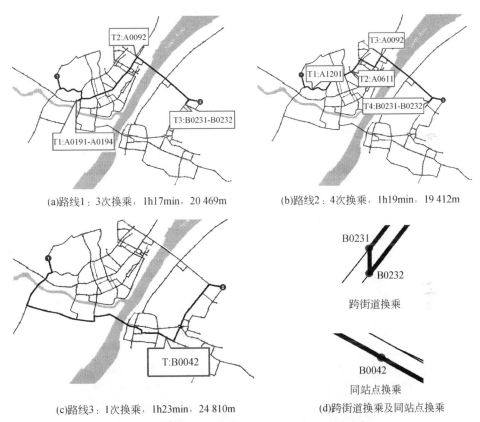

(a)路线1：3次换乘，1h17min，20 469m

(b)路线2：4次换乘，1h19min，19 412m

(c)路线3：1次换乘，1h23min，24 810m

(d)跨街道换乘及同站点换乘

图2.17　发展一村站至梨园站公交出行时间搜索

　按照以上所述的方法搜索3条路线，总时间成本分别为1h17min、1h19min和1h23min，综合出行距离分别为20 469m、19 412m和24 810m（图2.17）。在换乘站点，分别出现了跨街道换乘形式和同站点换乘形式。显然，三种路线方案在空间上的布局存在较大的不同。

2.4.3　结果分析与评价

在确定公交运行平均车速、车头时距、出行者平均旅行时间等指标的情况下，通过调整有向公交网络中的相关要素阻抗数值，可以获得接近优化的换乘方案。表 2.2 和表 2.3 所给出的换乘方案其实只是多种换乘方案之中的关键部分，还存在其他相似的换乘方案，如 100 路与 5190 路有多个重复线路段，在这些线路段上的任何有向站点均可实现换乘。这些候选换乘点可以在换乘指南中一一指出。

表 2.3　发展一村站至梨园站公交出行详细方案

路线	顺序号	有向公交线路编号	车上距离/m	车上时间/min	换乘方案				总出行时间/min
					从站点	到站点	距离/m	时间/min	
1	1	310	4 448.7	14	A 0191	A 0194	80.6	5	14
	2	5 081	7 268.5	21	A 0092	A 0092	0	5	26
	3	6 010	7 006.4	22	B 0231	B 0232	48.1	5	27
	4	5 371	1 617.1	5					10
	总计		20 340.7	62			128.7	15	77
2	1	310	2 436.1	8	A 1201	A 1201	0	5	8
	2	700	4 284.7	12	A 0611	A 0611	0	5	17
	3	5 091	4 020.2	12	A 0092	A 0092	0	5	17
	4	6 010/6 050	7 006.4	22	B 0231	B 0232	48.1	5	27
	5	5 371	1 617.1	5					10
	总计		19 364.5	59			48.1	20	48.1
3	1	7 101	17 281.1	53	B 0042	B 0042	0	5	53
	2	5 371	7 528.8	25					30
	总计		24 809.9	78			0	5	83

从出行者的角度来看，以出行时间为优化准则更能反映其心理需求。在可比距离和综合距离计算出来后，将其转换为公交出行时间就有较大的可能性。基于换乘距离和车头时距可以获得较为精确的换乘延误成本，但并未包括公交车在非换乘站点停靠的时间延误（这种延误计入了公交平均速度中）。

该公交出行优化模型的特点是在已有公交网络数据库的基础上，以空间距离最短为目标得到最优路径，再计算可行的换乘方案，最后选择出换乘次数最少且综合距离最短的最优出行路径。与基于最小换乘次数和最少出行距离相比，该方法不一定能找到与两者都完全不同的换乘方案，但其结果更具有综合性，更能体现出行者的综合性权衡思维。更重要的一点是，该方法不仅计算了最终的可比出行距离，方便地转换为出行时间，而且可以给出详细的换乘方案指南。这种详细指南有图形和文字两种形式，具体指明换乘时有向站牌点的选择，以及步行移动的方向；而这些详细信息在复杂的城市环境中，更是出行者需要获得的内容。此外，由于良好的多层次公交数据库支撑，该方法的扩展性较强，通过将距离阻抗值用时间、舒适度等取代，可以换算为其他方面的费用。由于公交系统的复杂性，在一些细节上还可以进行更深入的探讨。结合各条公交线路的具体运行计划，换乘求解可以继续深化，如车头时距变化、到达概率分布、基于时间表的计算、舒适度评价等；结合微观道路交通设施，如红绿灯与斑马线的布局，步行路段上的延误计算也可以更加完善。

3　面向公共交通规划的数据处理

本章讨论为公共交通规划服务的数据类型，以及数据处理技术与方法。交通系统有"供"和"需"两个方面："供"是交通设施和运输系统所提供的交通供给能力；而交通出行是社会、经济、娱乐等城市活动伴随的需求，是交通系统中"需"的一面。由此可以看出，交通规划中涉及的要素多、数据项复杂、数据量大，数据的质量在很大程度上决定了规划的水平。

3.1　空间数据融合技术

数据融合（综合）是将不同来源和不同类型的数据进行整合，寻找它们之间可以相互参照的途径，使之构成完整的统一体。数据融合的关键是数据互联，实施融合的原因可以有很多，如数据获取技术手段不同、数据类型和格式不同、数据来源不同等。

基于以上特征，数据融合的技术方法可以包括数据标准化技术、接口与互操作性、空间与时间参照、聚合与分解、数据仓库五大类（Huang，2003）。

3.1.1　数据标准化技术（data standardizing）

给数据建立标准是实现规范化和数据共享的基本途径。随着技术的发展，许多领域都已经或正在建立其数据标准，包括空间数据标准和非空间数据标准。在交通运输领域，从国际协会到地方行业组织都提出了相应的数据标准。例如，全球数据基础设施（GSDI）、美国数据基础设施（NSDI）、欧洲地理数据文件（GDF）、开放式地理信息系统联盟（OGC）、国际化标准组织（ISO/TC）等；在公共交通层面，涉及公交站场（点）数据采集、建库与分发标准。

3.1.2　接口与互操作性（interfacing and interoperability）

接口是计算机系统之间完成数据交换的桥梁，也是人机交互的界面。比较典型的接口应用是系统之间的数据格式转换代码，如交通规划软件 EMME、

TransCAD 和 ArcGIS 都可以通过编写接口程序或通过共同支持的文件格式实现数据转换；因此，接口是建立在数据标准化的基础上的。互操作性是以标准化的中间件为基础，实现程序之间的数据交换。通过互操作过程，用户不需要了解各种功能单元的具体特性，就可以在功能单元之间进行通信、执行程序或者传输数据。

3.1.3　空间与时间参照　（spatial and temporal referencing）

从地理学的角度来看，社会经济活动具有明显的时间和空间特征。通过研究活动的时空要素，可以了解其时空演化与分布特征。为此，首先需要解决将社会、经济、物质现象与其空间位置及时间的关联，即时空关联。城市交通活动是出行者在城市空间中的移动，具有鲜明的空间与时间特征。为研究交通发展演化规律，需建立活动的时空参照系统。在城市中，参照基准可以有很多种，如地理坐标、格网体系、线性参照、地名与街道、人口普查单元等（Goodwin et al.，1995；Koncz and Adams，2002）。

3.1.4　聚合与分解　（aggregating and disaggregating）

在许多情况下，原始的统计数据单元不一定都能满足分析需求，有时需要较小的空间单元，有时需要较大的空间单元。这种状况表明，有必要对原始空间单元进行聚合或分解，以达到利用适当的空间单元开展分析的目标。数据聚合是从较小的空间单元向较大的空间单元汇总的过程，两类单元之间没有边界交叉，这在 GIS 系统中其技术处理比较容易。数据分解则是将数据从较大的空间单元细分到较小的空间单元，如将人口从较大的统计单元分解到较小的土地利用单元。除空间特征之外，数据的聚合与分解也可以用于时态数据的处理。

3.1.5　数据仓库　（data warehousing）

数据仓库是在数据库技术基础上的拓展，实现从现状和历史的不同种类数据集中提取数据，生成供决策服务的信息（Mohania et al.，1999）。除数据库技术之外，数据仓库还利用其他相关技术，包括互联网、在线分析处理（OLAP）和GIS。数据仓库可以将行业部门的数据，通过整合与关联，构成一种综合性的数据加工体系。对于交通领域，可以通过空间数据仓库技术实现交通数据的综合利用（O'Packi et al.，2000）。空间数据仓库中的数据面向主题进行数据组织，将行业信息系统中的数据进行综合、归类、抽象，为空间决策提供支持。数据仓库是数据挖掘的基础。数据挖掘技术研究从大量观测数据中提取知识，以发现数据反映的事物的内在规律，可以看成是交通数据获取的方法之一。数据挖掘技术已经在交通事件判定、图像处理、语音识别、信号处理和专家系统等领域得到应用。

3.2　公共交通规划数据

公共交通是城市交通的重要组成部分，公共交通规划遵循城市交通规划的一般原则。

城市交通规划基于城市用地构成、空间布局、行为模式等要素，对交通出行需求进行预测。以交通需求预测为依据进行交通基础设施布局及容量规划，结合成本–效益分析对现状及规划方案进行评价。交通规划可以看成是一个动态反馈的决策过程，包括诊断问题、提出方案、可行性分析、评价、投融资、项目实施以及运行监测（Meyer and Miller，1984）。在这个决策链中，技术分析仅仅是其中的一个环节，其他后续的工作，如项目实施、运行与监测也十分重要。这样，所需要的数据就更为广泛，除交通系统本身的数据和城市活动的有关数据之外，还需要综合考虑政策、部门构成、财政状况等实施性关键要素，以评价规划项目实施的可行性。运行监测可以为管理提供咨询信息，并为下一阶段规划分析提供数据依据。因此，城市交通规划数据覆盖面广、动态性强、时空特征明显，涉及地理、经济、社会、环境、信息等多个领域。

在许多情况下，数据需求都是交通研究项目的重要内容之一，其中大部分与模型的改进有关。交通规划项目通常有明确的目标和确定的时间范围，这些项目中的数据是通过特定的建模、验证和评价的要求确定的。数据是按照项目的实际需求进行组织的。传统的规划方法中，规划或研究项目的一次性特点，数据复用率很低。从这个意义来说，为提高数据利用效率，有必要集成来自各种交通项目的数据。当建立了一个综合数据库系统后，后续数据的收集工作量将减少，而规划分析的时间将更加充足。

交通数据的来源之一是交通管理部门或运营机构。行政机构在管理过程中，会收集大量的相关数据，这也是其职能之一。若要了解这些机构的数据类型和可用性，有必要调查他们的职能、目标和发展战略。每个机构都由一个数据系统来支持其业务运转，这些数据对交通规划和决策具有重要作用。

例如，车辆探测识别及交通流量监测技术在高速公路及城市道路的交通管理中发挥着重要作用。在高速公路管理中，交通流量监测技术能确定道路车流运行状况和需要进入高速公路的车辆数，依据这两方面的数据，可以控制进入高速公路的车辆数，确保高速公路的正常通行，避免过度拥挤。在信号灯路口，利用交通流量监测技术，能获得到达路口的车辆数，及时设置交叉路口交通信号灯的配时，提高交叉路口车辆通过效率。依靠交通流量监测技术提供的实时路况信息，是系统进行动态交通管理的基本数据来源。车辆识别技术在道路收费系统中的应用尤为广泛，是城市道路不停车收费系统的基础技术之一。交通流量监测技术和车辆识别技术还能为道路交通的研究获取大量交通调查数据。

全球定位系统（GPS）实时记录活动的空间位置，已用于多种交通应用中的数据采集，如出行活动调查、个人出行导航、公共汽车到站实时预报及动态调度等。对装有 GPS 的车辆即浮动车传回的数据进行挖掘，可以得到交通网络的实时整体信息，如交通阻塞状况、车速、车辆密度、流量等。

从交通系统整体层面进行分类分析，可以获得对交通规划数据更全面的评价。这种尝试的典型案例是有关多模式交通规划的评估数据。在美国，为响应《1990空气清新法案》（1990 CAAA）和《1991 多模式地面交通的效率法》（1991 ISTEA），有学者曾尝试对多模式交通规划数据需求展开研究（Jack Faucett Associates，1997），将交通数据分类为需求数据、供给数据、系统运行数据、系统影响数据四大部分，每一部分又有若干子类（图 3.1）。交通需求类别包含经济数据、人口数据、用地数据、出行数据、行为数据等子类；交通供给类别包含系统数据、服务数据、设施数据、状态数据、项目数据等子类。这些分类数据系统之间相互联系紧密，在交通分析中都能发挥作用。

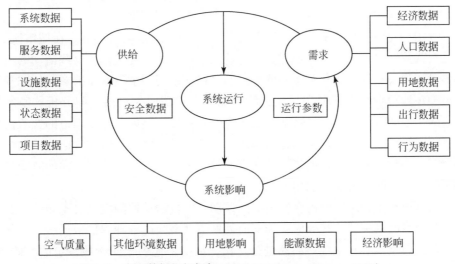

图 3.1　交通数据组织框架（Jack Faucett Associates，1997）

除城市交通规划分析系统所需要的社会、经济、产业、道路与基础设施、交通检测等数据外，公共交通规划中还需要收集分析公交站点、公交线路、公交运营、公交出行等数据。公交站点和公交线路属于空间数据，具有非常复杂的空间构成，数据建库和数据可视化都存在较大难度，需要投入的工作量很大。公交运营数据由运营商或公交管理机构收集，其中的费用收支、客流量的时空规律等是公交规划的基本依据。公交出行调查涉及出行者的社会经济特征和公交乘行规律，还可能涉及对票价、发车时间等政策反应的问询调查等。

3.3 社会经济活动的地理参照与定位

3.3.1 地理位置参照与地址匹配

在交通领域，位置参照主要指确定社会经济活动的空间位置。关于社会经济活动的空间定位，在不同的领域已经研究出多种方法，如美国人口普查局的 TIGER/Line 文件将统计单元的空间位置进行定义，包含线状、地标、面状要素，其中面状要素为各层次的普查统计单元。由于将人口经济活动进行了空间定位，又得益于其数据政策的开放性，美国人口普查数据在政府决策、科学研究、商业开发等领域得到广泛应用。在城市建成区，街道地址被大量应用于位置参照，并已经在地理信息系统软件中得以标准化。邮政编码体系也是一种在西方被广泛应用的地理参照体系，如英国的邮政地址文件（PAF）、美国的邮政编码（ZIP+4）等。我国的邮政编码区域则过大，难以作为地理参照依据。

利用空间测绘与监测技术可以确定人类活动的地理空间位置。在城市区域，居住与就业活动地点都可以通过街道地址或其他方式进行表达，这些活动的空间位置可作为公共设施优化配置的依据，同时在交通规划中具有重要意义。同种活动类型在地理空间上的分布呈现出特定的空间模式，是进行空间分析的基本保障。除了空间特性，社会经济活动还具有时间特性。例如，城市街道的交通流每天在不同时段具有不同的空间分布模式，公共交通车辆的实时位置监测数据可以给乘客提供到达时间估计的依据。在交通模型中，只有同时体现活动的时间与空间要素，才能明确模型的输出。

出行活动是特定时间内在空间上的移动，出行需求预测就是要预测活动的起讫点在交通网络中的聚集效应，为交通规划与动态交通管理提供依据。早期基于时空数据模型及 GIS 系统对活动进行定位，证明了地理空间参照系统的有效性。出行调查一般可以获得活动的地址记录，通过地址匹配系统就可以进行定位。经过空间定位参照的出行日志，其对于交通建模的价值就大大增加（Mccormack，1999；Shaw and Wang，2000）。其他定位参照方式也有相关实验，如用道路交叉口作为交通事件的参照、用 GPS 数据定位出行活动等。

地理位置参照是一个过程，其关键是地理参照基础框架（图 3.2）。一般的调查、记录、管理表是没有地理坐标的，其空间位置隐含在有关地点或地址的描述中。通过将这些地点或地址与基础地理参照层进行匹配，可获得所记录活动的空间位置。这样，无地理参照数据就变成了带地理参照的数据，增强了其应用价值（Huang，2003）。

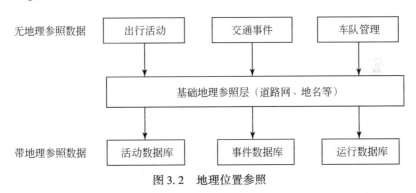

图 3.2　地理位置参照

出行者对于活动位置的描述有很多形式，包括街道地址（门牌编号）、机构名称、常规地名、典型地标等。根据空间位置的描述形式，可设计出相对应的地理位置参照体系。具体可归纳为三类，即名称参照、道路参照和坐标参照。基于名称的参照体系采用语义上的相似性匹配来判断关联；基于道路的参照体系采用线性参照的原理估算交通事件在道路上的位置；基于坐标的参照体系则是直接采用坐标定位，与基础地理要素叠合后可观察其相对关系，或者自动与相关要素关联。三种参照体系的一些匹配方法如下：

（1）名称参照：建筑物、地名、标志性位置、道路交叉口、道路、行政区、电信区、邮政区。

（2）道路参照：街道地址（门牌编号）、线性参照。

（3）坐标参照：格网系统、GPS、地面测量、航空测量。

图 3.3 是街道地址匹配的原理图示，一条街道段由两个交叉路口定义，有一个道路/街道名称，沿约定的前进方向，其左右两边存在门牌编号，一般分别为奇数号和偶数号，且为依次递增或递减。系统记录了起始和终止交叉路口的左右门牌编号值，这样左右两边都有一个编号范围。当对一个地址进行地理位置匹配时，先对街道名称匹配，再对门牌号码匹配。如果一个号码落在该街道段的号码

范围，则可以用线性内插的方法找到大致的地址位置。

图 3.3　街道地址匹配原理

地理位置参照的精度取决于参照基准要素的精度和完备程度，以及待参照文件中有关位置描述的详细程度。例如，输入一个地名或地址编号，在基础地理参照图中找不到该地名或地址编号，则无法完成匹配过程。因此，地理参照要素需尽可能准确和完备，同时在活动数据采集时也需设计好位置描述规则，这两方面相结合就可获得理想的匹配精度。

从地理位置参照模式的特点来看，空间要素类型、匹配方法和维度都是不同的。如表 3.1 所示，名称参照体系中的参照实体可以是点、线、面实体，采用语义匹配方法实现关联，因此没有空间维度；而道路参照由于采用线性内插匹配方法，属于一维空间参照模式；坐标参照体系根据采集坐标的维度，可能为二维或三维地理坐标。

表 3.1　地理位置参照体系的特性

模式体系	参照实体	匹配方法	空间维度
名称参照	点/线/面	语义匹配	0-D
道路参照	线	线性内插	1-D
坐标参照	平面/地球	坐标	2-D/3-D

3.3.2　中文地址的地理位置参照

在中文表达中，用于地理位置的表述方法也很多。常用的有行政单元、道路、门牌、交叉路口、邮政编码、地名、地标、建筑、其他标志物等。这些方法具有不同的定位精度（图 3.4）（Huang，2003）。我国的行政单元体系比较明确，在城市中，由市、区、街道、居委会/社区构成在空间上从大到小的体系。道路名称表述的是线性道路，如果为支路，则道路长度较短，容易定位；如果为次干道以上的道路，则长度较长，定位困难。门牌为准确的地址表达，但在数据库系统里如果只记录道路段附属的号码范围，则匹配定位的精度受到影响。交叉路口由两条道路进行定位，也相当准确。邮政编码的范围较大，难以准确定位。地名、地标、建筑物和其他标志物为点、线或面实体参照，它们具有不同的定位精度。

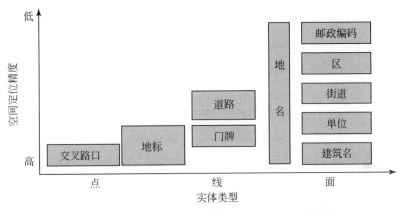

图 3.4　我国城市的地理位置参照基准类型及其精度

在交通出行调查中一般要登记出行起讫点的地址，调查表一般会将行政区、街道、号码等栏目预留，便于填写。如果按照给定的要素填写完整，则各项地址要素分开处理，后续的地址匹配过程将会比较顺利。但在很多情况下，被调查者不知道自己的门牌信息，就只能填写比较粗略的地址，或用其他方式进行描述。有时在服务行业，为分析服务对象的空间分布，也需要对地址数据进行空间匹配，这时分析人员面对的数据很可能是一条地址表达语句。以下是中文地址表达的几个例子：

（1）武汉市珞瑜路 129 号。

（2）武汉市江岸区洞庭街 167 号。

（3）武汉市武昌区八一路特 1 号。

（4）武汉市街道口未来城 D 座 2311 号。

（5）武汉市珞珈山武汉大学文理学部 5 教数楼。

（6）武汉市武珞路丁字桥路路口。

（7）武汉市汉阳区王家湾。

（8）武汉市江汉区民主路。

（9）武汉市硚口区泰然大厦南 50 米。

在这些情况下，需要对地址语句进行拆分，获得各项地址要素。通过对大量地址语句的分析，地址描述中的地址要素一般有如下几类：

（1）城市名（AC）——以"市"作为其标识。

（2）城市中的区（AD）—— 区为行政单元，其标识为"区"。

（3）行政街道（AS）——标识为"街"。

（4）地名（PN）——约定俗成的地名，无特殊标记。

（5）道路名（SN）——道路名和交叉路口，有关道路的标识包括"大道""路""街""巷""里""堤"等。

（6）门牌号（SNR）——附着于道路段，一般为一个号码范围（如18~24），标识为"号"；有时对于特殊地址，会有标识"特"。

（7）单位（WU）——单位为各种企事业及行政等工作单位的统称，有很多标识，包括"公司""大学""局""院"等。

（8）建筑名（BN）——标志性的建筑物，其标识常常为"大厦""广场""大楼"等。

（9）建筑物编号（BNR）——单位或居住区里面的建筑一般有编号，标识可能为"楼""栋""室"等。

（10）相对方位（RO）——用其他标志物作为参照的描述，用于该位置没有特色时的相对定位描述，标识有"前""后""左""右"等。

这些地址的表达大致有一个从"大"到"小"的顺序，即：

$$AC \rightarrow AD \rightarrow AS \rightarrow PN \rightarrow SN \rightarrow SNR \rightarrow WU \rightarrow BN \rightarrow BNR \rightarrow RO$$

不是所有的地址要素都会出现，通过对一系列地址表达的分析，最可能出现的组合见表3.2。主要分为两大类，即基于道路的地址和基于地名的地址，前者以道路名称（SN）为基础，加上其他地址要素；后者以地名（PN）、单位名（WU）为基础，加上其他地址要素。

表3.2　几种地址要素的组合形式

类别	1	2	3	4	5	6	7	8	9	10
	AC	AD	AS	PN	SN	SNR	WU	BN	BNR	RO
基于道路	(+)	(+)	(+)		+	+				
	(+)	(+)	(+)	+	+	+				
	(+)	(+)	(+)		+	+	(+)	+	(+)	
	(+)	(+)	(+)		+					
					++					

续表

类别	1	2	3	4	5	6	7	8	9	10
	AC	AD	AS	PN	SN	SNR	WU	BN	BNR	RO
基于地名	(+)	(+)	(+)		(+)		+			
	(+)	(+)	(+)	(+)			+	(+)	(+)	
	(+)	(+)	(+)	+			(+)	(+)	(+)	
				(+)			+			+
							(+)	+		+

+表示存在；（+）表示可能存在

为实现自动地址匹配，首先需对这种语句型的地址进行分解，提取所有地址单元要素，再根据地理位置参照的原理实现地址的空间位置匹配。地址分解是一个关键文字匹配与字符子串提取过程，这些字符处理函数在所有数据库系统里都存在，因此重点是语义的解释。根据地址要素的组合形式，提取过程基本可以分为基于道路和基于地名两个阶段（图3.5）。为方便字符匹配，首先建立行政区、道路名、地名、地标建筑空间图层，并建立这些要素的文字字典。行政区属于较大的范围，可先进行判断并提取。根据是否存在道路关键字判断是否进行基于道路的提取，道路关键字有"大道""路""街""巷"等。有时道路名前面加上了非行政区的地名，如武汉的汉口、武昌、汉阳都属于非行政区地名，因此道路提取首先获得的是道路块。这些道路块中的地名先根据地名字典提取，剩下的即为道路名称。在剩下的地址字符串中，再根据具体情况，提取门牌号或另一个道路名。之后转入地名、地标建筑、方位的匹配。

3.3.3 公交车运动过程中的定位

公共交通的服务质量是吸引公交客流的核心要素，除乘车环境外，车辆的准点率与即时信息发布也是服务质量的重要体现。为此，需要实现公共交通车辆的实时定位，并将其与道路、公交站点进行空间上的相互参照，方便信息发布与调度。公交车辆定位是公交信息系统中的核心功能模块，它为公交信息系统提供基础数据。公交车辆定位提供的数据经处理后首先可满足乘客的需要，提供车辆到达时间，方便乘客行程安排。公交车辆定位的同时还要满足公交管理部门的需要，公交管理部门的需求包括定位跟踪和监控调度。几种主要的定位模式如下所述。

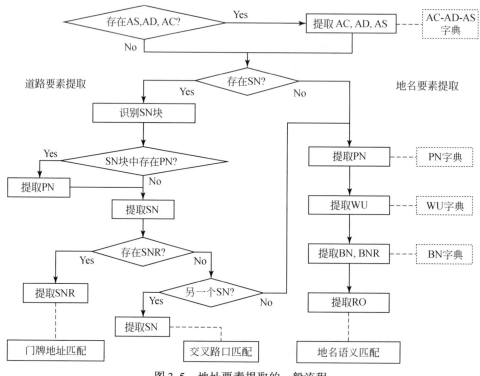

图 3.5　地址要素提取的一般流程

3.3.3.1　推算定位（dead-recking）

通过监测车辆的位移和行驶方向定位的技术。记录位移与方向的器件包括电子罗盘、速度陀螺仪、里程记录仪、速度传感器、车轮脉冲传感器等，通过这些器件可以推算汽车车辆的行驶距离、速度及方向。推算定位有两个主要的缺陷，一是只能确定车辆的相对位置和航向；二是 DR 推算过程是一个累加过程，传感器的误差会随时间距离的增加而积累。因此，推算定位技术需要与其他定位技术结合使用。

3.3.3.2　卫星定位系统

卫星定位系统是指利用若干在轨卫星构成的网络实现地面目标的定位，典型的卫星定位系统为美国的全球定位系统（GPS），我国的北斗卫星定位系统、欧洲的伽利略卫星定位系统、俄罗斯的 Glonass 系统等也都正在兴起。GPS 定位系统有单机定位和相对定位两种，其中单机单次定位精度在 30m 以内，在汽车导航领域应用广泛；相对定位是借助于已知地面点进行差分运算，可以获得厘米级的定位精度，在测量领域运用较多。目前，已经有很多城市在公共汽车和出租车上装有 GPS 系统，实现了车辆定位追踪，并将公共汽车到站信息在相应站点进行发布，成为智能公共交通系统的重要组成部分。

目前国内公交车辆监控系统的定位部分都是基于 GPS 实现的，它们的特点是覆盖面广，定位精度可满足应用要求。系统工作原理是：公交车装载 GPS 接收机和无线发射装置，该装置使用业余频段将车辆的位置信息传输给监控中心主机，监控中心将信息处理后，回传给每一个车站的车辆位置显示屏。

3.3.3.3　惯性导航系统（INS）

惯性导航系统是以陀螺和加速度计为敏感器件的导航参数解算系统，该系统根据陀螺的输出建立导航坐标系，根据加速度计输出解算出运载体在导航坐标系中的速度和位置。惯性技术是对载体进行导航的关键技术之一，惯性技术是利用惯性原理或其他有关原理，自主测量和控制运载体运动过程的技术，它是惯性导航、惯性制导、惯性测量和惯性敏感器技术的总称。

惯性导航系统有如下主要优点：①由于它是不依赖于任何外部信息，也不向外部辐射能量的自主式系统，故隐蔽性好，也不受外界电磁干扰的影响；②可全天候、全时间地工作于空中、地球表面乃至水下；③能提供位置、速度、航向和姿态角数据，所产生的导航信息连续性好而且噪声低；④数据更新率高、短期精度和稳定性好。其缺点是：①由于导航信息经过积分而产生，定位误差随时间而增大，长期精度差；②每次使用之前需要较长的初始对准时间；③设备的价格较昂贵；④不能给出时间信息。由于价格的关系，在普通公交车辆上装载惯性导航设备是不现实的。

3.3.3.4　无线电定位

无线电调谐射频（TRF）是一种近代发明并被广泛应用的技术，如在无线电广播和手机通信等领域的大规模应用。近十几年来，随着无线通信技术的大规模应用，GSM/CDMA 无线通信网的基站已覆盖城市的各个角落，为移动终端定位建立了良好的条件，也因此出现了基于蜂窝系统定位的导航系统。显然该系统可以装载于公交车辆内，其定位精度在基站密集的地区可达到40m 左右，具有一定的实用价值，可用于其他定位方式的补充。例如，在高楼密集的城市中心区，无法收到 GPS 信号的情况下，可以利用无线电定位进行弥补。

3.3.3.5　车路通信

如果在公交运行的区域设置无线信号标杆装置，则可以实时探测公交车辆的位置，这就是车路通信的基本架构。公交系统有固定的线路，沿线设立车路通信装置，可实现公交车到站预报、管理及信息发布。尽管单个路侧通信单元的成本不高，但若将整个城市公交线网全部覆盖，则费用较高。

3.4 公交出行数据分析

3.4.1 出行者活动的数据采集

出行是城市中必不可少的活动，其目的包括工作、购物、游憩、出差、上学、走亲访友等。从出行者的角度而言，有时需要了解其所在的位置及其周边的信息，如希望了解当前位置周边的餐馆、银行、商场等。随着互联网与通信技术的发展，现代移动终端设备结合定位技术的应用，已经实现了出行者主动获取位置及其周边信息的功能。目前智能手机普遍可以基于 GPS 或移动信号基站实现定位，并从运营商或第三方机构获取地理信息。同时，手机本身通过基站也可实现定位，成为近年来移动数据挖掘的主要研究基础（Ratti et al., 2006; Song et al., 2010; Calabrese et al., 2013）。

从运营与管理的角度而言，可以通过乘客的出行了解公共交通服务的效率，分析乘客出行特征及相关影响因素。如果获得在每个站点的上下车人数，就能够分析站点的公交出行需求，以及各条公交线路的载客数量。公交站点的位置预先已经有数据库系统记录，通过公交车辆的自动定位技术可以实现站点关联，再通过计数装置统计出上下乘客数量，则可获知站点处的乘客量。这种计数统计方式适用于城市轨道系统，其原因是轨道站点都采用了闸口进出控制，可以自动记录每位乘客的起始站点和到达站点。这样，在轨道系统中，断面客流、进站客流、出站客流、O-D 分布等数据都可以自动汇总获得。

对于常规公共汽车交通，采用上车投币或刷卡收费的形式，除可以获得上车刷卡计数之外，非刷卡及下车信息都未作记录。这种情况可以获得一部分的持卡用户的上车信息，但难以获得准确的断面、站点上车、站点下车等数据。因此需要进行分析推理，并辅之以其他的数据采集方式。

装载于公交车辆上的数据采集设备称为乘客自动计数系统（APCS），可基于多种技术来实现，包括基于视频检测技术的上下门监视系统、基于感应检测技术的上下车门计数系统等。感应检测技术分为压力踏板式感应和红外线感应。压力踏板式感应设备费用较低，安装在前后车门踏板上，乘客踩上踏板时就触发记录。这种装置的缺点是无法判断乘客的走向，如果公交车辆不严格实行前上后下的控制，则很难获得上车和下车的准确计数。红外线感应技术分为被动红外和主动红外，被动红外感应探测乘客发出的红外影像，判断其移动方向，实现个体的识别和计数；主动红外是通过安装红外发射器，回收返回的光谱来获得乘客移动方向并计数。被动红外受乘客的着装影响较大，而主动红外则具有更好的稳定性。

3.4.2 起讫点推算

公交 IC 卡是常规公共交通比较常用的付费方式，在我国各城市普遍得到应用。在采用一票制的公交系统中，刷卡一次即完成乘车付费。在一些城市（如深圳），如果换乘公交线路，则在换乘线路上可以获得一定的车费折扣。若采用分段计费，则需要乘客在下车时也刷卡，这样就可以获得乘客的起讫站点。虽然分段计费具有数据完整的优势，但乘客在实际乘车过程中，两次刷卡会存在时间延误、操作复杂等问题。

乘客上车刷卡之后，车内 IC 卡系统即记录了客户编号、刷卡日期、刷卡时间、站点名称等信息。如果采用一票制，没有下车刷卡信息，就需要对公交 IC 刷卡数据进行分析，以推算下车站点，进而获得公交出行的整体时空特征。基于公交 IC 数据推算下车站点，可以综合应用几种数据挖掘方法。

第一，比较第一次刷卡与第二次刷卡的站点，先估算两个站点之间的公交行车距离和时间，获得到达第二个站点的大致时间，将该时刻与第二次刷卡时间进行比较。①如果在较小的范围内（如 10min），则可以断定该乘客换乘了公交线路；②如果相差较大，且刷卡线路为与去行方向相反的回行线路，则可断定该站点为上一次出行的终点。

第二，比较每周工作日上下班时间的刷卡数据，在第一条逻辑的基础上，通过大量的统计规律，可以了解一个公交出行者上下班通勤的出行规律。

通过公交 IC 卡的历史数据分析，推算公交乘客的起讫站点等基本信息。如果公交车辆没有安装定位装置，则需通过公交 IC 卡数据，结合公交线路运营的历史数据，采用刷卡时间的聚类计算来确定上车站点（于勇等，2009）。在此基础上，可以获得公交出行的平均出行次数、起讫点分布、平均换乘次数、出行耗时、出行距离等对公交规划有重要价值的信息（陈学武等，2004）。这些指标的推算方法如下：

（1）平均出行次数：根据公交乘客每日出行特征得到日出行次数，将全部乘客某日出行次数累加，除以公交乘客总数，得到该日的公交乘客人均出行次数。对一个月的出行次数进行平均或汇总，获得日均或月均出行次数。

（2）平均换乘次数：对乘客在某一时段内的公交出行路径进行分析，可以获得全市公交乘客的平均换乘次数。

（3）出行距离与出行时耗：根据起讫点及中途换乘点可以得知乘客的公交出行路线，从而得到一次出行的距离和出行时耗。

利用 IC 卡全局数据库，还可以对线路全日客流量进行预测。例如，一项基于北京公交 IC 卡数据的分析揭示了公交出行的周期性规律，并采用平稳时间序列模型中的混合自回归–移动平均模型推算短期公交出行总量，获得较好的分析精度（韩艳等，2010）。研究表明，以 7 天为一个周期的公交客流，其规律性还是比较明显的，说明公交 IC 卡的潜在价值可以再进行深入挖掘。

基于地理信息系统（GIS）空间数据库可实现公交线路及公交站点位置及其属性的表达，以 GIS 系统为基础建立公交 IC 卡数据挖掘系统，有利于分析结果的可视化表达。相关学者对智利圣地亚哥市的研究中，综合利用了地铁和公交 IC 卡刷卡信息，结合公交车辆的 GPS 定位，推算公交 O-D 矩阵（Munizaga and Palma，2012）；数据来源为两周，总刷卡量分别为 3600 万次和 3800 万次；采用类别推理的方法，将下车信息不明的出行点定位到较大的分析区域中；实验获得的精度分别为 80% 和 83%，表明将公交刷卡数据应用于较大分区的 O-D 矩阵构建是行之有效的。

3.4.3　出行特征分析

公交 IC 卡数据是一种个体数据，从公交运营商的层面，可以用时空分析方法，将各出行者的出行时间与出行站点关联起来。除了 O-D 矩阵推算、换乘次数分析、出行距离计算之外，如果能够与出行个体的社会经济特征联系起来，则必将为个体出行活动建模提供强大的数据支撑。同时，大量 IC 卡数据的存在，也将推动公交数据挖掘的算法，提升公交数据的分析质量（Pelletier et al.，2011）。当然，建立个体出行模型，还需要其他方面的出行记录，如利用私人交通工具的出行。

3.5　基于土地利用的社会经济统计数据分解

3.5.1　面域统计单元的数据转换

与空间规划相关的数据都存在面域统计单元。受各种因素的影响，这些面域单元之间常常需要进行变换，将统计数据从一种空间单元转换到另一种空间单元；但空间单元的形状和大小各异，它们之间的数据变换具有较大的调整性。不同的空间单元代表不同的统计口径，这种空间上的不一致可能导致统计学上的谬误，如可变统计单元问题（Openshaw，1983）。社会经济活动的总量都可以从空间单元上进行表示，如人口数量、GDP总量、工作岗位数量、用地构成等。在空间规划相关的应用中可能需要不同的空间统计单元，而这些单元的空间位置之间不一定相容，一种空间单元不一定适合于多种应用模型。为满足多种应用需求，就需要将数据从一种空间统计单元转换到另外一种单元。根据两种空间面域单元的空间形状及位置关系，存在三种转换模式，即聚合（aggregation）、内插（interpolation）和分解（disaggregate）。图3.6是这三种空间面域单元之间数据转换的示意图，其中，面域数据聚合是把数据从较小的空间面域单元汇总到较大的空间面域单元；面域数据内插是将两者空间边界不相容的单元进行叠加后，形成新的较小的空间面域单元；面域数据分解则将数据从空间边界相容的较大单元分解到较小单元。

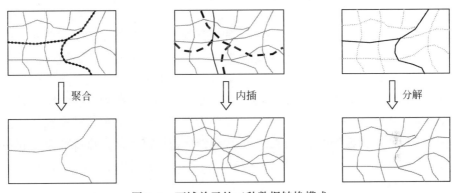

图3.6　面域单元的三种数据转换模式

　　这三种转换模式中，面域数据聚合和面域数据分解过程在两种面域单元上具有相容的空间边界，因此几何计算量小，而面域数据内插则需要进行几何叠加运算，计算量较大。数据聚合后，在新的较大的面域单元反映的是一种综合后的结果，较小单元上的细节差异将丢失。数据内插和分解中，数据从较大的面域单元向较小的空间单元转换，则需要体现较小单元上的细节差异，这就需要借助于其他线索。例如，在中国的城市背景下，将基于行政单元的统计单元数据转换到交通分析区（transportation analysis zone，TAZ）中，就可以采用两种基本的方法，一是直接数据内插，二是分解–聚合（图3.7）。

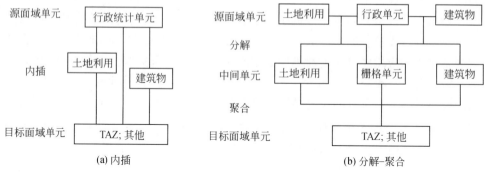

图 3.7 从行政统计单元到 TAZ 数据转换的两种模式

3.5.2 基于土地利用的数据分解方法

数据分解的目的是将较大空间单元的统计数据分解到较小的空间单元，以满足基于详细空间尺度的微观模型的数据需求。数据分解属于传统面域内插的一个类别。为获得社会经济的发展状况，需要进行统计调查。传统意义上的统计一般是基于较大的空间单元，且不同的领域为满足各自的需求所划分的空间单元是不一致的。这样就需要实施面域内插计算，将数据从一套空间单元转换到另一套空间单元。例如，交通分析区（TAZ）的社会经济数据需要从人口统计单元和土地利用单元中获得，其空间单元的设计需要考虑土地利用性质、单元大小、形状、完备性等（O'Neill，1991）。

3.5.2.1 土地利用约束

面域内插过程首先将两类面状空间单元进行空间叠加，获得每一块叠加空间单元的面积。最简单的内插方法将叠合的面积与源单元的面积比作权重，即

$$P_i = \frac{S_i}{S_j} \times P_j$$

式中，i 是叠加后产生的新单元，j 是带有分解数据的源单元，P_i 和 P_j 分别是单元 i 和源单元 j 的统计数据，S_i 和 S_j 分别是单元 i 和源单元 j 的面积。

由于土地利用的差异性，不同分析目标对土地用途的取舍有所区别，因而可以据此加入一些限制因素，如"辅助数据"及"控制区"等（Goodchild et al.，1993；Mrozinski and Cromley，1999）。如果目标空间单元小于源空间单元，且它们之间不存在空间边界交叉，则面域内插问题成为面域分解问题。

土地利用反映不同类型的社会经济活动,如居住用地是夜晚人口聚集的场所,行政办公及企业是工作日就业职位的分布地点,商业服务设施则是购物出行的目的地。对于人口统计,一般为开展户籍人口或长期居住人口的统计,因此在数据分解过程中,居住用地所占的权重比例就大。由于用地分类操作中存在一些不确定因素,以及用地分类本身也隐含了混合型用地构成,因此在居住用地之外的其他用地中也可能存在少量的居住人口。

将土地利用作为权重指数对人口数据进行分解,从统计单元到土地利用单元。一般情况下,土地利用地块是由道路分割的,其空间边界完全包含在统计单元内,因此不存在空间叠加内插的问题。计算公式如下:

$$P_i = \frac{W_i S_i}{\sum_{k=1}^{m} W_k S_k} P_j$$

式中,P_i 是需分解到 i 用地地块单元的人口,S_i 是用地地块 i 的面积,W_i 是用地地块 i 的权重,m 是统计单元 j 内用地地块的数量,S_k 和 W_k 分别是统计单元中地块 k 的面积和权重,P_j 是统计单元 j 的人口。

利用面积比值法可以求解用地类型有差异的数据空间分布问题,但当目标空间单元太小(如用于微观模型的小格网),且用于约束的土地利用单元较大时,求解过程较为复杂。

3.5.2.2 土地利用与同质区双约束

由于大城市的复杂性,同类土地利用常常存在密度不同的情况,如中心城区与外围就有区别、各组团之间也可能有区别。例如,同样是三类居住用地,城市中心区与外围区就可能存在密度不同的情况,一般中心区的密度稍高一些。公共服务设施也存在同样的现象。

双约束数据分解方法是在现有土地利用约束的基础上,加入了同质区的概念。同质区的引入可以反映同种用地类型因区域位置不同而产生的权重区别,从而获得更准确的微观层次分布。基于土地利用和同质区双约束方法将数据从较大的统计单元分解到较小的地块单元,其用数学公式表示为

$$P_i = \frac{W_i^h S_i}{\sum_{k=1}^{m} W_k^h S_k} P_j$$

式中,P_i 是需分解到用地地块单元 i 的人口,S_i 是用地地块 i 的面积,h 是同质区,W_i^h 是同质区 h 内用地地块 i 的权重,m 是统计单元 j 内用地地块的数量,S_k 和 W_k^h 分别是统计单元 j 及同质区 h 中地块 k 的面积和权重,P_j 是统计单元 j 的

人口。

在以上的空间单元中，目标地块单元为最小单元（一般为规则栅格单元），土地利用单元比目标地块单元大，同质区和统计单元比土地利用单元大。这里，同质区单元和统计单元之间的大小要根据具体应用情况来辨别，一般情况是同质区包含统计单元［图3.8（a）］，但也可能存在统计单元包含同质区的情况［图3.8（b）］。

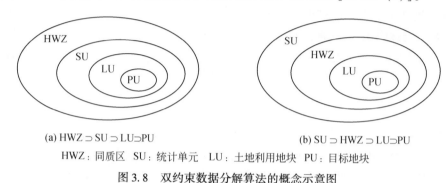

(a) HWZ ⊃ SU ⊃ LU⊃PU　　　　　　　(b) SU ⊃ HWZ ⊃ LU⊃PU

HWZ：同质区　SU：统计单元　LU：土地利用地块　PU：目标地块

图3.8　双约束数据分解算法的概念示意图

3.5.3　蒙特卡罗模拟法

解决目标空间单元较小问题的有效方法是采用随机分配算法，较实用的为蒙特卡罗模拟法（Monte Carlo simulation）。蒙特卡罗模拟法通过一定概率产生随机数，是一种以概率统计理论为指导的一类非常重要的数值计算方法，也称为统计模拟方法。Wegener（2001）利用蒙特卡罗模拟法将家庭及就业数据分解到30m的小格网上，用于模拟土地利用与交通活动，以提出城市发展政策。类似的微观模拟模型中可加入相关的环境要素，用于评价发展政策对城市环境及社会活动的影响（Lautso et al.，2002）。蒙特卡罗模拟法以土地利用为权重，将社会经济统计数据从统计单元分解到小格网系统中。土地利用的权重值通过实地调查及统计分析来确定。考虑到城市不同区域的土地利用特征存在差异，同类土地利用的权重在不同的区域是有区别的，例如，城市中心区的居住用地与外围新开发区的居住用地就存在密度上的不同，更重要的是城市中心区的用地混杂现象比较突出，需要作出综合性的判定。

Huang 等（2007）根据中国大城市的复杂性，在蒙特卡罗模拟法中引入了一种双重约束的权重确定方法。利用该方法，可以将大城市的社会经济活动统计总量进行分解，获得微观的社会经济活动的分布。这种微观数据分布比一般的大空间单元更适合土地利用与交通活动的分析。

如图 3.9 所示，假定对统计单元的人口进行分解，以土地利用作为分解辅助依据，将人口分解到栅格单元，其基本步骤如下。

（1）根据土地利用来确定权重，例如，三类和四类居住区为 10，一类和二类居住区为 5，公共设施用地权重为 1。

（2）将这些权重值按照顺序进行累加，得到所有权重的总和，该示例中总和为 96。

（3）生成待累加的空栅格图，初始值为 0。

（4）用蒙特卡罗模拟法，随机生成 1 和 96（权重总和）之间的数，将该数对应的栅格值加 1。该过程共执行 100 次，即统计单元的数据总数量。执行完成后，形成累加栅格图，即为分解结果。

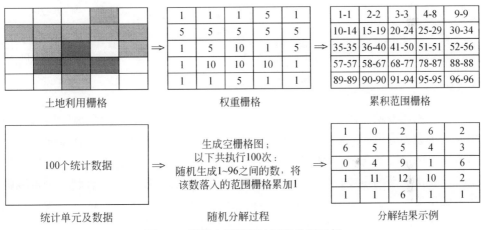

图 3.9　蒙特卡罗模拟法随机分解示例

3.5.4　武汉市的数据分解案例

我国城市人口和经济普查数据很难在小空间单元上落地，很大程度上制约了数据的充分有效利用。利用双约束思路的数据分解方法，可以在一定程度上实现在小空间单元上落实统计数据的目标，从而扩展数据的利用效率。

本书对武汉市主城区 $300km^2$ 的研究范围进行数据分解验证，验证数据包括人口统计单元、土地利用单元、同质区单元。人口统计单元采用街道一级的行政单元，图 3.10 是根据街道人口和用地面积折算的 2000 年人口密度分布。可以看出，武汉市人口密度的圈层布局非常明显，且汉口中心区具有最大的人口密度分布，最高达到 8 万人/km^2。

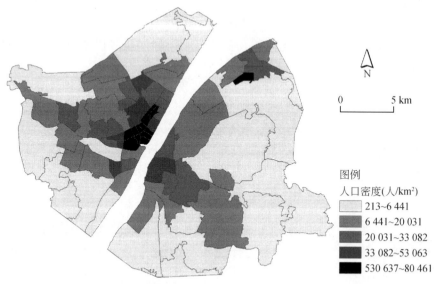

图 3.10　行政街道统计单元

土地利用按城市用地分类标准进行分类。图 3.11 显示了武汉市土地利用的单元，按大类分组，主要显示了商业服务和居住用地。这两类用地在空间分布上具有明显的沿交通干线的轴向分布特征。在数据分解过程中，由于土地利用是决定各类城市活动的重要依据，用地分类越细，则依据越充分，越有利于获得准确的分解结果。例如，在人口分解中，居住用地是最为重要的用地依据，所占权重最大。在新的城市建设用地分类体系中，居住用地又分为一类、二类和三类居住用地，它们所承载的人口基数是不一样的。一般来讲，二类居住用地由于有中高层住宅，人口密度高于一类（低层为主）和三类（简易房为主）。

城市各区域存在密度上的差异，即使同种用地，其承载的密度在各分区也存在一定的区别，一般以中心区为高密度区。根据武汉市的用地及人口分布特征，在以武汉市内环、二环、三环线为参照定义了三个同质区（图 3.12）。同质区 1 为汉口中心片区，为传统的旧城商业中心，建筑密度高，并具有最高的人口密度；同质区 2 为武汉市主要城区，包括几个主要的副中心，沿主要交通轴线分布，具有较高的用地和人口密度；同质区 3 为其他外围区域，密度低于前两个分区，具有较多的工业用地。

同质区的意义在于区分同种用地类型在城市不同区域的重要性，如表 3.3 所示，对于人口分解过程，居住用地具有最高的权重，但在不同的同质区，其权重值可以有一定的变化幅度。一类居住用地在同质区 1（即汉口中心片区）的权重

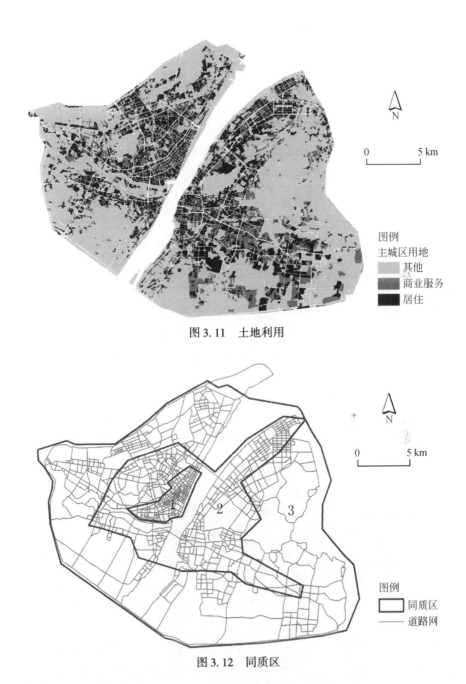

图 3.11 土地利用

图 3.12 同质区

比在同质区 2 和同质区 3 都高一些，而二类居住用地则正好相反，这体现了居住
人口在不同区域的特征。其他用地，如公共管理与公共服务用地、商业服务业用
地等，居住人口很少，可以不做区分。这些推论仅仅存在于定性层面，各同质区

内的用地权重具体数量值，还需要通过抽样分析来确定。

表3.3　同质区各类用地的权重取值示例

用地类型	同质区1	同质区2	同质区3
一类居住用地	50	45	40
二类居住用地	55	60	65
三类居住用地	40	40	40
商业居住混合用地	40	35	30
公共管理与公共服务用地	10	10	10
商业服务业用地	5	5	5

　　基于蒙特卡罗模拟法，可以编制出蒙特卡罗数据分解软件模块（图3.13）。将人口统计单元、土地利用单元、同质区数据输入，修改完善土地利用权重，系统可以自动完成数据分解计算。为减少计算过程中的空间操作，软件采用了直接读取栅格（或其文本）文件的方式，以便于三类空间图层之间的比较。因此，这三个图层需要预先进行栅格处理，包括统一栅格大小和栅格图层的空间范围。

图3.13　蒙特卡罗数据分解软件模块

基于以上数据，采用30m的栅格大小对研究区域进行动态数据分解，获得武汉市人口微观层次空间分布（图3.14）。图3.14中，每个栅格的数值即为该栅格位置所分解到的人口数，最小值为1，最大值为219。由于栅格是一种规则的划分，因此，从图3.14中可以看出武汉市人口密度分布的空间特征。汉口片区显然具有更多高密度的人口分布。与基于统计单元的人口密度（图3.10）相比，数据分解后，由于空间单元很小，所呈现的空间分布具有更细微的特征，为数据的进一步利用奠定了基础。

图3.14 基于蒙特卡罗模拟法获得的武汉市人口微观层次空间分布

双约束的数据分解算法不仅用在基础人口数据处理方面，还在公交站点的发生量和吸引量计算中得到应用。图3.14所示的人口栅格数据由于是基于较小的空间单元（30m×30m），可以根据分析需要聚合到任何较大的空间单元中去，大大提高其应用价值。例如，人口分解数据是公共交通系统研究的重要基础，该人口数据可用于多模式公交站点发生量的计算，以及公交站点服务人口比例指标的计算。这些应用将在后续章节里详细说明。

4 城市公共交通系统规划理论与方法

城市公共交通规划的上位规划包括城市总体规划、综合交通规划等。城市的基本特征，如城市发展规模、用地布局、道路网规划、公共交通方式的技术经济技术指标等，是公共交通系统规划的重要基础。公共交通规划综合考虑社会、经济、环境效益等方面因素，通过需求与供给能力分析，合理确定公共交通系统的构成，如方式结构、车辆数、线路网、站点布局、换乘枢纽和场站设施用地等。

具体而言，城市公共交通致力于实现以下四个方面的子目标。

（1）服务目标：缩短整体出行时间、提高出行过程中的舒适性与安全性。

（2）经济目标：减少个人出行成本，实现乘客与公交营运商之间经济方面的双赢。

（3）环境目标：尽量减少交通污染排放，改善城市人居环境。

（4）公平目标：体现和促进社会公平发展。

4.1 公共交通出行预测

4.1.1 交通需求预测模型

四阶段交通需求分析模型起源于 1954 年芝加哥交通规划研究，其将交通需求预测过程分解为相互关联的四个阶级。这四个阶段分别为出行生成（trip generation）、出行分布（trip distribution）、模式分割（modal split）和交通分配（traffic assignment）。一般将此过程称为城市交通模型系统（UTMS），以交通分析小区（TAZ）为分析单元，是一种聚合型模型，适合于宏观远景交通需求研究。随着计算机技术的进步及数据获取能力的提升，四阶段规划模型已经实现商业化，交通小区可以划分得更细，其各阶段的分析预测方法也得到不断完善。

四阶段需求模型在很多方面存在问题，包括：四个阶段之间缺乏反馈机制（Miller and Storm, 1996）；不能反映土地利用与交通的交互作用，土地利用模型是该体系的一个外部输入；交通小区只能反映小区里面群体出行的总体规律，不能反映个体的区别，更不能反映个体单元（如家庭）的出行决策行为（Webber,

1980）；只能反映一次出行行为，不能表达实际工作生活中存在的出行链现象（Stopher et al.，1996）。这些问题促使学者们提出各种改进方案，并寻找新的出行预测手段。

在四阶段模型中，公共交通需求在模式分割阶段从 O-D 表中分离出来，单独应用于公共交通线网流量分配。公交分配是交通分配中的重要组成部分，分配过程也需要反映公共交通系统的多模式状态，如轨道公交、公汽公交、轮渡公交等。针对不同公交模式，也出现了相应的模式分配算法。例如，采用分支界定算法和蒙特卡罗模拟法来实现基于时间表的随机动态分配（Tong and Wong，1999）、基于用户平衡思想和公交容量限制来实现用户随机分配（Hamdouch and Lawphongpanich，2008）、基于信息技术和出行行为表达的公交分配算法（Liu et al.，2010），等等。

四阶段方法受数据的影响较大，随着数据获取能力的提升，已经在信息发达城市具备了将分析单元细化的趋势。基于活动的需求预测模式以家庭及个体为分析单元，大大提高了分析精度，是需求预测的重要发展方向（Bowman and Ben-Akiva，2000）。但基于活动的方法也受制于三个方面的制约：一是基于家庭（个体）的数据获取难度；二是活动行为的表达与预测模型；三是计算机并行处理能力的限制。

4.1.2　统计与回归分析预测

针对一条线路、一个站点或整体公交系统，基于历史公交出行规律的分析，可以揭示公共交通需求的未来增长情况。出行者的公交出行与其社会经济状况、公交服务的可获得性等要素具有内在的关联性。对这种关联度进行分析，可以建立线性或非线性回归模型，实现公共交通出行量的预测。例如，城市市区的家庭，如果不完全依赖小汽车、摩托车、自行车等私人交通工具，有一定的稳定收入，那么这些家庭成员的公交出行次数可以与其私人交通拥有状况、收入、工作类型、年龄、性别等因素有关。

4.1.3　可达性模型预测

城市地理学中距离衰减（distance-decay）的规律在公共交通出行中也有所体现，距离公交站点越近，公交出行的可能性越大。根据这一规律，通过适当设定距离衰减函数，可以获得各公交站点较为粗略的需求估计。可达性预测模型不需要出行者的社会经济特征数据，只需要居住和就业岗位的分布数据，有效降低了数据需求。为进行较高精度的预测，需要通过实地观测获得公交站点周边的出行规律，用于校核距离衰减函数的参数。

4.1.4 基于新技术条件的预测

传统公交调查主要包括居民出行调查、公交问询调查、公交随车客流调查、公交站点客流调查，其中前两者是为了获取居民公交出行特征，后两者是为了获取公交线路及站点客流信息。这些人工调查，不仅工作量大，其结果容易受到调查员业务水平、居民参与积极性、表格回收率、可靠性等多方面因素影响。同时，短期的调查数据不能体现城市公交出行的长期变化，也不能体现节日等特殊时期居民公交出行情况。

随着新型电子设备、信息与通信技术的发展应用，公交调查方法正在发生变革，实现实时交通出行预测与调度分析的条件已日渐成熟。可采用的技术手段包括自动乘客记录仪、公交 IC 卡、移动电话等。

4.1.4.1 自动乘客记录仪

自动乘客计数（APC）是自动收集乘客上下公共汽车时间及站点的有效方法，结合车辆自动定位、无线信息传输等技术，可以确定乘客的上下车站及时间，并将这些实时客流信息传送至管理中心。相对于人工调查，该系统可以不间断地实时获取大量较高准确度的上下站信息。基于数据管理系统和地理信息系统，经过数据统计和空间分析可以得到运营所需的多样、广泛的数据资料。由于该类设备需要在所有公交车的上下门安装，才能获得全面的乘客上下站信息，其应用的成本较高。

根据技术实现方式的不同，自动乘客计数系统大致可以分为以下几种类型：压力板式自动乘客计数、被动红外式自动乘客计数、主动红外式自动乘客计数等。其中主动红外技术方式不易受外界环境温度、光线状况的影响，能够达到较高的精度（朱晓宏等，2005）。

4.1.4.2 公交 IC 卡

IC 卡（integrated circuit card）是将具有加密、存储、处理能力的集成电路芯片镶嵌于塑料基片上而制成的卡片，外形与普通的信用卡相似，是继条码卡、磁卡之后推出的新一代识别卡。20 世纪 90 年代，IC 卡开始在国内被用于城市公共交通运营管理领域，并逐步在其他领域展开，包括公交计费、地铁计费、高速公路计费、停车场计费等。它的推广应用不仅方便了广大乘客，也提供了一种新的客流调查统计手段，信息量大且全面。

公交 IC 卡的完整数据采集流程如下：

（1）IC 卡记录的产生。乘客进入公共汽车，刷卡缴费；车载收费机在刷卡时，完成 IC 卡身份识别、对 IC 卡进行减法操作，同时记录该卡卡号和刷卡时间。

（2）数据传递过程。工作人员通过数据采集盒，将 IC 卡记录导入数据采集盒内，再将其导入数据采集分中心的计算机中。

（3）IC 卡数据接收。数据采集分中心将 IC 卡数据以数据通信方式，传送到 IC 卡管理中心，同时下载 IC 卡管理中心传送的其他信息，如"禁止交易"等。

虽然公交 IC 卡已经在众多城市实现了推广应用，但由于统计信息结构的不完整、刷卡形式的差异性导致公交获取信息量有限，对制订线路调度方案、进行线网优化帮助很小。为了全面了解全市范围内居民公交出行情况，需要了解的公交 IC 卡客流信息应当包括（陈学武等，2004）：①IC 卡记录信息：乘客卡号、线路号、刷卡日期、刷卡时刻、刷卡站点。②公交线路信息：线路号、站点数、起点站、终点站、中间站点。③公交线网信息：整个城市全部线路位置、全部站点位置、站间距离等。④公交车行驶信息：发车时间、发车间隔、平均行驶速度等。

通过优化数据采集结构，并结合交通规划的相关理论，实现对公交 IC 卡号信息的充分挖掘，从而提炼出公交规划所需的公交线路客流基本信息和公交乘客出行基本信息。线路客流信息包括线路高峰小时及某段时间的平均乘客数、上下车乘客数等，主要用于公交公司调整线路、配车、发车间隔、公交车车型等。乘客出行信息包括平均出行次数、起讫点分布、平均换乘次数、出行耗时、出行距离，计算矩阵所需的各线路直达乘客出行 O-D 矩阵、全市换乘乘客出行 O-D 矩阵等，主要为城市交通规划部门对城市公交线网优化提供依据。

4.1.4.3 移动电话

移动电话定位技术，是在移动通信网络中获取手机位置信息的技术。移动定位通过对通信基站接收到的无线电波信息参数进行测量，推断被测物体的大致位置，参数一般包括传输时间、幅度、相位和到达角等。通过对安装于公交车辆上的固定移动电话进行初步定位，借助地图匹配技术，可确定车辆的实时位置。同时，也可对公交车上乘客携带的移动电话进行跟踪，确定车辆上的乘客数量和换乘行为。

移动定位技术设备简单，不需要额外的附加设备，车辆位置、运行情况、乘客信息等均由控制中心集中完成。控制中心可以利用移动电话向乘客发送实时公交信息，乘客也可以通过移动电话向公交信息系统查询个性化公交信息。在大城市中，移动通信网络已经实现了"无缝"覆盖，定位的盲区较小。移动电话定位的缺点是误差较大，技术不够成熟，限制了其推广及应用。此外，对乘客携带的移动设备进行数据采集也涉及个人隐私问题，实施起来也存在一定的难度。

4.2　常规公共交通规划方法

4.2.1　规划层次和类别

城市公共交通规划以城市总体规划和综合交通规划为依据，充分考虑城市近中远期发展条件，先进行发展战略的研究，包括针对大城市的多模式公共交通综合协调发展的战略及规划思路。常规公共交通是其中的重要环节，担负城市中客运服务空间全覆盖的职能。

公共交通系统具有复杂的体系，涉及政策制定、线网设计、营运管理等多个层面的优化决策。完整的公交规划过程需要进行四个层次的优化，包括线网设计（network route design）、运行时间表（timetable development）、发车排班表（vehicle scheduling）、驾驶员排班表（crew scheduling）等（Ceder and Wilson，1986；Ceder，2002；Ceder，2007）。图 4.1 对该公交系统规划体系进行了详细的说明。这四个层次之间具有逻辑上的关联，上层的规划输出也是下层的输入，体现出层次性；同时，下层的优化结果对上层也有反馈作用，在上层次二次优化中作为输入条件之一。因此在理想状态下，几个层次的优化可以同时进行，构成完整的公共交通系统优化方案。

在这四个层次中，线网设计是基础，其中设计到站点布局、首末站设置及线路优化配置，需要根据土地利用分布及公共交通的时空需求予以设计。第二层次的时间表设计需要响应公交出行的时段分布，结合线网本身的特点予以分析和构建。在很多公交优化方法中，将线网设计与时间表设计均纳入优化模型，实现两者同时优化。第三层次的发车排班和驾驶员排班主要从公交运营管理部门的角度予以优化，已经有许多成熟的商业化软件对其提供支持，如 HASTUS（www. giro. ca）、SYSTRA（www. systra. com）、Trapeze（www. trapezesoftware. com）、PTV Visum（vision-traffic. ptvgroup. com）等。

4.2.2　单条线路设计准则

常规公共交通实现城市各活动场所之间的客流服务，如居住地点、工作地

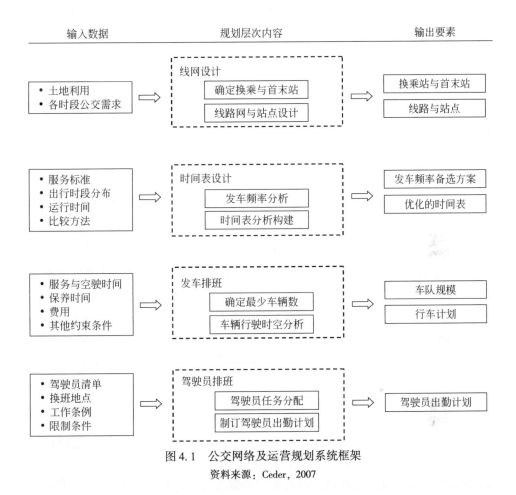

图 4.1 公交网络及运营规划系统框架

资料来源：Ceder，2007

点、对外交通枢纽、市中心、文化生活和商业服务设施等，使其有良好的交通联系，方便出行。由于其通常具有固定的营运线路，因而公交线路的设计对于提高乘客出行满意度、改善营运服务质量和增加运营商企业收益具有十分重要的作用。

单条线路设计需要满足一定的流量和线型条件，具体包括：

（1）沿主要客流方向开设公交线路。城市主要活动中心的空间分布及其相互关系是公交线路走向确定的基础，这些活动中心包括居住区、就业中心、商业中心、文化娱乐中心、对外客运交通中心、游憩中心等，它们是城市居民出行的主要发生点和吸引点，而公交线路的设计应当在结合 O-D 分析的基础上，尽量满足客流吸引期望线，特别是需要优先照顾大流量的直达客流，并保证线路的平均客流达到一定的标准，提高平均满载率。

（2）线路长度适中。公交线路过短，会增大公交车辆的调车转向总时间，降低公交车辆的使用率，居民平均换乘次数增加；线路过长，所需车辆较多，投资大，同时会导致线路客流分布不均匀，且容易受到交通情况影响，难以实现准点。因此，线路长度的确定，需要综合考虑乘客需求、城市规模与公交运营速度等多方面的因素。国家相关规范中提出 8 ~ 12km 的线路长度标准。若以线路长度为平均乘距的 2 ~ 3 倍计算，一般约为 10 ~ 15km，有利于实现乘客与公交运营商的共赢。从城市规模来讲，通常中小城市城区公交线路长度约等于城市直径，大城市城区公交线路长度约等于半径，特大城市公交线路长度不宜超过 20km，郊区线路长度则视实际情况而定。

（3）线路线型设计。在保证最大客流需求的前提下，公交线路宜尽量减少弯曲迂回，即减小非直线系数。接近最短路的公交线路可缩短总体乘行时间，提高公交服务质量。

（4）运营时段与需求时段吻合。根据沿线乘客需求，选择合适的线路类型。例如，可以将公交线路按运营时间分为全日线、高峰线、夜宵线三种。全日线，是白天及夜晚主要时段的线路；高峰线，主要在早晚高峰时间段内运行，满足上下班大规模客流点之间的需求；夜宵线，是指深夜至第二天凌晨的线路，主要满足市民上夜班、乘客夜间出行等需求，一般发车间隔较长，路网密度低。

4.2.3 公共交通线网规划

城市公共交通线网布局规定了公共交通运营的空间范围，决定了站点分布和线路之间的衔接与交叉。对于以固定线路为主的公共交通系统，线网规划与布设水平是衡量公共交通发展程度、运营能力和服务质量的重要的标志。

4.2.3.1 基本原则

城市公交线网布设应以公交客流量需求为基本依据，从服务水平、运营效率、公平性等角度进行综合考虑。线网布设时应遵循的基本原则包括以下几点。

1. 满足客运交通需求

城市客运交通需求，包括位置、分布、出行路径与方式的选择，是决定公交线网配置的首要因素。公交线路走向应与城市客流主要流向一致；主要客流方向节点之间尽可能地设置直达公交线路，减少换乘；重要客流集散点设置不同交通方式换乘枢纽，以缩短乘客出行时间，扩大乘客出行可达范围。

2. 考虑历史延续

一般情况下，公交线路开通后经过长时间的运行和客流培育，已经形成比较成熟的稳定客流。因此，考虑公交发展历史和线路的延续性，公交线网配置时可以尽可能地利用已有成熟路线，不宜全盘打散，重新布局。这样就需要综合协调新老线路之间的关系，重点评价新设线路在整个线网中的作用和效益。

3. 多模式有效衔接

出行方式的有效衔接是城市客运系统运行的关键，这包括三层含义：一是市内公共交通系统与其他客运系统的有效衔接，如火车站、长途客运站内的公交站点衔接；二是城市公交系统本身的多方式衔接，如地铁站点与公共汽车站点的零对接；三是城市市区线、近郊线和远郊线的紧密衔接。

4. 因地制宜

重视各城市的基础条件和发展规划，根据城市功能定位、发展条件和交通需求等特点，明确城市公共交通的主导方式，选择合理的建设实施方案，建立适宜的运行管理机制，配套相应的政策保障措施。

5. 多方案论证

城市公交线网规划论证过程一般设置多个备选系统方案，通过对不同方案进行模拟、优化和评价，得到相对优化的方案。在对多个方案进行筛选过程中，可结合城市交通和公交运营现状及目标，利用国家公布的公交线网密度与线网站点覆盖率等指标进行综合评价，以保证提升综合最优效率。

4.2.3.2　线网类型

公交线网布局形式受城市规模、城市形态、道路网布局、公交模式等因素的制约。各城市的自然条件不同，公交线网的布局也各具特色。例如，小城市的公交线路网以郊区线路为主，连接周围小城镇，同时为市中心和对外交通枢纽的客流集散服务；中等城市应形成以公共汽车为主体的公交线路网系统；百万人口以上的大城市远期应逐步建立以快速轨道交通为主、公共汽电车为辅的多模式公交体系。表4.1是理想状况下各种线网类型的比较。

表 4.1 公共交通线网规划类型

线网类型	线路特点	优点	缺点
放射型线网	线路沿客流量大的方向，从城市中心向城市外围布线。通常运送大量的通勤客流，高峰期流量大	往返市中心较为便利	外围横向需迂回出行，增加换乘次数；需要一个功能完善、场地充足的强大市中心
环线加放射线网	在环线基础上增加放射线	直达率高，降低经过市中心区的客流量与车辆数	线网结构复杂；要求市中心有充足的场地
方格型线网	基于方格路网，按一定间隔横向和竖向布设	换乘点较为分散，公交场站可位于城市边缘	交叉对角线方向出行不便；路网密度大，沿线交叉路口多
方格放射型线网	在方格型线网基础上，布设斜线方向放射型线路	兼具方格型路网与放射型路网的优点，能够提供更加多元化、便捷的交通出行条件	线网结构较复杂
混合型线网	由若干类型线网组合而成	与城市地理空间环境相适应	线网结构较复杂
干线和接驳线相结合的线网	干线（轨道或 BRT）与接驳线承担不同的运输功能	快慢分离，整体性能较好	换乘次数较多，换乘设施要求高

4.2.3.3 规划过程

公交线网规划遵循一般交通规划流程，即根据土地利用布局及出行活动特征建立公共交通出行需求模型，获得公共交通需求分布；在充分考虑现有公交线路的基础上，根据需求流向调整或新增公共交通线路，给出初步网络设计方案；对网络设计方案进行交通分配及社会经济条件评估，将评估结果作为深化设计的依据。以上步骤之间是一种动态循环过程，当设定的条件满足时，即可获得一套较为科学的公交网络设计方案。

基于对城市公共交通需求分布的预测，通过一定的条件实施线网布局规划。公交线网规划有两种基本思路，即解优法与证优法（王炜等，2002），如图 4.2 所示。解优法是通过求特定目标函数的最优解，获得优化线网；证优法对一个或几个线网备选方案进行评价，证实或选择较优方案。在实践应用中，两种方法需要结合起来使用。例如，将解析优化线网与经验线网共同构成备选线网集、对解析优化得到的线网根据实践经验进行调整、对经验线网的解析优化调整等。在这种思路下，公交线网规划呈现一种综合性较强的循环优化过程。

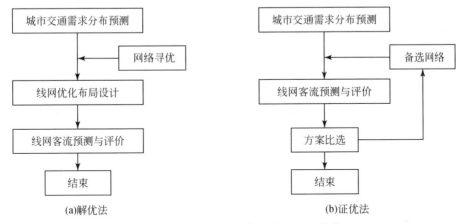

(a)解优法　　　　　　　　　　　　　(b)证优法

图4.2　公交线网规划的解优法与证优法（王炜等，2002）

4.2.4　站点布局与设计

公共交通站点是实现乘客运输的关键节点，站点的规模、形式、布局决定了一个城市公共交通系统的空间服务能力、运输效率及城市环境质量。根据站点在公交线路中的位置，可以分为首末站与中途站；根据站点的重要性，可以分为枢纽站和普通站。

除公交站点之外，车辆停车场、车辆保养场也是重要的场站设施。公共交通车辆停车场、车辆保养场等的场站设施应与公共交通发展规模相匹配。车辆保养场布局应使高级保养集中，低级保养分散，并与公共交通停车场相结合。公共交通场站布局的合理与否，容纳、周转和维修保养能力的强弱，设施和装备的现代化水平，是体现公共交通系统整体水平的重要标志。

4.2.4.1　首末站

公交首末站是公交车辆调度与折返的末端节点，具有部分停放及小规模保养的功能。首末站的规划主要包括位置选择、规模的确定以及出入口道路的设置等几方面内容，规划时应遵循以下原则。

1. 场地条件

公交首末站包含临时停放、回转掉头、调度、候车、简易维修等多种功能，其规模按其服务功能和线路车辆数量进行配置。根据公交线路所配运营车辆的总数来确定，一般车辆总数（折算为标准车）大于 50 辆的为大型站点，26～50 辆的为中型站点，小于等于 25 辆的为小型站点。中型站点以上的宜保证平均每辆车 100m² 左右的用地面积。

2. 客源条件

公交首末站可设置在两类重要地段。一是对外或城市交通枢纽，如火车站、航空港、长途汽车站、地铁换乘枢纽等，实现城市内外交通系统的无缝接驳；二是设置在用地面积比较富余且人口相对集中的居住区、商业区、行政办公区、工业园区或文体中心附近。选择在紧靠客流集散点和道路客流主要方向的同侧，以减少过街人流量，必要时可设置人行过街天桥或地下通道。

3. 周边道路条件

与公交首末站相连的出入口应设置在使用面积较为富余、服务水平良好的城市道路上，尽量避免接近平面交叉路口，可设置信号控制，以减少对周边道路交通的影响。根据道路等级结构进行合理配置，公交引导路段不宜直接接入城市快速路。

4.2.4.2 中途站

中途站设置在公交线路沿途经过的路段上，沿街布置，是供线路运营车辆中途停靠和驶离以及乘客上下车服务的设施。它是公交网络的节点，出行者使用公交的起点和终点，为公交车辆停靠、乘客上下车提供服务，其位置、形式及运营管理，都会影响停靠站、交叉路口甚至整个道路的通行能力与公共交通的使用效率。

中途站规划设计需要确定站距、站址和站台布局。由于中途站的客流集散能力相对较小，一般设置在城市道路以内。它的规划通常在公交车辆的起点、终点及线路走向确定以后进行，规划布局的原则为：

（1）中途站点应沿街布置，有条件的设置港湾式停靠站台。

（2）交叉路口附近设置中途站点时，一般设在离交叉路口 50m 以外，在大城市车辆较多的主干道上，宜设在 100m 以外。如果对公交车道予以科学设计，也可实现紧靠交叉路口的公交布局模式，如 "一路一线直行式" 的情况，可将站点设置于交叉路口（王炜等，2008）。

（3）在路段上，同一个站名的同向站台之间的距离、异向站台之间的距离都应控制在一定的范围内，过短会导致车辆相互影响，过长则对乘客换乘造成不便。

（4）长途客运汽车站、火车站、客运码头主要出入口50m范围内应设公共交通车站，尽可能地实现公共交通与快速轨道交通的无缝换乘。

（5）站点间距保持在合理的范围，国家相关规范中对此有具体要求（表4.2）。在实际状况下，城市中心区的热点区域，站点间距一般会小于500m。

表4.2 公共交通站距

公共交通系统	市区线/m	郊区线/m
公共汽车与电车	500~800	800~1000
公共汽车大站快车	1500~2000	1500~2500
中动量快速轨道交通	800~1000	1000~1500
大动量快速轨道交通	1000~1200	1500~2000

资料来源：城市道路交通规划设计规范，GB 50220-95

4.2.4.3 枢纽站

公交枢纽站是为多条公交线路、多种客运模式交汇对接而设置的综合性换乘与服务站点。一般情况下，公交枢纽站设置在城市对外客运交通枢纽、轨道交通线路中心站点、市区主要公交线路中心站点及市区与市郊公交线路交汇换乘站点。从客流性质上分，通常可以分为对外客运枢纽和市内公交枢纽。

对外客运枢纽站是市内公交与市际交通接驳点，汇集大量人流和车流，是城市客流重要的集散地。通常设置在对外交通场站，如铁路客运站、长途汽车站、轮渡港口、航空港口和城市出入口道路处，其选址都以相对运量较大的交通方式的站点位置为主要参考。市内公交枢纽是城市区域内的客流集散点，主要是各种公共交通模式之间的综合换乘场所，同时也包括一些比较特殊的客流集散点，如旅游客流集散点。

在枢纽设计方面，强调不同线路之间的有效接驳，在设计时应当主要考虑两方面因素：客流需求强度和用地及周围环境条件。前者是影响公交枢纽选址和规模的主要因素，也是提高公共交通竞争力，吸引客流的重要方面；后者是枢纽布置的硬件条件，影响到枢纽站功能的服务水平。

公交枢纽布局规划与设计应当遵循如下原则：

（1）各种公交枢纽功能明确、层次合理。公交枢纽在城市中的布局宜保持空间上的均衡，不宜太过集中。

（2）实现不同客运方式与线路的衔接与协调，减少乘客换乘步行距离与换乘时间。

（3）枢纽的规划建设应综合考虑个体交通与公共交通换乘，在某些枢纽布置必要的自行车、小汽车存放设施，以吸引部分个人交通转向公共交通，为换乘提供便利。在城市边缘常见的停车换乘（P+R）交通枢纽属于此种类别。

（4）注重枢纽功能分区合理性，提高枢纽客流疏散能力，并与枢纽承运能力相匹配。

（5）枢纽建筑造型及其装饰应富有艺术特色，因地制宜，与环境相协调，体现独特的城市风貌。

4.2.4.4 公交停车场、保养场

公交停车场、保养场是为公交线路营运车辆提供合理的存放场地，配备相关设施，对车辆进行保养和修理作业。停车场容量根据车辆总数而定，是反映车场规模的主要指标，在布局上宜采用大、中、小相结合的方式，分散布置。一般大型车场可容纳 200~300 辆车或更多，中型车场可容纳 100~150 辆，小型车场可容纳 50 辆左右。中小城市车辆少，可集中在一至两个停车场内。在人口稠密、土地资源有限的城市，为节约用地，也可采用立体公交停车楼或结合其他建筑物布置。

公交停车场选址应当考虑以下条件：①选址合理，使公交车空驶里程最小；②远离居民生活区，避免公共汽车噪声、尾气污染对居民造成直接影响；③避开城市主要交通干道和铁路线，避免与繁忙交通线交叉，保证出入口顺畅；④为确保在道路阻塞或其他意外事故发生时能够及时疏散，公交停车场宜选择在两条以上的城市道路与其相通的地方；⑤留有发展余地，且不至于对附近街区未来发展形成障碍。

4.3 常规公共交通线网优化模型

公交系统优化涉及乘客、公交营运企业、政府部门等三大利益集团。这三方的出发点不同，如乘客关注的是个体出行的便利性、经济性和舒适性，公交企业关注的是保持一定的盈利，政府部门则关注公交服务的公平性、效率，以及在整个城市客运交通系统中的地位与作用。因此，公交系统优化是一个多目标的综合决策过程，涉及多种目标函数。

公交线网规划建立在传统的四阶段法之上，依据线网生成方法的不同，可分为两大类：①逐条布设、优化成网法；②整体优化法。逐条布设、优化成网法通过分析首末站的位置，依据直达客流优先的原则，在不断修正出行 O-D 矩阵的条件下，对公交线路进行逐条布设形成初始网络，经过检验调整后最终成网（王炜等，2002）。整体优化法是将网络中乘客出行花费、公交运营成本等多目标合

并成为一个费用函数，在线路长度等条件的约束下，利用启发式算法，优化线网组合的过程（Brommelstroet and Bertolini，2011）。

4.3.1　公交线网优化设计目标

国内外相关研究中所建立的多种优化模型，其差异主要源于目标设定的不同。公交系统的服务涉及乘客（出行者）、政府、营运机构三方利益相关者，系统目标与这三类主体都有一定的关系。

常用的线网优化指标可归纳为线路网基本参数、线路网特征指标、居民出行特性指标、服务水平指标等。这些类别在现有文献中从不同角度作出研究（Ceder and Wilson，1986；Xiong and Schneider，1993；Baaj and Mahmassani，1995；Pattnaik et al. ，1998；Bielli et al. ，2002；王炜等，2002；Tom and Mohan，2003；Carrese and Gori，2004；杨兆升，2004；Fan and Machemehl，2006；Ceder，2007），具体包括：①乘客在站点（含换乘）的等待时间；②乘客出行时间最短；③空座时间最短；④两点之间公交线路与最短路径之间的时间差最小；⑤公交营运车辆总数最少；⑥公交公司成本最低；⑦换乘次数最少；⑧公交公司利润最大化。

这些指标兼顾了公交乘客与运营商的利益，从整体层面来衡量公交系统的服务效益。缩短乘客的等待时间是公交系统优化最重要的目标，公交线路与最短路径之间的差别为在途时间的最小化，空座率（或满载率）和车辆数量分别指示公交运营机构的服务效率和成本。除等待时间最小化之外，还需要考虑乘客从出发地到站点或从站点到目的地之间的步行时间，以及换乘过程的步行时间。从这个层面上来看，可以将第一项指标扩展为到达（离开）站点时间和等待时间的总和。

综合考虑公交系统各利益方，由于目标的多样性需要进行综合处理，以乘客总出行时间和费用最小化、公交站点覆盖面积最大化、公交营运车辆最优化等三个主要目标来设计线网。三种目标之间显然也存在冲突，如较大的覆盖面积需要较长的公交线路，必然需要增加公交车辆数量；而较小的覆盖率又会导致乘客出行时间和费用的增加，降低公交系统的整体服务效率。另外，还存在多模式公共交通的综合优化问题，构建大运量–中运量–小运量、快速–中速–慢速多层次配合协调的公交体系。而乘客在同样的起点和终点之间，如选择时间较短的多模式线路，则费用可能较高。

我国《城市道路交通规划设计规范》（GB-50220-95）提出了各种城市规模的公共交通系统构成及公交乘客单程出行的最大时耗要求（表4.3）。这也可以作为城市公共交通系统的综合量化目标。

表 4.3　不同规模城市的最大出行时耗和主要公共交通方式

城市规模/万人	最大出行时耗/min	主要公共交通方式
大于 200	60	大、中运量快速轨道交通公共汽车电车
100 ~ 200	50	中运量快速轨道交通公共汽车、电车
50 ~100	40	公共汽车电车
20 ~ 50	35	公共汽车
小于 20	25	公共汽车

4.3.2　线网优化模型

线网优化目标需要通过数学模型来实现，也就是说线网优化模型是线网目标的数学表达形式。借助于数学模型，可以进行线网优化求解。由于公交线网是一类复杂的系统，要素构成复杂，优化目标有限，需要设置一些约束条件。因此，线网优化模型由目标函数和约束条件构成。显然，不同的目标对应不同的数学模型。

4.3.2.1　等待时间最小化

公交出行过程的等待时间包括两部分：上车等待时间和换乘等待时间。等待时间与发车频率密切相关，简化的等待时间一般设置为车头时距（发车频率的倒数）的一半。以下是 Ceder（2007）给出的函数式：

$$\min \sum_{i,\ j \in N} \mathrm{WT}(i,\ j) = \sum_{r \in R} \frac{1}{2F_r} \Big(\sum_{i,\ j \in N_r} d_{ij}^r + \sum_{i,\ j \in N_{tr}} d_{ij}^{tr} a_{tr}^r \Big)$$

4.3.2.2　车内乘客时间最小化

以乘客小时（passenger hours）为单位，包括所有出行路径上在车上的时间。以下公式包含直达车内时间和换乘路径车内时间两部分（Ceder, 2007）：

$$\min \sum_{i,\ j \in N} \mathrm{PH}(i,\ j) = \sum_{r \in R} \sum_{i,\ j \in N_r} d_{ij}^r t_{ij}^r + \sum_{tr \in TR} \sum_{i,\ j \in N_{tr}} d_{ij}^{tr} t_{ij}^{tr}$$

4.3.2.3　乘客车内时间与最短路径时间差最小化

车内时间与最短路时间的比较是为了获得迂回损失的时间信息，同时便于函数的极小值目标表达。最短路径的时间可能是乘小汽车的时间，也可能是最短路径上其他公交线路的时间（Ceder，2007）：

$$\min \sum_{i,\,j \in N} \mathrm{DPH}(i,\,j) = \sum_{i,\,j \in N} \mathrm{PH}(i,\,j) - \sum_{\mathrm{sp} \in S} \sum_{i,j \in N_{\mathrm{sp}}} d_{ij}^{\mathrm{sp}} t_{ij}^{\mathrm{sp}}$$

4.3.2.4　空座乘客时间最小化

空座乘客时间也以乘客小时为计量单位，主要体现公交公司的运营效率。空座乘客时间为公交线路的最大乘客时间容量与实际乘客时间的差值（Ceder，2007）：

$$\min \sum_{r} \mathrm{EH}_r = \sum_{r \in R} \left[\max(L_r,\,F_{\min} \cdot d_0) \right] t_r - \sum_{i,\,j \in N} \mathrm{PH}(i,\,j)$$

4.3.2.5　直达客流最大化

为充分发挥公交车辆的运输能力，同时方便乘客以最短时间抵达目的地，公交线路在布设时应尽可能优先选取直达客流较大且稳定的线路，既可提高服务效率，又可提高经济效益（杨兆升，2004）。为此，选取直达客流量为主要优化依据：

$$\max f(x_{ij}) = \sum_{j=1}^{n} \sum_{i=1}^{n} \mathrm{SP}_{ij} \times x_{ij}$$

可以看出目标函数的数学模型可以有多种表达方式，这主要取决于基础数据类型与结构，以及公交线路的表达形式。

以上所有目标函数中涉及的变量含义综合如下：$\mathrm{WT}(i,\,j)$ 是结点 i 和结点 j 之间的总等待时间；$\mathrm{PH}(i,\,j)$ 是结点 i 和结点 j 之间的公交车内时间；$\mathrm{DPH}(i,\,j)$ 是结点 i 和结点 j 之间的公交车内时间与最短路径时间之时间差；EH_r 是线路 r 上的空座时间；$1/2F_r$ 表示平均等待时间，F_r 是发车频率；R 是所有公交线路 r 的集合；TR 是换乘路径 tr 的集合；S 是最短路径 sp 的集合；N，N_r，N_{tr}，N_{sp} 分别是全部结点、线路 r 上的结点、换乘路径 tr、最短路径 sp 上的结点集合；d_{ij}^r，d_{ij}^{tr} 分别是线路 r 和换乘路径 tr 上结点 i 和结点 j 之间的需求量；a_{tr}^r 指示换乘路径 tr 经过线路 $r(=1)$ 与不经过线路 $r(=0)$ 的状态；$t_{ij}^r(t^r)$，t_{ij}^{tr} 分别是结点 i、j 之间沿线路 r 和换乘路径 tr 乘车所需要的车内时间；t_{ij}^{sp} 是结点 i、j 之间沿最短路出行所需要的时间；L_r 是线路 r 的最大载客容量；$F_{\min}$ 是最小发车频率；d_0 是公交车的标准载客量；SP_{ij} 是网络内从结点 i 到节点 j 的直达客流量；x_{ij} 是决策变量，用于指示一条道路边是否在公交线路上（"是"用"1"表示、"否"用"0"表示）。

由于公交线网的优化通常难以用一个目标来涵盖，是一种多目标优化的问题。如果将各种目标进行量纲处理，则可以构成综合目标的函数形式，如 Ceder 给出的一种：

$$z = a_1 \sum_{i,j \in N} \mathrm{WT}(i,j) + a_2 \sum_{i,j \in N} \mathrm{EH}_r + a_3 \sum_{i,j \in N} \mathrm{DPH}(i,j)$$

式中，a_1，a_2，a_3 分别是将等车乘客小时、空座乘客小时、乘客小时转换为以货币为单位的系数；但这几个系数是否能够获得合理的取值，也是一个非常难解决的问题。

4.3.3 约束条件

在候选线路生成时，同时还需要对线路进行一些约束，包括线路长度（时间）、线路与最短线路的偏差度、最大换乘次数、线路重复率、不考虑环线等。这些构成了以上目标函数的约束条件，包括对单条线路的约束条件和线网的约束条件两大类。

4.3.3.1 单条线路的约束条件

1. 线路长度

我国《城市道路交通规划设计规范》（GB 50220-95）建议值为 8~12km。在特大城市中，由于用地规模大、江湖与山体分割，公交线路常常超过 12km，如武汉市由于受长江、汉水两江分割，跨江线路一般都在 20km 以上。

2. 非直线系数

线路的非直线系数是指公交线路的实际长度与空间直线距离之比。线路的非直线系数越小越好，这样可以使乘客尽快到达目的地。一般城市取 1.15~1.20 为宜。单条公交线应不大于 1.5。

3. 单线载客容量

线路 k 的每小时最大断面客流量 Q_k 的计算方法如下（杨兆升，2004）：

$$Q_k = 60\, C_x L_k X_{cr}/\, h_k$$

式中，C_x 表示不同车型的客容量（单位：人），一般单节公交车为 72 人、铰接车为 129 人、双层公交车为 120 人、中巴车为 26 人；L_k 表示线路 k 的满载率，高峰小时一般取 0.85，平峰时取 0.6；X_{cr} 表示线路重复影响系数，是与某条线路重复的最大线路条数，函数式如下：

$$X_{cr} = f(X_c) = \begin{cases} 1.00, & X_c = 0 \text{ 或 } 1 \\ 0.85, & X_c = 2 \text{ 或 } 3 \\ 0.70, & X_c \geqslant 4 \end{cases}$$

h_k 表示发车时间间隔（车头时距），以分钟表示。$60/h_k$ 表示每小时的发车次数。

4. 断面客流量不均匀系数

线路上的最大断面客流与整条线路平均客流之比，函数式如下：

$$b_n = \max Q_s / \bar{Q}$$

式中，Q_s 表示线路的第 s 个断面的客流量（单位：人）；$\bar{Q}$ 表示线路的平均断面客流量（单位：人）；一般取 $b_n \leqslant 1.5$。

显然，以上后两个约束条件，是在线网构成后才可以进行测算，因此已不是纯粹的单条线路的约束条件。此外，一条公交线路不应出现地理上的迂回，如除首末站可以相同（环线公交线路）以外，不应含有环，即规定相同的节点和边不应通过两次以上。

4.3.3.2 线网约束条件

线网约束条件是在确定一套候选线网后，或在候选线网配置过程中，计算全局线网所获得的指标。这些指标反映了宏观层面公交线网在城市中的覆盖状况或线网本身的衔接效率，在公交网络规划中具有全局性的意义。一般情况下，线网指标是在整体布局完成后才能进行计算，因此这些指标多用于线网规划的中间独立阶段，即线网配置后的评估，并通过反馈机制反馈到线网布设流程。

1. 线路网密度

每平方公里城市用地面积上有公共交通线路经过的道路中心线长度，单位为 km/km²。线路网密度反映一个城市公交服务的覆盖水平。我国城市道路交通规划设计规范给出了密度取值范围：在市中心区规划的公共交通线路网的密度，应达到 $3 \sim 4$km/km²；在城市边缘地区应达到 $2 \sim 2.5$km/km²。

另一个反映线网密度的指标是将所有公交线路长度总和除以城市用地面积，通过该指标可以了解公交线网的整体服务强度，但如果线网具有很高的重复系数，则不能完全指示空间覆盖水平。

受城市空间结构的影响，有些区域的道路密度较低，公交线网在这些区域的密度也较低。因此，也有将线路网长度与道路长度的比值作为线路网密度的衡量标准（张生瑞和严海，2007）。该密度值的单位与上面的不同，为 km/km。

2. 平均换乘系数

衡量乘客直达程度的指标，其值为乘车出行人次与换乘人次之和除以乘车出行人次。我国城市道路交通规划设计规范规定大城市乘客平均换乘系数不应大于1.5；中、小城市不应大于1.3。

3. 公交站点服务面积率或服务人口率

公交出行过程必须通过公交站点上下，实现与其他交通方式的衔接。受步行距离/时间的限制，公交站点的服务范围有一定的标准，如国际上通常以400m为服务半径。公交站点的服务面积率就是所有站点以一定的半径作出的圆形覆盖区域面积与城市总面积的比值。如我国城市道路交通规划设计规范规定按照300m半径计算，这个比值应达到50%以上；如果按500m半径计算，则这个值应大于90%。由于我国的城市较为紧凑，实际上多数大城市的站点面积覆盖要远远大于这个数值，尤其在城市中心区基本上是300m半径全覆盖。

公交站点的服务人口率也与服务面积率类似，只是用覆盖范围内的人口总数除以全市人口来进行计算。由于各城市用地结构不同，有时站点周边服务范围可能为非建设用地，因此，采用人口比率可以更准确地描述公交系统的服务水平。

4. 公交出行时耗

在公交需求分布确定的情况下，基于公交线网配置可以测算总体公交出行时耗。这项指标更多地用于线网优化目标，或作为线网优化评价体系中的一个环节。我国的道路交通规划设计规范中给出了不同城市规模公交出行时耗的上限值（表4.3）。

5. 公交车辆总数

为平衡服务水平和公交公司运营效益，公交车辆数量难以无限扩大，因此也成为一类约束条件。显然，在确定车辆数量的条件下，公交线网中的线路条数、长度、线路发车频率等都会受到影响。反之，一天线路的长度和发车频率确定之后，所需要的公交车辆数量即可进行估算。设公交线路长度为 L（km）、车头时距 d（小时）、平均行车速度 v（km/h），则可计算该线路所需的最少公交车数量 N 为：

$$N = 2L / (d \times v)$$

4.3.4 求解算法

公交线网优化包含多目标，因此是一种多目标问题。求解多目标问题存在两种基本思路，核心目标函数、综合多目标决策方法。核心目标函数方法先确定一个主要目标（如总出行时间），以该目标为基础建立优化函数，将其他次要目标作为约束条件进行求解。综合目标函数对所有目标建立目标函数，采用多目标决策的方法确定各目标的权重，或当目标较多且具有一定层次时采用层次决策方法。

在具体算法方面，以数学规划法为基础，衍生出许多其他算法。随着计算能力的提升，同时也将启发式算法应用到线网优化过程中，这包括蚁群算法、遗传算法等、粒子群算法等。所谓启发式算法（heuristic algorithm），是指区别于传统数学方法的新型算法，当传统算法计算时间偏长或难以找到一个最优解时，启发式算法可以用较短的时间求解或找到一组近似最优解[①]。有一类数学问题归结为 NP-Hard 问题，用传统的数学方法不能求解，就只能采用启发式算法来求解了。

4.3.4.1 数学规划法

数学规划法（mathematical programming）是应用数学学科的一个重要分支，研究给定约束条件下目标函数极值问题的数学理论和方法，主要由目标函数和约束条件两部分构成。数学规划方法能够从所有可能的选择方案中找出最优方案。大量实际问题，如线网优化、物资调运、场址选择、资源分配、市场销售、任务指派等都可以用数学规划法来处理。线性规划是数学规划最基本最重要的分支，它在理论上最成熟、方法上最完善、应用上最广泛，常用于研究多变量复杂系统，包括公共交通网络优化。由线性规划引申出来的其他数学规划方法包括非线性规划、组合规划、整数规划、参数规划、多阶段动态规划等。

前两节所表述的目标函数和约束条件基本遵循了数学规划的表达方式。如果建立了交通需求和道路网数据库，利用成熟的商业化软件（如 MATLAB、LINGO），可以直接求解这些目标函数，进行比较和优化，形成合理的线网规划方案。

4.3.4.2 蚁群算法

蚁群算法是 20 世纪 90 年代兴起的智能优化算法。受自然界中蚂蚁集体觅食

---

① 参考 http：//en. wikipedia. org/wiki/

行为的启示，意大利人 Dorigo 在其博士论文中提出了蚁群算法的概念（Dorigo，1992）。蚁群算法是一种基于群体的模拟进化算法，在求解复杂离散组合优化问题方面具有一定的优势。

Deneubourg 等（1990）通过双桥实验（double-bridge experiment）对蚁群的觅食行为进行了研究。通过实验研究，发现蚂蚁的个体行为极其简单，然而由这些个体所组成的蚁群的行为却极其复杂。在实验中，蚁群除了能够找到蚁巢和食物源之间的最短路径，还能适应环境的变化，如途中出现障碍物时，蚁群可以快速找到新的最短路径。对于蚁群觅食过程中这种复杂的行为特征，一些仿生学家通过大量观察和研究发现，蚂蚁在寻找食物的路途中释放一种称为外激素的分泌物，使其周围一定范围内的蚂蚁可以感觉到这种物质，从而朝着这种物质浓度高的地方移动。因此，蚁群的这种觅食行为表现为一种信息正反馈现象，当一条路径上的蚂蚁越多时，这种分泌物的浓度就越高，其后蚂蚁选择这条路径的概率就越大，从而更增加了这条路径上的外激素的浓度。蚁群觅食过程中这种选择路径的行为被称为自催化行为，由于其原理是一种正反馈机制，因此也可以将蚁群的行为理解为增强型学习系统。

基于以上蚁群觅食行为的显著特征，蚁群算法多用于组合优化的研究领域，其基本原理吸取了生物界中蚁群觅食行为的某些显著特征。例如，蚂蚁能察觉出小范围区域内的状况并且判断出该区域内是否有食物或其他同类的信息素轨迹，同时可以释放自己的信息素，但是蚂蚁所遗留的信息素数量会随时间而逐步减少（马良和项培军，2001）。

蚁群算法利用群集智能解决大规模组合优化问题。在蚁群算法中，基于信息素的解空间参数化概率模型（信息素模型）以解构造图的形式给出。在解构造图中，定义了一种作为随机搜索机制的人工蚂蚁，该蚂蚁通过一种分布在解构造图上被称为信息素的局部信息的指引，在解构造图上移动，从而逐步地构造出问题的可行解。信息素与解构造图上的节点或弧相关联，作为解空间参数化概率分布模型的参数（胡小兵，2004）。

大规模公交线网优化可以视为一种组合优化问题，因此已经有一些学者尝试应用蚁群算法求解公交线网布局问题。由于公交线网规划是一种多目标决策过程，目标之间也存在一定的矛盾关系，蚁群算法的应用研究一般只能从公交线网优化的某一个角度来展开。例如，以直达客流密度最大为目标的公交线网优化模型，该模型以换乘次数最少、单位长度运送客流量最大为优化目标，线路长度、非直线系数等作为约束条件。为求解该模型，并综合考虑乘客和公交公司两方面的利益（于滨等，2007）。公交线路的逐条布设整体优化过程可以通过蚁群算法来实现。杨兆升（2004）给出了该算法的 13 个主要步骤。

第一步：确定公交起终点节点向量、节点距离矩阵、节点间客流量矩阵。

第二步：设定各网络边的轨迹强度、各蚂蚁在各边留下的单位长度轨迹信息数量；初始化这些值。

第三步：计算蚂蚁从起点向下一个边移动的转移概率，边的轨迹强度越大、边的长度越短则转移概率越大。

第四步：以直达客流最大化为目标，计算各个蚂蚁的目标函数值，记录最优的解。

第五步：修改各边的轨迹强度值。

第六步：修改各蚂蚁经过的各边的单位长度轨迹信息数量。

第七步：计算各蚂蚁所经过的路径长度（即为候选公交线路）。

第八步：判断是否所有蚂蚁所走的路径都大于预设的公交线路长度值（如15km）或是否出现退化现象。"是"则继续下一步，"否"则转第三步，继续前进。

第九步：将所有蚂蚁路径的终点回溯至最近的起终点向量中的节点。

第十步：判断蚂蚁 k 所经过的路径是否满足公交单条线路条件中的非直线系数、单线载客容量、断面客流量不均匀系数等约束条件的限制。对满足条件的线路计算其直达客流量。

第十一步：若不是第一条规划线路，计算公交复线系数，进行复线修正。

第十二步：输出本次获得的公交线路。

第十三步：修改直达客流矩阵，若修正后矩阵满足最小布线准则，则回到第二步；若已不能满足最小布线准则，则已获得整体公交线网。

首先，由于城市公交线网规划是一个复杂的非线性组合优化问题，采用蚁群算法求解仍存在收敛性和计算速度问题。蚁群算法虽然有较低的空间复杂度，但其时间复杂度较高，对于大规模的问题，算法的运算时间很长，算法容易过早收敛，在解决某些问题时仍不可避免地陷入局部最优或者停滞，从算法解的性质来看，蚁群算法本身就是在寻找一个比较好的局部最优解，而不是求解全局最优解。其次，基本蚂蚁算法中蚂蚁的移动具有随机性，当所要求解的问题规模很大时，算法很难快速从杂乱无章的路径中找到一条较好的路径，收敛速度慢。最后，蚁群算法的性能的优劣与其参数设置有密切的关系，但是算法的参数设置没有严格的理论要求，带有很强的经验性，而且当算法改进或算法应用于新的领域时，其参数的设置没有一个很好的参考，通常要进行大量的实验才能得到比较满意的结果（艾明和王魁生，2006）。此外，蚁群算法中参数的选择缺乏理论上严格的证明和指导，要采用实验方法来确定其优化组合（蔡光跃和董恩清，2007）。

目前已经有一些改进的蚁群算法实验，以期解决以上的问题。例如，对转移概率进行了修订，采用强化遍历策略等措施来提高收敛速度。同时，基于惩罚机制的蚁群算法对基本蚁群算法进行整体改造，对蚂蚁进行分组，利用组中蚂蚁完成循环路径搜索、信息素的局部更新和全局更新规则，进而根据各组蚂蚁在本轮循环中的表现引入奖罚机制，同时对信息素浓度高低进行限制，避免因信息素浓度过高或过低导致停滞而陷入局部最优（王鹤等，2011）。另一种改进的蚁群算法称为最大最小蚂蚁系统（max-min ant system，MMAS），是解决邮递员问题（TSP）等离散域优化问题有效方法（Stutzle and Hoos，1997）。

4.3.4.3 遗传算法

除了蚁群算法外，同样源自生物学的遗传算法（genetic algorithm）也是求解公交线网规划问题行之有效的方法之一。20世纪90年代，生物进化算法被引入优化问题的求解中，遗传算法依据生物进化原理，通过生物学领域的竞争选择、交叉、变异等概念实现逐代的优选。遗传算法可以用于公交线网及支线公交优化（Bielli et al.，2002；Tom and Mohan，2003；Verma and Dhingra，2005；Cipriani et al.，2012），同时在公交调度优化中具有较多的研究（Chakroborty et al.，1995；Zhao and Zeng，2007；Yu et al.，2010；Mazloumi et al.，2012）。

关于遗传算法的基本原理及其在公共交通线网优化中的应用将在第七章中详细介绍。

4.3.4.4 粒子群算法

粒子群算法（particle swarm optimization）最初是受到飞鸟集群活动的规律性启发，进而利用群体智能建立的一个简化模型。粒子群算法在对动物集群活动行为进行观察的基础上，利用群体中的个体对信息的共享使整个群体的运动在问题解空间中产生从无序到有序的演化过程，从而获得最优解。粒子群算法属于进化算法的一种，和遗传算法相似，也是从随机解出发，通过迭代寻找最优解。粒子群算法没有遗传算法的交叉和变异操作，而是通过适应度来评价解的品质，通过追随当前搜索到的最优值来获得全局最优解，比遗传算法规则更为简单。

粒子群算法在交通网络设计问题中得到应用，并显示出一定的计算优势（Babazadeh et al.，2011）。粒子群算法的五个基本步骤包括：初始化、更新每个粒子的位置和速度、计算粒子适应值、更新全局和局部最优值、设置迭代停止条件。也有将粒子群算法应用于公交线网优化的尝试。例如，将公交线网优化的多目标问题转化为单目标优化问题的背景下，建立公交线网优化的线性模型。用粒子群算法进行解算，将多个目标问题映射为算法中的位置向量，约束条件则映射为速度向量，通过粒子在解空间中搜索，找到最佳的公交线路网络（胡启洲等，2007）。

4.4　常规公共交通系统评价

城市常规公共交通是承担公交出行的重要模式，公交出行的 O-D 分布、时间分布、路径选择等与公共交通系统存在着紧密的关联。公交网络及服务时段以响应城市公交的出行需求为目的，同时又对需求分布及出行选择产生积极的引导作用。当公交营运的容量有限时，不同的站点和线路布局会产生不同的实际运输量；当 O-D 分布一定时，不同的公交网络及营运策略将会产生差异化的结果。这些都说明公交系统的一种配置可能优于另一种配置，有必要进行评价，找到综合效益较好的配置模式。

但公交系统服务水平的高低，很难用一个单一的指标来衡量，如仅用线网密度、站点密度、换乘率或成本-效益中的某一项指标都带有一定的片面性。公交出行体系涉及出行者、营运商、政府部门等多种目标不同的实体，因此公交系统服务水平评价需要进行综合衡量。综合评价是在对公共交通系统的目标、结构、环境、功能和效益等要素进行分析的基础上，构建指标体系，建立综合评价模型。通过计算和分析研究，对城市公共交通系统的经济性、社会性、技术性、可持续性等方面进行综合评价，了解城市公共交通发展的现实水平，发现城市公共交通发展过程中存在的主要问题，为公交系统规划提供科学依据。

城市公共交通系统评价指标体系是综合评价城市公共交通发展状况和服务能力的重要依据。指标可以反映城市公共交通不同时期交通发展程度的变化，也能够反映同一时期不同城市公共交通的发展水平，关键是能够提供诊断城市公共交通问题的重要依据。在此基础上，提供交通规划、建设、管理等相关部门解决城市交通问题的整体思路，实现城市公共交通系统的可持续发展。

我国城市道路交通规划设计规范从空间覆盖和服务出行时耗等方面给出了不同规模城市公共交通系统应该达到的标准。例如，规定站点 300m 服务半径应覆盖 50% 的人口、站点 500m 服务半径应覆盖 90% 的人口；中心区线网密度范围为 $3\sim4km/km^2$；大城市换乘系数小于 1.5；200 万人以上大城市 95% 居民高峰时段最大出行时间为 60min，等等。这些指标已经成为衡量公交系统服务水平的重要依据，在任何评价体系中都具有重要地位。

由于公交系统的复杂性，适宜的评价指标也很多。一般采用分类分层的方法进行归类划分，再采用多层次综合评价模型实施评价。例如，可以将所有指标归纳为三大类：第一大类为体现公共交通规划、建设水平的指标，分别从线网、场站、车辆、优先措施、投资计划等方面选取能反映城市公交建设规模、政策环境、发展基础及潜力的指标；第二类为体现公交服务水平的指标，从安全、方便、迅速、准点、舒适、经济、高效等多方面反映运营特征、管理水平，这是公交发展水平最直接的体现；第三类指标体现公交系统综合效益，从经济效益和社会效益两方面选取（陈茜和陈学武，2003）。

考虑可持续发展要素，还可从四个方面来构造城市公共交通系统评价指标体系，包括公交网络技术性能、经济效益水平、公交服务水平和可持续发展水平（胡启洲和邓卫，2009）。这四个方面的子类指标如下。

（1）公共交通网络性能指标反映公交网络结构、布局及其与需求的耦合关系，揭示公交网络可提供的服务质量，从而验证网络系统的合理性和可行性。网络性能指标从一定程度上决定了公交系统的社会经济效益与环境效益，因而是公共交通系统评价中最基本的指标。其包含的子指标主要包括：到达步行时间、非直线系数、平均出行时间、线路网络密度、公交站点密度、线路重复系数、运营速度、线路客运能力等。

（2）经济效益指标主要反映公交企业的企业运作与经济效益状况。在各种体制下，公交企业的主要收益来源于公交营运服务，因而经济效益是企业生存以及提供更优质服务的基础。经济效益水平的评价指标主要包括：百车公里成本、完好车率、全员劳动生产率、居民年乘公交次数、平均车日行程、公交企业收益率、里程利用率、公交车辆拥有率等。

（3）公共交通的服务水平直接关系到城市居民出行需求的满足情况，具体包括公交设施提供的"硬服务"和司乘人员提供的"软服务"两方面，在具体评价时可以从公交服务功能和公交服务质量方面来考虑。子指标包括：万车事故率、乘客出行平均时耗、行车准点率、客运费率、乘客平均换乘系数、全天线路满载率、安全运行间隔里程、高峰满载率等。

（4）可持续发展水平主要是反映公交系统对能源消耗和环境污染的情况。该类指标强调对生态环境的保护和资源的优化利用，提高交通设施的利用效率，以满足城市社会、经济、生态环境综合的可持续发展要求。可持续发展水平的评价指标包括：土地利用吻合度、公交车辆更新率、公共交通分担率、人均公交道路面积、公交道路环境污染系数、公交能源消耗系数、交通时空资源消耗系数等。

4.5 大运量快速公共交通规划

4.5.1 大运量快速公交的构成

大运量快速公交系统（mass rapid transit，MRT）是指服务于城市主要客运交通走廊，在固定轨道上运行或在隔离及独享的条件下使用预设的公共通道的公交系统，通常具有大运量、快速、高频率和环保等特点，是构建现代化立体城市交通的主干公共交通系统。出行者总是希望公交出行快捷和安全，除去价格因素，大运量快速公交的受欢迎程度高于普通常规公交（图4.3）。

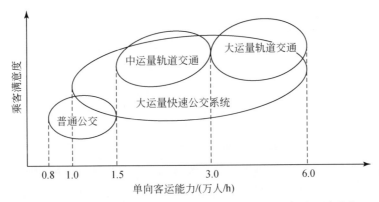

图4.3　各种公共交通方式的客运能力与乘客满意度关系示意图（陈爱萍，2004）

大运量快速公交主要有快速轨道交通系统和快速公交系统两大类形式，简要介绍如下。

4.5.1.1　快速轨道交通系统

城市轨道交通为采用轨道结构进行承重和导向的车辆运输系统，依据城市交通总体规划的要求，设置全封闭或部分封闭的专用轨道线路，以列车或单车形式运送较大规模客流量的公共交通方式，包括地铁系统、轻轨系统、单轨系统、有轨电车、磁浮系统、自动导向轨道系统和市域快速轨道系统（建设部，2007）。其中运量达到每小时1万人次的，可以归为快速轨道交通系统，目前应用最广泛的是地铁系统和轻轨系统。

地铁是一种大运量的轨道运输系统，采用钢轮钢轨体系，标准轨距为1435mm，主要在大城市地下空间修筑的隧道中运行，当条件允许时，也可穿出地面，在地上或高架桥上运行。轻轨系统是一种中运量的轨道运输系统，采用钢轮钢轨体系，标准轨距为1435mm，主要在城市地面或高架桥上运行，线路采用地面专用轨道或高架轨道，遇繁华街区，也可进入地下或与地铁接轨。

随着社会的发展，地铁和轻轨的含义已经突破了原有的范畴，地铁并不专指在地下隧道中运行的轨道交通，而是泛指高峰小时单向运输能力在2.5万～5万人次以上，地下、高架、地面线路三者相结合的大容量快速轨道交通系统（孙章和蒲琪，2010）。通常在市中心地铁为地下运行，市区以外为高架或地面运行。同样，轻轨和地铁一样，广义的轻轨已成为具有中等运输能力，即每小时1万～3万人次的各种轨道交通方式的统称，包含了《城市公共交通系统分类标准》中的轻轨系统、单轨系统。

4.5.1.2 快速公交系统

快速公交（bus rapid transit，BRT）系统是一种拥有独立路权，使用现代化车辆调度技术，大部分线路设置在道路路面上的大运量公交系统。它将车站、车辆、运营计划及智能运输系统有机地结合在一起，并且集成一个统一的、具有独特优点的系统。典型的快速巴士系统采用具有隔离车道的巴士专用道路，这些道路可以平面交叉，也可以是立体交叉。其高峰小时客运能力为1万～2万人次。BRT在中国得到充分的重视，《建设部关于优先发展城市公共交通的意见》中提出，具备条件的城市应结合城市道路网络改造，积极发展快速公交系统。

快速公交系统既保持了常规公交的灵活性、经济性和便利性，又具有城市轨道交通容量大、速度快的特点。BRT的作用体现在：缓解城市客运走廊的交通压力，为出行者提供快速出行工具；轨道交通网络的有效补充；建设周期相对较短，较快提供公交服务，保证城市客运交通的可持续发展；引导城市土地利用开发，促进城市形态结构的可持续发展。

4.5.2 快速公交规划方法

大运量快速公交建设项目是城市重要的投资项目，需要进行长远的规划。该种项目花费巨大，充满不确定性因素，并且受制于施工进程或预算超支。在决策过程中涉及众多利益相关者，包括政府官员、城市规划师、工程师、管理顾问及市民团体等。而这些众多的参与者面临着多种多样的目标和约束因素，这些目标和约束因素通常难以定义或描述。而大运量快速公交项目强烈的外部性（比如从对城市结构的影响，到对交通模式的改变以及对空气污染的降低），使得这些目标和约束因素更加难以定义和描述。在这样的背景下，大运量快速公交线网的规划，主要还是以规划师和决策者在实践经验基础上提出的方案为基础，辅以定性和定量分析，最终形成线网。同时，随着数学模型和各种智能规划方法的发展，标准的数学优化方法在大运量快速公交系统规划中的应用越来越多，发展前景也越来越好。

轨道交通线网的规划是在对城市的综合分析上，根据城市客流交通特点，形成多个备选方案，然后进行客流量的预测，计算线网的评价指标，对线网进行评价优选，优化并得出最佳方案。整体的思路包含对客流集散点（交通枢纽）、主要交通走廊、客流预测和方案评价等主要问题的分析。大运量快速公交线网规划可分为综合分析及线网方案拟订、客流预测和方案比选三个主要步骤。

4.5.2.1　综合分析及线网方案拟订

相对于常规公交线网规划，大运量快速公交线网通常满足城市中的大运量客运交通需求，其线路的布设也就需要与城市主要客流走向吻合。因而在线网规划时，城市的主要客运走廊的识别和寻找是线网方案拟订的基础之一。

1. 潜在交通出行走廊的识别和确定

（1）经验判断法。根据城市人口与就业岗位的分布情况，依靠对现状城市道路交通的空间分布特征，考虑线路的影响范围，来判断线路走向。因其定性操作简单，此方法目前较多使用，但在定量化分析上的欠缺，使其容易受到相关外部因素的影响。其仅仅考虑了人口和就业岗位的分布情况，依据规划者的实践经验，面对较为复杂和面积较大的城市时，判断出的线路可能与实际客流方向偏差较大。

（2）出行期望线路图法。通过对规划年出行预测得到远期全人口、全方式O-D矩阵，将远期O-D矩阵按最短路原则分配到远期道路网上得到出行期望流量图，当远期年限的道路客流量大于设定的走廊标准时，即确定该路段为走廊的一部分；然后按照出行期望流量图上的交通量选线产生初始线网（Verma，2005）。

（3）两步聚类识别法。利用聚类的原则，尝试进行走廊的识别。先通过动态聚类，将所有的交通流量对分类成20～30个聚类中心，而后通过模糊聚类法选择合适的分类，并进行聚类计算。最后可获得交通的主流向及流量，并结合走廊布局原则及方法确定主要走廊（范东涛和杨涛，1997）。针对识别的走廊方向与客流方向的局部不吻合问题，孔哲等（2010）改进了两步聚类识别法和出行期望图法，构建了方向判定和支撑道路识别两个阶段进行走廊判别。选择交通中区公交客流O-D中点坐标和与x轴正向的夹角作为动态聚类参数，首先通过动态聚类方法判别客运走廊方向，然后调整相应的交通分配参数进行再分配，进而识别公交客流交通走廊的支撑道路，以提高走廊数量准确性。

2. 主要枢纽的确定

城市主要客流走廊是快速公交网络的主骨架，而城市的主要客运枢纽是这个网络中的关键节点。城市客运枢纽点的确定可以分为两大类：一大类是确定型枢纽点，另一大类是待定型枢纽点。确定型枢纽点是城市中十分明确的大型客流集散点（如大型客运站、主要商业中心等），待定型枢纽点是城市内换乘量比较大的地点，通常是现状公交线网的主要节点。

（1）确定型枢纽点。对于一般城市来说，确定型枢纽点主要有以下 5 类：①市政府等行政中心；②火车站、机场、码头等交通枢纽点；③博物馆、购物中心等娱乐文化商业点；④大型企业；⑤大型居住社区。把城市中的上述各类确定型枢纽点分别列出，分析其相对重要程度，排出确定型客流枢纽点在城市中的地位，从而确定大运量快速公交线网初始方案中枢纽站点的位置。

（2）待定型枢纽点。待定型枢纽点选址的一般思路是：在简化的城市道路网上，从 i 节点出发到 j 节点，按广义最短路径寻找最短路径和次短路径，记录下各路径的节点号，并累计记录各节点按最短路径和次短路径经过的次数 E，由此分析道路网络节点的重要度指标，按重要程度由大到小排列道路网节点，结合城市用地规划综合决策枢纽站点位置（魏海磊，2008）。

3. 线网方案拟订

在主要客流走廊和主要客运站点基础上，即可考虑经济、地形、现有地物、城市发展等各方面因素，进行线网方案的初步拟订。

4.5.2.2　客流预测

对于城市客运需求的预测，贯穿整个线网规划过程。在拟订初步线网方案前，需要了解城市的主要客运需求规模和空间分布，在确定公交骨架网络布局的初步方案后，需要预测网络承担的公交客流，为评价方案进行定量分析。由于快速公交是作为一种新的交通方式引入城市交通系统中的，并且它对其他交通子系统有很大影响，所以客流需求预测必须在整个城市交通需求预测的基础上进行。城市轨道交通客流预测模式主要分为三类：基于现状 O-D 客流的预测、不基于现状 O-D 客流的预测、基于非集计模型的预测（马超群等，2010）。

1. 基于 O-D 客流的预测模式

基于现状 O-D 客流的预测模式是常规的预测模式。大城市在交通规划之前都会进行居民出行调查，以获得翔实的出行数据。在调查数据的基础上，采用国际通用的"四阶段法"，按照交通生成、交通分布、交通方式划分、交通分配四个阶段来预测客流，是目前交通规划领域应用最广的方法。

2. 不基于现状 O-D 客流的预测模式

第一种方式：在现有常规公交流量的基础上，将相关的客流量向轨道交通线路转移，得到轨道交通客流。第二种方式：基于站点吸引范围的客流预测，以各站点为单位，分析站点周边用地性质，根据不同性质用地的出行强度，预测其交通出行量，并分解获得轨道交通的出行量。这种以站点为基础进行流量预测的思路，改变了以线路为基础进行计算的方法，充分注意到了站点及其吸引范围内的土地利用性质和开发强度对吸引客流的影响。引入可达性模型后，其预测效果更佳。

3. 基于非集计模型的预测模式

非集计模型（disaggregate model）以实际产生交通活动的个人为单位，对调查得到的数据不按交通小区统计等方法进行处理，而是直接用于建立模型（隽志才等，2005）。对个人是否出行、出行目的、使用交通方式以及选择路线等活动分别进行预测，以准确描述个人的出行决策过程，然后按出行分布、交通方式选择和交通线路选择分别进行统计分析，得到交通需求总量。

由于数据获取困难，模型复杂，非集计模型还不能在工程中完全取代四阶段法，只是传统方法的一个补充。例如，北京5号线地铁的客流预测中，以个体出行链为研究单元，按照基于行为的出行生成、目的地选择、交通方式选择、客流分布分别进行模型构建（李春艳等，2006）。利用非集计模型来分析与轨道交通接驳的其他交通方式客流量及换乘客流量，可使用三层嵌入式选择模型，模拟出行者在以轨道交通为主要出行方式时，对其他交通方式的选择和预测各种方式的客流（史晟和杨超，2011）。

4.5.2.3　方案评价

由于线网规划的结果往往不止一个方案，就需要对各个方案进行评价，予以优化并选取最优的方案作为规划方案。

交通基础设施建设项目评价一般可从社会评价、经济评价和技术评价三个角度来进行。这三个子系统又都以相应的多个单因素为指标，分别从不同的角度对规划方案作出评价。社会评价是分析建设项目社会方面的作用和影响，如对土地开发、旧城改造、商贸的聚集效应，以及对城市的政治、经济、文化等方面的影响。由于社会评价的影响因素众多且难以量化，导致关于社会评价的定量分析很少，也缺乏成熟的理论与系统方法。

经济评价是指项目的经济效益分析，主要是项目的经济指标计算与分析，但是也包括一些可以用货币作为指标的社会和技术方面的因子，从而达到以经济指标评价和分析某些社会和技术因素的目的。例如，减轻环境污染、节约能源、缩短居民出行时间、缓解地面交通压力等都可以通过量化后纳入经济评价，从而进行定量分析。

技术评价则是指从建设项目的技术方面，分析项目内部结构和功能，揭示项目的实际或可能的使用效果，用技术指标分析评价方案的合理性，以及为方案的优化与方案的优选决策提供技术依据。一个项目的社会效益和经济效益，与其采用的技术有很大的关联。

由于快速公交线网涉及的影响因素较多，层次分析法将各种因素分成不同的层级，每个层级包含不同的因素，并赋予不同的权重，计算综合得分以区分优劣。同时在涉及的因素中，有很多定性指标难以量化，一般采用模糊的语言进行标定，并建立模糊评价模型（陶克和吴小萍，2010）。线网规划过程中涉及指标的对比分析，因此引入线网评价体系是必要的，包括线网规模、线网结构、线路、重要节点等各规划环节的技术评价（顾保南和高飞，2010）。这种过程性评价流程中存在一个循环过程，即节点—线路—线网结构—线网规模，再反过来构成一个评价循环。同时，备选线网与调整优化线网之间也是一个大循环（图4.4）。在线网方案的形成过程中，同时进行方案的技术评价，可以为提高线网质量提供有效反馈。

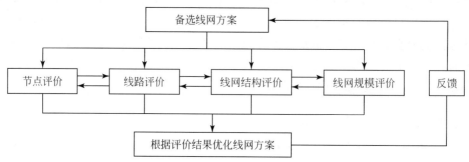

图4.4　轨道线网规划的过程性评价（顾保南和高飞，2010）

4.6　多模式公共交通规划

对于中小城市，城市公共交通也许只有公共汽车一种模式；但对于大城市和特大城市来说，需要规划多种公共交通模式，构成快慢结合、干支衔接、覆盖均衡的公共交通系统。一般情况下，200万人以上的特大城市中，理想的公共交通模式包括轨道网、快速公共汽车网、普通公共汽车网、其他补充公交网（如轮渡）。例如，武汉的轨道网包括地铁、轻轨和市郊铁路。武汉市由于长江穿城而过，轮渡一度是主要的过江交通模式之一，尽管地铁网络将逐渐建设完善，公共汽车网络不断优化，轮渡依然是一种重要的辅助公共交通。快速公共汽车

（BRT）网采用封闭站台、专用路权设计。

高效的城市公共交通需要实现"通"与"达"的双重功能，缩小总体出行时间，提供舒适安全的乘车环境，从而实现全民公交服务。从这个意义上来看，多模式公共交通规划存在以下几个特征。

第一，多层次。包括两个方面的含义，一是各模式之间具有层次，公交干线层次高于公交普线层次，如地铁交通从运量和速度上看都高于普通地面公汽；二是同一模式也可实现层次划分，如 BRT 与普通公共汽车都属于公共汽车模式，但 BRT 的层次高于后者。巴西库里蒂巴用 BRT 系统实现了与轻轨系统等量的运输能力，与接驳公共汽车系统、环线公共汽车系统、普通慢线公共汽车系统构成了相互关联的层次体系。

第二，多速度。高层次干线公交的速度高于普线公交，如地铁的平均运送速度大约为 40km/h，轻轨的平均速度大约为 30～40km/h，BRT 的平均速度为 30km/h，普通公共汽车的平均速度为 15～20km/h。速度本身也是公交层次性的体现。

第三，多换乘。由于单一模式公交在速度和覆盖方面不能兼得，各种模式公交相互衔接，就存在较多的换乘，如干线公交需要有接驳公交配合，提高覆盖率；同时，在快速公交干线之间也存在较多换乘，如地铁轨道网络形成之后，一般具有较大的换乘量。

第四，多覆盖。多模式公交网络具有更高的人口就业覆盖率、空间覆盖率和时间覆盖率。干线公交一般选择串联人口密度或就业密度较高的区域，或是引导干线公交站点周边的用地结构向高密度的方向发展。由于投资大，多模式公交站点的分布更广，具有更高的空间覆盖率。多模式公交可以减少整体出行时间，全日服务时间较长，具有更高的时间覆盖率。

对于轨道交通与常规公交的一体化而言，由于轨道线路建成后调整的余地有限，两者的协调大多是将轨道交通线路布局作为既定前提，以常规公交线网走向的调整来实现。调查表明，轨道交通的使用强度与居民居住地点至轨道站点的距离相关，研究轨道站点的服务区域对掌握公交出行特征具有重要意义。当常规公交站点位于不同的服务区域时，乘客的出行选择也随之发生变化，进而表现出两种公交方式的互补或竞争关系。在此基础上分析各路段线路间的相互影响，采取增设线路、撤除线路、局部改线的方法，最终实现线网的协调。但由于城市居民出行的复杂性，人工主观性的逐步调整和试运行要经历较长的周期，且难以达到最优配置，而基于客流预测进行的逐条配置和优化，则在配置次序和效率方面还存在不足。

轨道交通线网规划问题最初亦属于运筹学中的典型问题，路线的生成算法有最短路算法、最小树算法和搜索算法等；规划目标从简单的多准则规则指标发展为"覆盖区域"内人口、O-D量等交通需求指标。轨道交通主要承载中长距离出行人群，其优化模型多针对路线效率最大化建立目标函数。轨道线路的布设除了可采用与常规公交相同的路线搜索法外，还可应用二阶段规划法。二阶段规划法先在交通小区中进行路线影响区的优化，再在交通小区中进行路线合理步行区的优化。这一方法既能符合轨道交通系统的特点，又可大大减少计算的复杂程度，常在实际应用中被采用。

接运公交线网规划通常采用逐条选线法和路线推荐法，接运站点和接运路线的优化是接运公交线网规划的关键环节。接运站点以它可能为轨道交通系统接运的最大客运周转量来选取，接运路线优化以路线的接运效率最大为目标进行搜索优化。如何保证接运路线自身的效益（路线效率）及其对轨道交通路线的作用（接运效率）都足够大，如何避免一般接运路线与轨道交通路线竞争客流，这些都是接运公交优化过程中应考虑的问题。多模式公交的综合客流预测也是一个重要方面（Wong et al.，2005；Munizaga and Palma，2012）。

结合以上特征，多模式公共交通系统需要采用多层次的方法进行规划与设计。基本思想是先进行干线公交的需求预测和线网设计，再以干线公交网络为基础，进行普线公交的需求预测和设计（Duff-Riddell and Bester，2005；Cipriani et al.，2012；Munizaga and Palma，2012）。干线公交实现城市主要功能节点的覆盖和串联，体现在干线公交站点的优化布局方面。普线公交是对干线公交的补充加密，包括普通站点优化布局和线网优化设计。在层次体系中，普线公交规划属于第二层次，其站点和线路优化过程中需要纳入第一层次即干线公交的规划。

5 基于可达性模型的公交出行生成分析

城市交通出行需求预测是开展交通规划的重要基础。在大规模的城市交通出行调查中，通过各种交通方式的样本数据，可以获得公共交通出行的比例，进而推算公交出行需求总量。公交出行需求主要受两类因素的影响，一是公交服务水平，包括覆盖率、准点率、行车环境、安全性等要素；二是出行者个体和家庭背景，包括社会、经济、观念、生理、心理等要素。对这些要素的分析涉及大量的数据采集和分析过程。本章主要从与站点有关的角度阐述公交出行预测方法。

5.1 公交出行生成预测方法

在交通需求预测模型体系中，出行生成（trip generation）预测包含出行产生（trip production）和出行吸引（trip attraction）两大部分，前者为出发地点（如住房）的发生量，后者是吸引地点（如办公大楼、金融服务公司）的到达量。在传统的集聚尺度的建模分析中，需要通过历史数据和若干外生变量的特征来构建预测模型，预测出行生成量。公交出行需求预测有两种思路：第一，从综合的四阶段模型体系中通过模式分解给出，其形式为交通分析区（TAZ）之间的公交O-D量；第二，使用趋势分析、弹性模型、回归模型等方法单独专门对公交需求进行预测。对于第二种专门的公交需求预测，可以在 TAZ、公交线路、公交站点等空间层次展开；还可以在全年、季度、月份、天、高峰时段等时间维度展开，具有更强的灵活性。

5.1.1 趋势分析法

趋势分析是最为简单直观的分析方法，在缺乏社会经济特征数据的情况下，仅根据历史数据对未来发展趋势进行趋势外推。例如，我们从历史资料中发现一条公共交通线路的出行量逐月发生变化，出现一个较为稳定的上升趋势，则可以据此建立一个拟合函数，实现对近期未来月份共计出行量的估计。一般情况下，拟合函数可以较好地回推历史时段缺失的数据，即历史数据之间的内插估计。由于政策、社会、经济、环境等各方面要素会发生改变，这种预测可能只对短期有较好的效果，对长远的预测则有很大的不确定性。趋势分析法一般与统计回归方法结合建立趋势线函数。

图5.1是某城市一条公交线路2009～2013年每年1月份的客运量，图中虚线是线性函数趋势线；另一条是指数函数趋势线。虽然从R^2的值来看，两种函数都可以较好地拟合过去几年该线路的客运量，对未来的发展，两种函数给出了较快的趋势，其中指数函数上升得更快。由于公共交通线路的运营能力有限制，在实际需求量保持增长的前提下，通过改善运营能力可以承载更大的客运量。但当线路的运营潜力得到最大挖掘，其客运量的规模也将趋于平稳，过去所获得的趋势线将不能反映出这种状况。因此，趋势线分析对于近期的发展会有一定的帮助，但远期的发展预测有一定的难度。

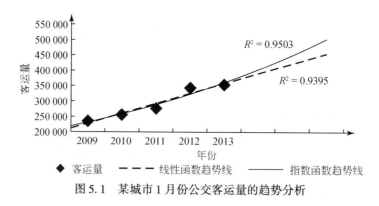

图5.1　某城市1月份公交客运量的趋势分析

趋势分析法仅仅依靠历史数据对未来作出预测，对其他因素的变化不予考虑，因此局限性是明显的。尽管如此，在交通需求分析中趋势分析法仍然有一定的作用：第一，在缺少其他要素信息的情况下，依靠历史数据至少可以有一个推论的基础，而且还可以通过审视过去发生的变化，寻找其发生的原因；第二，可以作为一种诊断的手段，如果系统原有的要素不发生改变，能预知未来的发展状况大致的情形，从而为变革提供一种论证（Meyer and Miller，2001）。

5.1.2　弹性模型

如果将引起需求变化的关键要素找出来，且这个关键要素是可量测的，则可以通过观测这个关键要素的变化来预测需求量的变化。弹性模型可以给出关键要素的每单位变化量所带来的需求变化量。根据核准的参数配置，需求的变化量与关键要素的变化量之间的关系可能是正增长关系或者负增长关系，反映了关键要素对于需求的敏感程度。

在公交系统中，出行需求量受很多因素的影响，如出行者的社会特征与经济条件、公交供给水平和服务能力。比较直观的情况是，当提高公交乘车的价格，则乘车需求降低，反之则需求增大。例如，广州市在 2010 年亚运会前，曾试验地铁免费，导致地铁乘客量暴增。其他交通模式也是如此，如伦敦中心区实行拥堵收费的前半年，路面汽车交通量下降幅度较大，反映出短时间较强的弹性特征。公交的服务水平，如发车频率的变化，也同样会对出行产生影响。例如，当发车频率从每小时 6 次车提高到每小时 12 车次后，乘客量的变化，可以反映出行量对发车频率的敏感程度。

不同的社会经济背景下，公交出行对价格和服务水平的敏感程度是有差别的，如美国交通部 1980 年通过对美国和英国的公交需求分析后认为，公交需求对价格和服务水平的敏感程度较低，即公交需求的变化比例小于价格或服务水平的变化比例（Mayworm et al.，1980）。票价的变化对依赖于公交出行的乘客敏感程度较低，而对于有多种可选出行方式的出行者则敏感程度较高。美国公交协会（APTA）1991 年的一份报告认为，Simpson-Cutis 公式总体上是正确的，即公交票价涨 10%，带来的乘客量下降 3.3%，弹性系数为 -0.33（Linsalata and Larry，1991）。由于每条公交线路的运营环境不同，乘客量受很多因素的影响，因此票价的弹性系数实际上存在较大的差异。

早期的研究给出了四种弹性测算公式，分别是（Lago et al.，1981）：

（1）点弹性公式：$e=(\mathrm{d}Q/\mathrm{d}S)\times(S_1/Q_1)$

（2）收缩比例弹性公式：$e=[(Q_2-Q_1)/Q_1]\ /\ [(S_2-S_1)/S_1]$

（3）中点弹性公式：$e=[(Q_2-Q_1)\times(S_2+S_1)]\ /\ [(Q_2+Q_1)\times(S_2-S_1)]$

（4）指数（弧）弹性公式：$e=(\log Q_2-\log Q_1)\ /\ (\log S_2-\log S_1)$

其中，Q_1 和 S_1 分别是初始乘客量和服务水平，Q_2 和 S_2 是改变发生后观测到的乘客量和服务水平。

收缩比例弹行公式假设了需求与服务水平之间的关系是一条反比例直线，亦即弹性系数 e 是相等的，在此情况下，给定服务水平 S，则需求量 Q 与 S 的关系为

$$[(Q-Q_1)/Q_1]\ /\ [(S-S_1)/S_1]=e=[(Q_2-Q_1)/Q_1]\ /\ [(S_2-S_1)/S_1]$$
$$Q=Q_1\times[1+e\times(S-S_1)/S_1]=Q_1+(Q_2-Q_1)\times[(S-S_1)\ /(S_2-S_1)]$$

很显然，弹性模型方法使用了一个外生变量，通过考量历史时期该变量与需求之间的关系来推算未来的需求，这与趋势分析法中不使用外生变量的情况要略微妥当一些。但影响出行需求的变量有很多，单一变量并不是决定需求变化的唯一要素，因此弹性模型也只适用于短期预测，即假定其他变量在短期内保持不变。对于长期变化，这种假设是不成立的。这就需要其他的能纳入所有重要变量

的方法。

新西兰交通部门对公共交通展开的计量经济建模中，对多个城市公共交通的票价弹性进行研究，获得了相关模式各种时段的弹性系数（Kennedy，2013）。研究表明，票价弹性系数体现的是除去通货膨胀的价格增长，如价格增长12%且通货膨胀为2%，则实际价格增长是10%（表5.1）。实际价格弹性系数反映价格增长可能带来的实际收益。例如，−0.9的弹性系数表明，10%的实际价格增长带来的是9%的客流减少，实际收益增长1%；−0.3的弹性系数则表明，10%的实际价格增长带来的是3%的乘客流失，而总收益则增长7%。

表5.1 新西兰城市公共交通票价弹性

城市	公交模式	工作日高峰	工作日非高峰		周末
			高峰间隔时段	晚间	
Auckland	轨道交通	−0.9 ****	—	−0.1	—
Auckland	公共汽车	−0.3 ****	−0.2 ****	−0.1	−0.4 ****
Wellington	轨道交通	−0.7 *			
Wellington	公共汽车（2006）	—	−0.4 ****		−0.1
Wellington	公共汽车（2008）	−0.7 **	—		—
Hamilton	公共汽车		—		−1.2 ****

**** 表示置信度为0.1%，*** 表示置信度为1%，** 表示置信度为5%，* 表示置信度为10%

资料来源：Kennedy，2013

5.1.3 多变量回归

影响公交出行的因素有很多，可以大致归为出行者、公交服务水平、出行环境三类。对于出行者自身，涉及其家庭结构、经济状况、行为习惯、价值观念、所在社会群体行为等；对于公交服务水平，涉及发车频率、票价、运营速度、换乘次数、安全、舒适度等；对于出行环境，涉及天气、总需求量大小等。

回归模型将公交需求与社会经济数据联系起来，把后者投影到物质空间层面，表现为一定区域内空间环境的异质性，并通过土地使用性质、空间人口密度、就业密度、收入水平等指标得以反映。运用抽样调查的方法，利用回归分析的手段建立与公交需求的函数关系，进而推出整个规划区的公交需求，是这类方法的一般思路。也有通过研究居民的活动特征与出行规律的联系，从个体微观层次来预测出现需求的尝试（Bowman and Ben-Akiva，2000；隽志才等，2005；邵昀泓和王炜，2008）。

回归模型一般以出行发生量为因变量，将其表示为一个或多个自变量的线型或非线性函数。自变量与因变量之间存在高度相关关系，自变量之间不存在相关关系。

在交通规划过程中，对于不同的出行目的分别建立回归方程，可以准确地预测交通出行需求。不同的出行目的，其决定因素及权重有一定的差异。在英美的规划体系中，将交通出行分为基于家庭的工作出行（HBW）、基于家庭的其他出行（HBO）、非基于家庭出行（NHB）等类别，又根据分析单元位置、人口规模等因素进行细分，构成比较实用的预测分析体系。如对于出行吸引量，根据出行类型和分析单元是否在 CBD 内，参考相关研究得出的经验性系数值，可综合给出回归模型经验方程（Martin and McGuckin，1998）：

（1）HBW 吸引量 = 1.45×总岗位数

（2）HBO CBD 吸引量 = 2.00×CBD 零售岗位数 + 1.7×服务岗位数 + 0.5×其他岗位数 + 0.9×户数

（3）HBO 非 CBD 吸引量 = 9.00×非 CBD 零售岗位数 + 1.7×服务岗位数 + 0.5×其他岗位数 + 0.9×户数

（4）NHB CBD 吸引量 = 1.40×CBD 零售岗位数 + 1.2×服务岗位数 + 0.5×其他岗位数 + 0.5×户数

（5）NHB 非 CBD 吸引量 = 4.10×非 CBD 零售岗位数 + 1.2×服务岗位数 + 0.5×其他岗位数 + 0.5×户数

利用回归模型可以直接预测公交出行需求量。20 世纪 80 年代末期，对美国 Orange 县的公交出行回归模型预测研究中，考虑了潜在用户数量、公交服务水平、公交票价、季节，以及其他突发性因素（Doti and Adibi，1991）。此研究将前三个指标用指数乘积表示，再用自然对数进行线性化，在此基础上，加上其他突发性因素作为哑变量，构成如下的线性函数模型：

$$\log D_t = c + b_1 \log N_t + b_2 \log S_t + b_3 \log P_t + b_4 Q_2 \mathrm{DUM}_t + b_5 Q_3 \mathrm{DUM}_t + b_6 Q_4 \mathrm{DUM}_t + b_7 \mathrm{WSDUM}_t + b_8 \mathrm{OSDUM}_t$$

式中，t 为一年中的四个季节之一；D_t 为季度 t 的公交出行预测量；N_t 为季度 t 的有工资的就业数量（也可用人口、收入等来替代）；S_t 为季度 t 的公交车辆运营总里程与人口的比值；P_t 为季度 t 的平均票价与油价的比值；$Q_2 \mathrm{DUM}$、$Q_3 \mathrm{DUM}$、$Q_4 \mathrm{DUM}$ 分别是二至四季度的哑变量，如当 $t = 2$ 时，$Q_2 \mathrm{DUM}_2 = 1$，其他为 0；当 $t = 1$ 时，三个变量均为 0；WSDUM 是突发事件变量，指 1981 年 1 月 21 天的罢工带来的公交出行影响；OSDUM 是突发事件变量，指 1979 年石油危机对公交出行的影响。

回归结果表明，这些变量都是显著的，整体拟合度也比较高。该回归模型比较简单但实用性好，还可以用于评价各种政策所带来的影响。

同时期的另外一项研究，为预测单条公交线路的客流量，从多种数据库中列出了 29 个社会、经济、公交服务变量，加上两个表示区位的哑变量，对上车、下车，分高峰时段、全天分别进行回归建模，找出相关的重要作用变量（表5.2）。该方法的特点是利用了比较详细的社会经济统计数据和公交运营数据，对于有这些统计数据的区域，可以预测公交服务水平变化后乘客量的变化，还可以直接利用该模型来分析新开线路的乘客数量（Stopher，1992）。

表 5.2　某城市高峰时段上车、下车回归模型

变量名称	上车模型系数	下车模型系数
CBD（哑变量：若统计单元在 CBD 内，则取 1；否则取 0）	844. 621 ***	1 683. 211 ***
POP（统计单元人口）	−0. 0476	−0. 0872 ***
TERM（哑变量：若统计单元在市中心区内，则取 1，；否则取 0）	15 322. 23 ***	16 047. 75 ***
EMP_ RET（统计单元内零售岗位数）	0. 172 5 ***	0. 162 0 ***
BUSES_ HR（服务本单元的每小时公交车辆数）	17. 905 ***	16. 621 ***
TRIPTIME（服务本单元的公交线路来回总耗时）	−0. 542 9	−0. 235 6
REV_ MILE（服务本单元的高峰时段每小时公交车英里总数）	−0. 090 0 *	−0. 107 8 *
HH（统计单元类的家庭数）	0. 859 ***	0. 968 ***

＊表示置信度为 90% 、＊＊表示置信度为 95% 、＊＊＊表示置信度为 99%

资料来源：Stopher，1992

公交出行目的有多种，因此也可以针对不同的公交出行目的单独建立回归模型。亚特兰大的一项研究专门针对利用公交通勤的工作出行来展开，通过回归模型反映通勤的公交潜在需求量（Yao et al.，2007）。模型对 1417 个交通小区（TAZ）进行回归建模。经过相关性分析，剔除有关因素后，获得 6 个影响通勤公交出行的关键因素及其权重系数，如下式所示：

$$需求指数 = 0.085X_1 + 0.087X_2 + 0.465X_3 + 0.038X_4 - 0.066X_5 + 0.046X_6$$

式中，X_1 为贫困线以下的从业人员比例；X_2 为收入居贫困线为 1.0～1.5 倍的从业人员比例；X_3 为家庭无小汽车的从业人员比例；X_4 为家庭有 1 辆小汽车的从业人员比例；X_5 为就业率；X_6 为人口密度。

直接在站点层次预测公交出行具有特别的优势：第一，可结合公交的具体参数，如线路走向、站点布局和公交车辆技术性能；第二，快速评价公交运营改变带来的影响，如接驳线、站点间距、运行速度和发车频率等；第三，评价站点周边用地环境变化的影响，如提高用地密度或改善步行系统所带来的乘客量变化；第四，对同一条公交走廊上的公交线路服务水平进行评价；第五，可快速实现模型构建、参数校核和应用（Walters and Cervero，2003）。当然这并不意味着直接在站点层次的预测可以取代四阶段综合规划模型。

　　对关于站点层次公交出行需求预测研究进行归纳，从目标模式、目标变量、时间段及有效参数几个方面汇总。由表 5.3 可以看出设施服务能力、社会经济特征、土地利用等要素仍然是主要的决定因素。

表 5.3　站点层次的公交出行需求回归预测模型研究

公交模式、案例、作者及目标变量	模型采用的自变量（影响因素）
轻轨； 11 个美国城市，2 个加拿大大城市； Brinckerhoff（1996）； 站点日进站总量	人口密度：站点 1/2mi 内，取自然对数； 就业密度：站点 1/2mi 内，取自然对数； 是否为首末站； 是否有泊车换乘（P+R）设施； 是否有接驳公汽； 服务区大小：至最近相邻站点距离，取自然对数； 至 CBD 距离：沿轻轨线的最短距离，取自然对数
轻轨； 9 个美国城市； Kuby 等（2004）； 工作日日均进站总量	步行距离内的就业岗位数； 步行距离内的人口数； 服务航空港的站点； 边境站点； 泊车换乘（P+R）场地大小； 衔接该站点的公汽线路数； 供热和制冷度数； 首末站； 换乘车站； 标准化的可达性； 系统覆盖的大都市区（PMSA）就业比例； 步行距离内的租户比例
轻轨和地铁； 美国圣弗朗西斯科； Walters 和 Cervero（2003）； 早高峰进出站总量	站点周边人口–就业密度 轨道技术（轻轨或地铁）； 发车频率； 服务区覆盖的人口； 泊车设施； 接驳服务水平

续表

公交模式、案例、作者及目标变量	模型采用的自变量（影响因素）
公共汽车； 美国佛罗里达； Jacksonville Chu（2004）； 工作日全天上车总量	服务区内收入的中位数； 服务区内的工作岗位数； 服务区内的无车家庭数； 服务区内的18岁以下人口比例； 服务区内的18~64岁人口比例； 服务区内的女性人口比例； 服务区内的西班牙裔人口比例； 服务区内的白人人口比例； 1分钟步行距离内的公交服务水平（0~100）； 2~5分钟步行距离内公交站点数（0~100）； 步行因素指标（0~1）； 1小时直达客流； 1小时直达岗位数； 电车站点； 其他公交站点
地铁； 西班牙马德里； Gutiérrez等（2011）； 站点月进站总量	节点可达性； 线路数； 外来人口； 工人岗位数； 商业岗位数； 教育岗位数； 混合土地利用； 城区公汽线； 郊区公汽线； 泊车设施

注：1mi＝1.609344km

资料来源：Gutiérrez et al.，2011

5.1.4　生成率法

城市中各类社会经济活动都有其交通特征，具有出行发生地和吸引地。从用地的活动类型（即土地利用）来研究交通出行生成量，是在特定情形下从宏观层面进行交通出行端点预测的重要手段。各个国家都有对城市用地的分类标准，我国的国家标准《城市用地分类与规划建设用地标准》（GB50137-2011）中，将城市建设用地分为居住、公共管理与公共服务、商业服务业设施、工业、物流仓储、道路与交通设施、公用设施、绿地与广场等。在此基础上又进行细分，列出35 中类和 43 个小类。用地分类越细，越代表其同类用地具有共同相似特征，其交通发生或吸引的特征也就越接近。这就是基于用地类别分析交通生成的原理。对于某类用地，通过实地采样观测，获得采样用地的出行发生和吸引量；再统计该采样点的建筑面积和用地面积，即可以获得单位用地面积、单位建筑面积或容积率所对应的交通生成比例。

美国交通工程师协会编写了《出行生成手册》，已经发行了 9 个版本，手册给出了各类土地使用所产生的车辆出行生成率。美国将用地分为港口和对外交通枢纽（port and terminal）、工业（industrial）、居住（residential）、宾馆（lodging）、娱乐（recreational）、公共机构（institutional）、医疗（medical）、办公（office）、零售（retail）、服务（services）。每一大类留出了 100 个小类编号，如零售下面的小类编号为 800 ~ 899，已列出 42 个用地子类型，包括购物中心、便利店、汽车店、配件店等（ITE，2012）。在每一类的出行生成数据中，给出了计量单位、调查时间、案例数量、进出比、生成率平均值、取值范围与均方差等。表 5.4 给出了居住和零售两类用地场所日车辆出行率的示例数据。

表 5.4 两类用地场所出行生成率示例

用地类型	土地利用细分	单位	日车辆出行率	早高峰占比 /%	晚高峰占比 /%
居住	独栋住宅	居住单元	9.55	8.0	10.7
	公寓	居住单元	6.47	8.6	10.7
	联排住宅	居住单元	5.86	7.5	9.2
	可移动住宅场地	使用的单元	4.81	8.9	12.1
	综合开发单元（PUD）	居住单元	7.44	7.8	9.7
零售—购物中心	小于 10 万 ft^2	1000ft^2 楼层面积	70.7	2.3	9.2
	10 万 ~ 50 万 ft^2		38.7	2.1	9.5
	50 万 ~ 100 万 ft^2		32.1	2.0	9.3
	大于 100 万 ft^2		28.6	1.8	9.1

注：1ft = 3.048×10^{-1}m

资料来源：Martin and McGuckin，1998

北京的一项对生成率的调查研究，对典型用地高峰小时的出行生成量进行观测，获得了单位建筑面积出行生成率（表 5.5）。对于出行生成的调查，还可进一步进行细化，如按照时间段将出行发生和吸引分开单独表示，可获得早高峰时段的出行发生和吸引率。

表5.5 各类性质用地高峰小时行人产生量及单位建筑面积出行产生率

用地性质	调查地点	容积率	用地面积 /hm²	高峰小时行人 产生量/(人/h)	单位建筑面积出行 产生率/(人/100m²)
住宅	清河园居住区	2.4	6.01	7 616	5.28
住宅	和义东里居住区	2.1	4.97	5 083	4.87
学校	三营门中学	0.8	2.50	1 206	6.03
商贸	前门瑞蚨祥	1.0	0.022	38	17.3
商贸	百荣世贸	2.1	0.230	321	6.65
商贸	天桥百货	2.0	0.050	42	4.20
商贸	天桥菜市场	1.0	0.024	19	7.92
金融	前门工商银行	1.6	0.022	24	6.82
金融	木樨园光大银行	1.5	0.025	27	7.20
医院	天坛医院	0.8	1.60	748	5.84
旅游	前门箭楼	0.4	0.020	52	65.0
旅游	天坛	0.8	273.0	23 415	1.07
餐饮住宿	前门全聚德	2.0	0.045	171	19.0
餐饮住宿	前门肯德基	1.0	0.034	29	8.53
餐饮住宿	前门宾馆	2.2	0.040	13	1.48
文体娱乐	前门大观楼电影院	0.9	0.067	67	9.45

资料来源：原永静和王元庆，2007

生成率法（交叉分类法）根据用地的社会经济活动属性来估算车辆或居民的出行率，属于综合性的多模式综合预测。通过对相关参数和变量进行调整，也可以直接用于公交出行生成预测。最直接的方法是利用四阶段法中模式分担的原理，将公交出行量从总出行量中分离出来。模式分担一般需要考虑居民的职业性质、经济收入、机动车辆拥有状况、公交系统供给状况等要素，由单独的模式选择模型（如离散选择模型）进行模式分离的预测。

传统的分析方法是以交通小区为基础，相关数据集中于抽象的交通小区质心，体现的是城市交通宏观层面的特征。随着城市空间基础数据库的发展与完善，可以获得详细的空间属性，如精确到以建筑为单元的居住信息等，使得微观层面上的交通需求预测成为可能。

5.1.5 空间覆盖模型

空间覆盖模型源于对公共设施服务能力的检验，其中缓冲区分析是最为普遍、简单的方法：以指定的距离划定站点服务半径，标识其影响空间。例如，在我国，要求站点 500m 半径以内的覆盖范围，达到城市建成区面积的 90%。统计缓冲区范围内人口总量，需考虑社会经济因素，如就业水平、工资收入等，进而估算潜在的公交需求。该方法的局限性也是显而易见的：服务半径的选取主观性较强，缓冲区内部的同质性，掩盖了乘客行为的多样化，不能反映实际公交使用的特点（Zhao et al.，2003；Kimpel et al.，2007）。因此简单的空间范围覆盖模型需要与回归模型或生成率模型结合起来使用。

相比之下，以泰森多边形划分站点服务区域，没有严格的距离限制，在固定的站点体系下，利用空间分配的方法，将空间单元与其距离最近的站点相联系，在一定程度上克服了站点服务范围重叠或覆盖不足的问题。但如果站点空间分布不均匀，会出现泰森多边形范围过大和不合理的情况，因此需要对最大距离进行限定。

5.1.6 可达性模型

可达性是描述土地利用和交通互动的一种量化指标，反映一个地点可以到达的总量或到达其他地点总量。从目的地视角来看，可达性是目的地周围地区到达此地点的便利程度；从出发地视角来看，可达性是从出发地可以到达的地点。可达性的研究围绕关键的四类构成要素进行，即交通、用地空间布局、时间、个体（Geurs and Ritsema van Eck，2001）。例如，在交通构成要素中涉及旅行时间、费用、便利程度等，每一项中都由比较具体的指标进行描述。可达性模型关注某一空间位置相对于其他位置的通达性，通常表达机会的获取与空间限制之间的矛盾（Pirie，1979）。

公共交通服务水平评价是可达性分析的一类重要应用领域，涵盖可达性度量及与区位覆盖模型的融合等评价过程（Kwan et al.，2003）。例如，在探讨公共交通的可达性问题中，依据可达性度量和公交旅行速度，可以利用 GIS 技术生成公共交通旅行的等时线，反映公交的可达性（O'Sullivan et al.，2000）。

对于出行者，从出发地到达公交车站或者从公交车站到达目的地的方便程度，即公交站点的可达性，对其是否采用公交方式出行有非常大的影响（Chien and Qin，2004）。基于可达性模型的公交出行需求预测就是从微观层面上分析出行者使用公交的可能性与其相对公交站点的阻抗间的关系，得出出行者使用公交的比例，进而预测公交出行需求量。GIS 分析工具为其发展提供了理想的平台。

预测公交出行需求的可达性模型是以距离衰减理论为基础的。其核心思想为，随着距离的增加，对于空间特定服务设施的使用呈递减趋势。对于公交出行而言，该距离是指由乘客步行至公交站点的距离。在理性消费的假设下，步行时间的增加，意味着成本的升高，必将导致乘客选择替代的出行计划，如改变出行线路或方式。目前有较多的函数描述这种现象，其中以负指数函数和罗切斯特函数为代表（图5.2）。

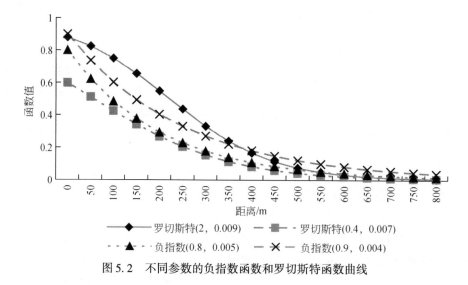

图5.2　不同参数的负指数函数和罗切斯特函数曲线

对于负指数函数，将分组区间投影到空间上，结合对应空间内的人口总量，以相应的公交出行比例作为因变量的函数表达如下：

$$p = ke^{-ad} \tag{5.1}$$

式中，K、a 为常量参数；d 为乘客步行至站点的距离；p 为公交出行比例。

负指数函数的特征是，当 $d=0$ 时，$p=k$，为计算概率值，$k \leqslant 1$；参数 a 的取值越小，曲线越平缓。根据有关研究，在用于公交出行需求预测时，a 的一般取值为 0.0043（Zhao et al.，2003）。

负罗切斯特函数（Negative Logistic）图像与负指数函数图像相似，其函数式如下：

$$p = \frac{e^{a-bd}}{1 + e^{a-bd}} \tag{5.2}$$

式中，a、b 为常量参数；d 为乘客步行至站点的距离；p 为公交出行比例。

　　Kimpel 等 (2007) 在大样本调查数据的基础上，通过回归分析的方法，认为对比公交实际出行，负罗切斯特函数较负指数函数具有更高拟合度，并给出了 $a=2$，$b=0.0093$ 的最佳拟合参数。

　　基于上述理论，以 GIS 空间分析为手段的公交出行预测方法可以概括为：在一定的公交站点体系与人口分布条件下，预测公交出行比例的问题。在上述条件下，公交可达性表现为在一定的交通系统中到达公交站点的难易程度：以空间距离度量交通成本，随着距离的增加，站点设施对居民的服务能力降低，利用服务范围内公交出行量与其对应人口总量进行对比，来评价当前站点对于居民使用的吸引程度。

　　相对于生成率法、社会经济状况回归方法，可达性预测方法的优点在于运算的简便，同时比简单的覆盖率法更能体现微观层次的步行特征。当然，其局限性也比较明显，一是仅仅依据土地利用和人口统计获得的是静态的人口分布，不能预测公交换乘情况；二是仅仅以步行距离为依据计算公交出行概率，虽能反映行为规律的合理性，但个体的社会经济状况及决策特点都被忽略。为克服这些局限，距离衰减函数体现的可达性指标，可以作为站点层次公交需求预测的输入项之一，结合站点周边的人口、用地、社会经济状况等要素，建立综合回归模型 (Gutiérrez et al. , 2011)。

5.2　基于 GIS 可达性模型的公交出行需求预测

5.2.1　基本数据

　　利用 GIS 分析工具可以方便地度量空间单元与公交站点间的距离，进而利用函数模型可计算空间内公交出行的比例，结合对应空间内的人口总量，即可预测城市空间上的公交出行需求。公交出行两端需要一定的步行距离，而且出行比率随距离的增加呈现递减的状况，利用基于距离衰减的可达性模型可以反映这种需求变化，但需要对模型参数进行校核。

　　基于 GIS 可达性模型预测公交出行所需要的数据有以下几点。

1. 公交站点分布

　　公交站点是公交出行的两个端点，是收集或分散客流的汇聚点，在可达性函数中是距离的源点。

2. 人口空间分布

为方便计算，采用栅格数据模型记录人口的空间分布。每个栅格记录了分解到其上的人口数量，在出行发生量计算中，需要用这个人口数量与该栅格的出行概率相乘。由于城市人口一般以统计单元的形式存在，需要将其转化为基于栅格空间分布。第三章介绍的空间数据分解方法，结合了土地利用的性质来实现统计数据的分解。因此，为获得人口空间分布，需要有空间统计单元和土地利用两类数据。

3. 工作岗位空间分布

工作岗位与人口一样，也是采用栅格数据模型来记录，采用相同的可达性函数来计算公交吸引量（相对于早高峰来说是公交吸引量）。这里的难点是，工作岗位的统计不像人口统计那样有很明确的统计单元特征，在许多情况下，就业统计单元比人口统计单元大很多。除此之外，公交需求还包括除城市（永久和临时）居民之外的外地游客、商务等流动需求。

4. 步行道路网

可达性函数中的距离应该是可行走的距离，这就需要步行道路网来进行计算。城市步行道路网非常复杂，建立步行路网数据库存在一定的难度。因此，在很多情况下，采用直线距离进行简化。这里存在的问题是，当一个居住区与公交站点接近，但有围墙相隔，必须经由居住区大门来进出时，直线距离显然就存在较大的偏差。

5.2.2　公交出行生成计算流程

基于 GIS 可达性模型进行公交出行生成预测的基本流程，是采用负罗切斯特可达性模型估算站点周边公交出行发生概率，结合人口分布模型获得站点周边的公交发生分布，并获得公交站点发生量。再以公交发生总量为依据，结合土地利用分布，应用双约束蒙特卡罗分解算法，获得全市公交吸引分布。图 5.3 是利用可达性模型计算公交站点出行需求的框架模型。

因此，公交出行的预测可被视为对空间数据进行分解、分析、聚合的过程。主要包括数据分解、空间分配、可达性计算、公交出行需求计算几个阶段。

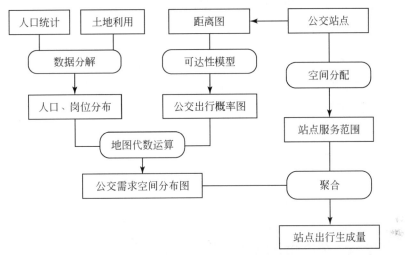

图5.3 基于可达性模型计算公交站点出行需求

5.2.2.1 数据分解

数据分解是统计单元转化的过程——将人口统计数据从较大的行政单元，分配到较小的空间单元中，以此来获取原始数据中难以表达的信息。在栅格数据模型中，空间单元表现为单个栅格。数据分解的方法有多种，本研究中运用第3章介绍的双约束蒙特卡洛分配法，其实质是考虑空间区位和土地利用异质性的一种随机分配过程。

5.2.2.2 空间分配

站点的服务区域需要被划定，其代表了站点对于周边乘客的有效吸引范围。根据国外的研究，大部分公交乘客来自于站点0.25mi（400m）的范围内，当距离增加，乘客出行比例降低（Hsiao et al.，1997）。将泰森多边形与缓冲区相结合，可以弥补两者各自的缺点，前者假设乘客都以步行距离最短为前提使用公交，将城市空间内的公交出行集中于与之距离最近的站点。而后者则将空间的分配限制在乘客能够承受的最大步行距离之内，当超过一定上限，乘客将放弃使用公交转而选择其他交通方式。

5.2.2.3 可达性计算

使用GIS分析工具，依据泰森多边形对站点进行服务的区域划分，求得各空间单元至最近站点的距离，并存储于栅格数据图层中。通过函数模型计算，栅格单元的内容更新为公交出行的比例（图 5.4）。

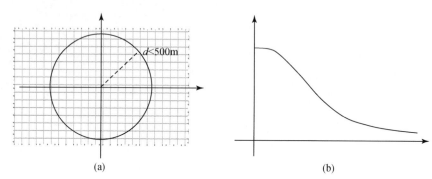

(a)　　　　　　　　　　　　(b)

图 5.4　基于栅格的可达性计算示意图

5.2.2.4　公交出行需求计算

将各空间单元的公交出行比例与对应的人口总量相乘，即可求得空间单元上的公交出行量。在 GIS 数据库中表现为栅格图像上的对应像元上的代数运算。对同一服务区域内所有栅格单元上的公交需求汇总，即为站点上的公交出行量。

运算过程如下：

（1）获得站点 S。

（2）获得站点 S 周边以 d_0（500m）为半径的圆形区域内所有的栅格，计算每个栅格 i 与 S 的距离 d。

（3）根据 logistic 可达性函数计算栅格 i 的公交出行概率：

$$p_i = e^{a-b \times d_i}/(1 + e^{a-b \times d_i}) = 1/(1 + e^{b \times d_i - a})$$

当 d_i 以米为单位时，经验的值是 $a=2$，$b=0.0093$。

（4）计算站点 S 的公交生成值 P_s、吸引值 A_s：

$$P_s = \sum_i (p_i \times \mathrm{pop}_i), \qquad A_s = \sum_i (p_i \times \mathrm{emp}_i)$$

pop_i 为栅格 i 的人口数量值（居住人口分布图），emp_i 为栅格 i 的就业数量值（就业人口分布图）。

5.2.3　重叠区处理

在 GIS 环境中，可达性模型以微观栅格数值及其与站点的距离为变量，可以获得该栅格位置到站点的出行量。如果相邻站点相隔较近，则它们之间的服务范围必然存在交叉（图 5.5）。从距离衰减的意义来看，居民出行中会选择较近的站点上下车，因此可以在重叠区画出一条分界线来对相邻的两个站点进行服务区域分割。

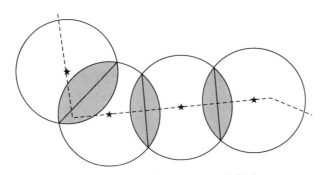

图5.5 公交站点服务重叠区示意图

另外一个思路是，既然都是在可接受的步行范围内，根据居民的出行方向、期望的车内空座等因素，可能会存在一些取舍，因此可采用其他方法对重叠区的出行进行处理。其中，比较典型的是通过计算出发点相对于公交站点的可达性指标（或便利性指标），将其作为选择某一个公交站点的权重来进行判断（Kimpel et al, 2007）。将人口统计单元作为空间分析单元，用其重心来量测单元与站点之间的距离，定义一个综合可达性权重指标 W_{ij}：

$$W_{ij} = A_{ij} \bigg/ \sum_j A_{ij}$$

$$A_{ij} = P_{ij} \times \mathrm{BUSHR}_j \times \mathrm{DU}_i$$

$$P_{ij} = e^{a-bd} / (1 + e^{a-bd})$$

式中，i 是统计分析单元，j 是站点，BUSHR_j 是站点 j 每小时经过的公汽车数，P_{ij} 是 i 相对于 j 的距离衰减函数，DU_i 是 i 的居住单元。

A_{ij} 是 i 相对于 j 的可达性指标。显然，如果有 3 个站点 400m 的范围覆盖到 i，则 i 中的居民可能会分别使用 3 个站点上下车，此时要看 3 个站点的相对吸引力。这个吸引力与 i 中心点到站点的距离、站点经过的公交车辆数有关。最终，站点 j 吸引的公交客源为

$$\mathrm{AWDU}_j = \sum_i \big[(W_{ij} \times P_{ij}) \times \mathrm{DU}_i \big]$$

其中，活动个体是用居住家庭单元来表示，不是人口数据。

对距离衰减函数赋权重的方法，理论上也可用于栅格数据模型。在实际计算中，计算量较大，可以借鉴影像处理中的移动窗口概念，可以快速获得站点的 PA 值。这个简化的思路是，从各个站点逐层向外计算，对于重叠区域的栅格，先到达的站点算出出行量后，将该出行量从该栅格单元减去；当下一个站点计算

扩展到这个栅格单元时，采用减去的新栅格人口数作为预测依据。

5.2.4　多模式公交需求的计算

在一个高度成熟网络化的多模式公交体系中，快速轨道交通站点往往具有较大的吸引力，吸引距离较常规公交远一些；常规公汽则可能对地方短距离出行具有较大吸引力。两者在空间布局上会存在较普遍的重叠覆盖区。将公交站点按模式分类，如轨道站点、BRT站点、常规公汽站点。在计算时，按照顺序先计算轨道站点的出行需求、再计算BRT站点、最后计算公汽站点（图5.6）。在同类站点计算中，也会存在重叠区的问题。

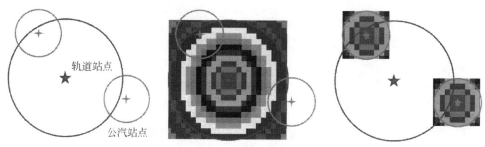

图5.6　多模式公交站点出行需求计算流程

这种考虑了重叠影响的可达性方法在计算多模式站点的公交出行需求中，可以分别获得地铁、BRT和常规站点的吸引量（图5.7）。缺省条件下，地铁站点周边取1000m，BRT站点周边取700m，常规公交站点周边取500m。在TransitNet软件系统中，这些距离值可以根据实际状况作进一步的调整。在多模式的状态下，依照地铁站点—BRT站点—常规公交站点的顺序计算，并且各站点各模式的

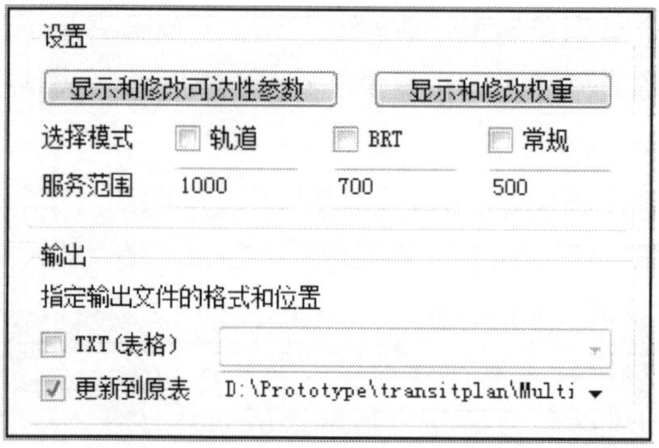

图5.7　多模式公交站点发生量和吸引量的计算设置界面

发生和吸引量进行单独计算。

应该看到，以上给出的计算方法较为简化，可以应用可达性权重的方法予以完善。在被多种公交模式覆盖的栅格单元，按照可达性指标定义权重。这里存在不同模式和相同模式的覆盖，不同模式的吸引能力会有差别，如一个单元可能被两个轨道站点和两个公汽站点覆盖，总体上前者的吸引力大于后者，在权重配置上需要考虑。

另外，公交出行归根到底是从起始点（O）到目的地（D）的运输过程，居民是否使用公交出行，关键是要看其附件的站点有无到目的地的线路衔接。如果有公交线路或公交衔接，则在其他条件不变的情况下，使用的公交的概率就比较高；如果没有公交线路或衔接，则根本就不会考虑公交出行。这样，问题就回到了公交出行需求的关键要素上，即居民收入经济特征、家庭车辆拥有状况、对价格的敏感程度、居民出行两端位置分布、公交线路配置、公交服务水平等。因此，通过单纯的可达性模型计算公交出行需求虽然是一个微观操作过程，但具有鲜明的宏观层面的特征。其考虑的因素较少，适合于在缺少数据的情况下，快速预测公交站点的出行需求量。

5.3 站点可达性模型的验证与分析

5.3.1 常规公交

在 GIS 平台，根据小类土地利用分布及人口、经济统计，设计社会经济活动数据分解算法，基于可达性模型获得了武汉市人口及公交出行需求的微观空间分布。公交站点的生成（P）值和吸引（A）值是通过可达性模型计算比率后，再运用泰森多边形累加而成。图 5.8 是两种可达性模型所获得的常规公交吸引分布图，根据该分布图可以获得公交站点的出行吸引量。这种计算属于静态计算，在站点增加、移动或删除后，需要重新计算，工作量较大。在自主研发的 TransitNet 系统上实现了动态的计算，可以随时自动计算获得所有站点的距离衰减图和出行需求量。

预测的结果通过对站点的实地调查统计进行检验。实验选取了 6 个典型站点作典型分析，其位置分布如图 5.9 所示。蔡家嘴为典型的服务于居住区的站点，司门口为老城商业区，街道口、钟家村和三阳路是公交线路集中的站点，汉阳门是公汽与轮渡接驳的站点。调查时间选取在公共交通使用的高峰期：周一至周五的上午 7：00 ~ 9：00。调查对象为各站点在两小时内的公交出行总量。

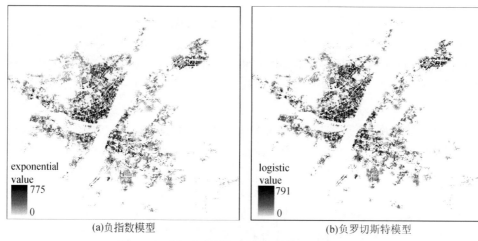

(a)负指数模型   (b)负罗切斯特模型

图 5.8　两种可达性模型获得的微观公交出行分布

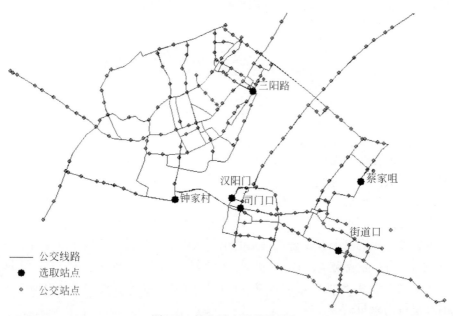

—— 公交线路

● 选取站点

◇ 公交站点

图 5.9　调查站点的位置分布

　　将调查数据换算为全天公交出行量，即通过高峰小时系数将高峰小时出行量转换为全天出行量，根据过去有关的经验，高峰小时系数为 10% ~15%，本章取中间值 12%。调查推算的出行量与负指数模型和罗切斯特模型的预测量进行对比，获得二者的相对误差（表 5.6）。

表5.6 两种可达性模型预测与实地调查结果的对比

站点名称	观测推算全天乘行人次	负指数模型		罗切斯特模型	
		预测值	相对误差/%	预测值	相对误差/%
蔡家嘴	2 300	2 448	1.55	2 722	4.20
街道口	13 916	1 699	39.12	1 806	38.51
司门口	4 150	6 041	9.28	6 228	10.01
汉阳门	4 133	2 384	13.42	2 817	9.47
三阳路	3 883	5 247	7.47	6 138	11.25
钟家村	5 975	7 258	4.85	7 640	6.11

对比预测结果与实际出行调查间的差异：蔡家嘴站点的预测与实际较为接近；钟家村、司门口、三阳路三个站点的预测偏高；而汉阳门、街道口两站的预测偏低。

可以发现，模型预测质量与站点所处的位置具有密切关联：

（1）蔡家嘴站位于居住区边缘的次干道上，周边用地上没有较大规模的公共设施，人口分布较为平均，意味着出行活动基本遵循了假设的规律性，因而误差较小。

（2）钟家村、司门口、三阳路站点的预测结果偏高，其原因可能是多方面的，例如，站点周边居住用地比例的减少（钟家村）；土地混合使用（司门口）；单行道交通管制造成公交出行的空间分散（三阳路）。一般而言，主城区内商业金融用地表现出更高的人口密度，但对于调查时间段（早晨7：00~9：00）而言，该类用地更多地表现出公交的吸引而非发生；司门口站就属于这种情况。

（3）站点的换乘特性是造成汉阳门、街道口两站预测偏低的原因。分析其空间位置可知：汉阳门站紧邻长江客运港，常规公交是渡江客流的主要疏导手段之一。由于常规公交承担着对于水陆交通的分流作用，站点周边用地上的公交出行发生量的比例较低，而本模型预测的是周边用地的公交需求量，因而造成模型预测与实际调查有偏差。街道口站位于武珞路、珞狮路的交叉路口处。武珞路东承珞瑜路、西接长江大桥，是主城区南部过江的必经之路；珞狮路则是连接南湖片区和水果湖片区的重要纵向干道。空间位置的重要性必然导致节点处交通流量基数的大幅度提高；街道口站服务的公交线路总数高达39条，线路的聚集，意味着更多换乘的可能性。

（4）如果能将换乘量从观测量中剔除，则更能体现模型的精度。但这种换算只有获得详细的调查数据，或建立了完整的公交出行需求模型才可能实现。

5.3.2 轨道交通

轨道交通系统中，在站点处设置了出入闸口，乘客进出的数据都被记录下来，因此有比较准确的客流端点数据。如果将整个系统的端点数据串起来，还可以清楚地了解乘客的 O-D 空间分布特征。利用轨道交通站点客流端点的统计数据，可对可达性模型进行验证。

武汉市轨道交通 1 号线是一条轻轨线，2004 年 9 月开通横贯汉口中心城区的一期工程（黄埔路至宗关段），长 10.23km，设站点 10 座。二期工程新增 18.5km，设站点 16 座，于 2010 年 7 月 29 日投入运营。其中西段由宗关站至东吴大道站，长 11.3km，设站点 10 座；东段自黄埔路站至堤角站，长 7.2km，设站点 6 座。全线开通运营总里程为 28.7km（图 5.10）。

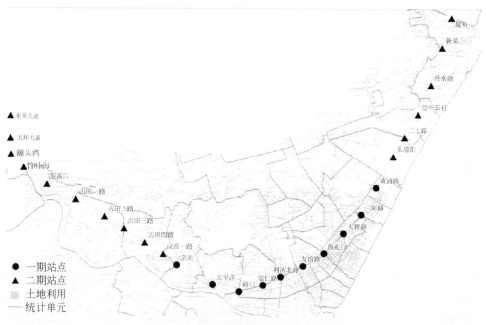

图 5.10　武汉市轨道 1 号线站点分布

轨道 1 号线一期工程客流起步客流较小，日均客流不足 1 万人次，之后几年发展缓慢，至二期开通前，日均客流为 4.14 万人次。2010 年二期工程开通运营后，8 月份达到日均 12.2 万人次，2011 年 3 月份达到日均 21 万人次。从客流强度来看，二期开通前约 0.41 万人次/km，二期开通后 2010 年达到 0.54 万人次/

km，2011 年增长至 0.71 万人次/km，仍处于相对较低的水平。工作日早高峰为 7：45～8：45，高峰小时系数为 11.5%～13.5%，晚高峰为 5：30～6：30，高峰小时系数为 10.8%～11.5%；双休日早高峰位为 8：00～9：00，高峰小时系数为 6.8%～8.5%，晚高峰为 5：30～6：30，高峰小时系数为 8.4%～9.0%，双休日晚高峰略高于早高峰。从一周内客流时变规律来看，周一至周五早高峰客流分布曲线逐渐趋缓，周一最高，周五最低，变化起伏较大，相差 2% 左右；而晚高峰则相对来说较为接近，变化幅度在 0.7% 以内。图 5.11 是选取的四个站点高峰时段客流分布图，时间跨度为 2010 年 5 月至 2011 年 4 月，可以清楚地看出轨道 1 号线二期开通后客流迅速增长。

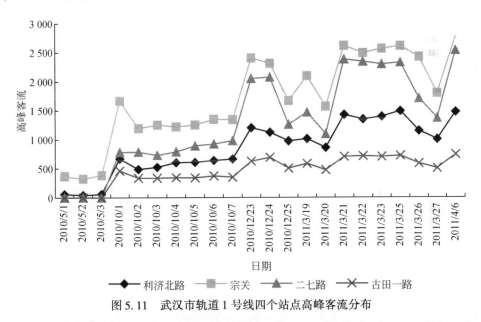

图 5.11 武汉市轨道 1 号线四个站点高峰客流分布

　　基于上述数据，利用可达性模型对各站点进行了乘客需求量预测，可达性模型利用人口分布数据，因此模型计算的结果是公交发生量，而不是公交吸引量。将各站点预测值与实际进站观测值进行比较，检查各参数值的预测效果。以预测流量与实际流量的相对误差 Re 作为评价准确程度的指标，即：

$$Re = (m - n)/n$$

式中，m 为模型预测的乘客发生量，n 为对应站点的实际高峰时段客流量。

　　可达性模型中，设置 8 种距离衰减参数进行验证，结果如图 5.12 所示。模型用简化的代码参数表示，如 M5-209 代表的是 500m 最大距离，$a = 2$，$b = 0.009$；M3-209 代表的是 300m 最大距离，$a = 2$，$b = 0.009$。

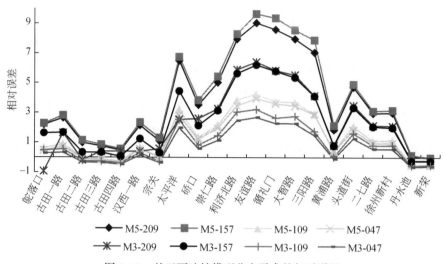

图 5.12　基于可达性模型公交需求的相对误差

　　从结果可以看出，对于 2011 年客流的实际状况，可达性模型不同的参数取值存在不同的符合度。总体上 300m 最大距离效果优于 500m 最大距离，M3-047和 M3-109 的效果优于其他参数，说明 a 的取值较小时准确度较高。从区域分布的结果来看，东、西两段的站点预测比中间段站点的预测更准确。中间段靠近汉口商务中心区，有较大的吸引力，在早高峰时段向外的需求不大；且站点周边由于人口密度大，导致模型的计算值高出观测值较多。此外，对比采用的是基于人口分布的公交发生量；如果具有岗位数分布，则可将吸引量也纳入模型计算，效果可能要好一些。

　　另外一个问题是，本实验所依据的数据是 1 号轻轨开通不久，客流尚不稳定时；同时，尚未形成轨道网络，轨道系统的优势难以发挥。在未来几年，其他轨道线陆续开通后，可达性模型的最佳参数将会产生变化。

5.4　基于站点的公交出行分布模型

　　出行分布模型（trip distribution model）用于测算所有交通小区之间（包括小区内部）的出行总量，获得 O-D 矩阵。出行分布模型有多种形式，如增长系数模型、介入机会模型、重力模型等。这些模型通过观测数据进行校核，获得有关模型参数，用于预测远景年份特定土地利用布局形态下的交通需求分布。其中，重力模型以生成量和吸引量为分子，以距离为基础的摩擦函数为分母，并用一个调节系数来控制总出行规模。重力模型反映的现象就是，交通小区的发生量或吸引量越大，则两交通小区之间的出行数量所占份额越多；距离越近，出行量越大；距离越远，出行量越小。

一般情况下，在总体综合出行分布矩阵得出后，经过模式分担分解过程，获得公交出行 O-D 矩阵。这些矩阵都是基于交通小区建立的，与本章的基础不同。本章的公交需求量是在公交站点上计算的，因此 O-D 矩阵中的行列号代表的是站点编号而不是交通小区编号。

更重要的是分布模型的差异。在重力模型中，两小区之间的出行分布量与距离成反比关系。这一原理可能对公交 O-D 的推算不一定合适，因为公交出行的适宜距离在 3km 以上，小于这个距离，则乘公交的比率会降低，如 500m 以内的距离，乘客一般选择步行，而不会乘坐公交。这样，为计算公交 O-D 的摩擦矩阵的函数就需要进行调整。

参考居民公交出行的距离分布特征，普通意义下，在 6～12km 使用公交的比例维持在较高的水平，超过 12km 之后，公交出行比例又会降低。这样，出行比例随距离范围呈现一种分段函数的特征。显然，这些距离范围与城市规模、地域、气候、公交服务水平、公交模式等有很大的关系，因此在计算过程中分段函数参数要根据具体城市公交出行调查进行校核。

分段函数的形式可用线性函数，也可用曲线函数来表达。图 5.13 是线性函数的表达界面，其中分段函数中的出行距离间隔可以进行调整，且快速公交和轨道交通的距离系数根据其速度范围而不同。图 5.13 中，由 5 个关键距离值（d_1，d_2，d_3，d_4，d_5）区分了 6 段分段函数 $f(d)$，f_{min} 和 f_{max} 分别代表最小和最大出行比例值，f_{mid} 是中间控制值，作用是缓和长距离出行的比例值下降速度。

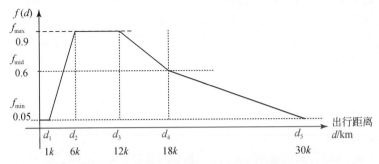

图 5.13 　各公交模式站点间 O-D 分布的参数设置界面

注：距离系数用 k 表示，常规情况下 k 为 1.0，BRT 对应 k 为 1.5，轨道对应 k 为 2.0

根据以上描述，定义以站点距离 d 为自变量的线性分段函数 $f(d)$，对多模式的距离进行相应的处理（表5.7）。其中d是两个站点间沿运行线路（常规公交即为道路网）的最短距离。函数$f(d)$与距离也和模式有关，将距离和模式综合考虑，采用标准距离来表示$f(d)$，一般情况下标准距离道路网的实地距离，与常规公交线路相对应。三种公交模式所对应的距离范围是不同的，这与它们的服务范围有关系。表5.7中所给出的距离范围值仅仅是一种参考数据，具体到每个城市，可以通过公交出行调查来获得这些距离分段点的值。

表5.7　用于多模式站点间 O-D 推算的分段函数

分段参数	$f(d)$ 表达式 （当 $d \in [a, b]$ 时）	参数缺省值分段示例（km）		
		常规 （$k=1.0$）	BRT （$k=1.5$）	轨道 （$k=2.0$）
$[0, d_1]$	f_{min}	$0 \sim 1$	$0 \sim 1.5$	$0 \sim 2$
$[d_1, d_2]$	$f_{min} + (f_{max} - f_{min}) \times (d - d_1)/(d_2 - d_1)$	$1 \sim 6$	$1.5 \sim 9$	$2 \sim 12$
$[d_2, d_3]$	f_{max}	$6 \sim 12$	$9 \sim 18$	$12 \sim 24$
$[d_3, d_4]$	$f_{mid} + (f_{max} - f_{mid}) \times (d_4 - d)/(d_4 - d_3)$	$12 \sim 18$	$18 \sim 27$	$24 \sim 36$
$[d_4, d_5]$	$f_{min} + (f_{mid} - f_{min}) * (d_5 - d)/(d_5 - d_4)$	$18 \sim 30$	$27 \sim 45$	$36 \sim 60$
$[d_5, -]$	f_{min}	$30 \sim$	$45 \sim$	$60 \sim$

基于土地利用分布，利用可达性模型，通过适当的可达性参数配置，每个公交站点都获得公交发生量P和公交吸引量A。吸引量计算也是基于可达性模型，但不是采用岗位数来计算，而是采用用地权重，因此，可达性模型获得的吸引值不是真正的公交岗位吸引量，而仅仅是各站点基于其周边的土地利用所获得的吸引权重。这个权重将被转换为公交吸引量。

采用概率平衡法来计算站点之间的 O-D 量。

设站点i、j之间的最短路径距离为d_{ij}，两站点的P与A分别为P_i、A_i；P_j、A_j，其中A_j是站点的吸引权重，其计算公式为

$$A_j = \sum \left[\text{LUW} \times e^{a-bd}/(1 + e^{a-bd}) \right]$$

LUW 是栅格单元的吸引权重，根据其土地利用性质确定。在城市用地中，公共管理、公共服务、商业服务业设施、工业等是主要的公交客流吸引用地，因此分别拥有较高的吸引权重值。在城市的不同区域，就业强度会有所差别，因此即使是同类用地，其权重也可以进行微调。

在此基础上，站点i的P_i被分配到j的概率是

$$\text{prob}_{ij} = f(A_j, d_{ij}) = A_j \times f(d) / \sum \left[A_j \times f(d) \right]$$

站点 i 的 P_i 被分配到 j 的流量是

$$T_{ij} = P_i \times \text{prob}_{ij}$$

该分配方法，采用了总量控制，即吸引量总量等于发生总量，因此分配结果总量是直接平衡的。站点 j 的吸引分配概率，与其周围的用地工作岗位性质有关，也与该站点与源发生站点 i 的距离有关。由于公交出行具有特殊性，距离近不代表有大概率的公交出行，采用分段函数来表达可以较好地反映这种现象。站点 i 的公交生成量被分配到所有其他站点，这里除距离之外，还可以加以完善，考虑综合阻抗，即有线路直接衔接的比需要换乘的阻抗小，分配的概率就稍大一些。从这个角度来看，公交站点的 O-D 分布与线路的配置存在相互影响的关系，值得进行深入研究。

6 多模式公交站点布局优化

公交站点是公共客流运输的节点，是一条或多条公交线路经停的地点。在公交站点处实现交通节点的三项基本功能，即乘客上车、换乘、下车三类活动。大型综合公交换乘枢纽有较多线路经过，人流密集，结合站点交通功能也往往衍生出商业服务、文化展示的功能，对于多模式换乘的综合公交枢纽更是如此。公交站点也是体现城市文明、提升城市形象的重要窗口，很多城市将公交站点站台作为城市形象的一类重要要素进行设计，充分体现城市历史和人文特色。

6.1 公交站点布局原则

6.1.1 公交站点布局

单个公交站点的位置，总是布置在离需求点尽可能近的地方，如居民区或企业出入口。在城市区域中，居住、公共服务、企业等用地基本是连续分布的，公交站点的布置就需要协调，因此存在站点的综合布局优化问题。例如，在两个较大的相邻单位附近设置公交站点，不仅要考虑两个单位客流的特征，还要考虑其他站点的位置，以达到综合效益最佳。因此，公交站点优化布局可以提升公共交通覆盖率，减少站点冗余，从而提高公共交通的服务水平。

公交站点布局的基本原则包括：

（1）站点尽可能靠近大需求点，以减小总步行到站距离。

（2）在对外交通枢纽附近应设公交站点，以实现便利换乘，较为理想的状况是将公交站点布置纳入对外交通枢纽的设计中，实现无缝换乘。

（3）站点之间保持一定的距离，以提高线路服务效率及公交覆盖率。

城市道路交通规划设计规范（GB 50220-95）对公交站点的布局进行了详细的规定，相关内容包括以下几点。

（1）公共交通站距，常规公共汽（电）车在市区 500～800m、郊区 800～1000m，轨道线在市区 800～1000m、郊区 1000～2000m。

（2）公共交通车站服务面积，以 300m 半径计算，不得小于城市用地面积的

50%；以 500m 半径计算，不得小于 90%。

（3）长途客运汽车站、火车站、客运码头主要出入口 50m 范围内应设公共交通车站。

（4）公共交通车站应与快速轨道交通车站换乘。在具体实施过程中，对于常规公交站距，市中心区与普通外围市区也有一定的区别，如中心区的站距通常在 300m 以内，明显小于外围区。又由于中心区内线路条数多，共站的线路条数又有限制，因此采用多处设站的模式，进一步缩小了站距。由于站点密度提高了，公交站点的服务范围也远大于规范规定的值。

6.1.2　公交首末站布局

公交首末站布局是城市公交规划的重要内容，合理布置的首末站体系可以提高公交出行的效率、便捷程度和舒适程度，降低道路上机动车的交通量。我国城市道路交通设计规范对首末站的区位、规模及等级作出了一般性的规定。例如，《城市公共交通站、场、厂设计规范（CJJ 15-87）》规定：首末站宜设置在全市各主要客流集散点附近较开阔的地方，这些集散点一般都在几种公交线路的交叉点上，如火车站、码头、大型商场、分区中心、公园、体育馆、剧院等。在这种情况下，不宜一条线路单独设首末，而宜设置几条线路共用的交通枢纽站。

城市公交首末站布局的合理性，对城市公交服务水平、公交运行效率，以及道路交通系统环境有很大的影响。在很多情况下，首末站也承担较大的交通换乘需求，成为一类综合换乘中心（覃煜等，2000）。公交首末站兼具多种交通出行功能，其整体服务效率取决于多种因素，可以采用多因子评价的方法（李铁柱等，2005）。这种综合评价基于层次分析方法，从规划的协调性、运行的有效性、环境的可持续性 3 个方面，共 10 项指标展开。与规划协调性相关的指标包括公交首末站分布密度、人均首末站用地面积和土地利用吻合程度。这些指标反映了首末站布局的重要性。

首末站的布局需考虑以下因素的影响：

（1）交通接驳：一般要求在对外交通枢纽、大型居住区、大型公共设施等场所附近设置首末站。一方面提高公交服务能力，缓解局部交通压力，另一方面通过站场的立体化设计与换乘组织实现公交的无缝化换乘，减少乘客换乘时间，降低管理成本。

（2）土地利用：公交首末站用地属于市政公用设施用地，因此在用地布局规划中宜进行合理配置。具体站点建设时，在满足公共交通换乘需求的前提下，宜与其他用地类型紧凑结合，如构成多功能的综合建筑群。

（3）区位影响：对于城市郊区等特殊地段，即使公交需求量未能达到首末站的设站标准，也应考虑增设首末站点，以满足公交覆盖率的要求。

（4）首末站间距：受线路长度的约束，一条线路的首末站之间应维持在合理的距离范围。过短或过长的首末站之间不宜设置公交线路。

6.2 公交站点布局优化的理论方法

公交乘客出行时间包括车外时间和车内时间，车外时间为步行时间，包括到站步行、换乘步行和离站步行。乘客对于车外时间和车内时间的感觉是不一样的，与乘车相比，步行具有极大的不便利特征，复杂地形的地区更是如此，因此一般认为步行400m是使用公交的极限距离（Farewell and Marx，1996）。各国对公共交通站点的间距都有一定的建议值，如我国常规公交站点间距在城市中心区为500~800m。

公交站点布局主要指在二维地理空间上进行综合布置，公交需求点的分布、道路空间的可利用状况等对站点选址有决定性的影响，而站点之间又必须有一定的间隔距离才能保证一定的服务水平。因此，站点布局需要进行优化，以获得综合最佳的服务效率。

从研究的具体对象来看，公交站点布局优化涉及两个层面：其一是单条公交线路的最优站距分析与优化，其二是所有公交站点的空间布局优化。单条线路站距分析可以探讨站点间距与发车频率的关系，以获得最优的综合服务效益，这也为整体公交站点布局提供依据。公交站点空间布局优化探讨以尽可能少量的站点来获得最大的空间或需求覆盖，需要借助较为综合的空间分析模型来完成。

学术界对公交站点的空间优化布局有一些研究，早期直接应用空间缓冲区概念以减少站点的重叠区域，以获得最大的服务范围，这种思路仍然在许多分析中采用；也有研究采用区位集覆盖问题模型（location set covering problem，LSCP）来去掉冗余站点，获得满足特定服务水平的最小站点集。这些研究的最小空间单元仍然在统计单元的层次。

本节先对单条线路的站点最优间距分析进行综述，再重点讨论公交站点布局的各种理论与方法。前者可以看成一维的间距优化，后者则为二维的间距优化。

6.2.1 站点最优间距分析

公交站点间距的设定涉及多个因素，与城市土地利用配置、公交运营标准、居民出行需求等有很强的关联，且相邻站点的设置也存在相互影响和协调。土地利用的配置决定了需求特征，如居民小区出入口、政府服务部门、大型购物中心、旅游景点大门、对外交通枢纽等都是需求点集中的地点，在城市中心区许多用地类型都存在较密集的需求点，这样就对站点间距提出了要求。站点间距长，则公交车运行时间缩短，公交车运营的效率较高，但乘客步行时间变长；站点间距短，则情况正好相反。这样就存在站点间距优化问题。在新形势下，由于可以获得比较详细的用户及用地分布数据，站点间距可以进行精确求解（Furth et al.，2007）。

6.2.1.1　单条线路的站点间距

站点间最优间距分析也称为站距优化，一般对单条公交线路进行分析。例如，Wirasinghe 和 Ghoneim 在 20 世纪 80 年代初期对非均衡需求分布的公交线路沿线站点间距进行分析，综合考虑公交运营成本及乘客的出行费用的基础上，以时间为衡量单位建立了优化模型（Wirasinghe and Ghoneim，1981）。单条线路上，如果考虑公交车辆的加速、减速、交叉路口延误、所需车辆数量等因素，则站点间距越大，首末站间的总运行时间越短，所需车辆数也就越少；而增加站点间距，则运行时间变长，所需车辆数也略微增加（Saka，2001）。这意味着，从运营商的角度来看，在达到基本服务水平的前提下，有可能通过减少车辆数量来降低运行成本。

如果将沿线路乘客的需求点考虑进来，与站点间距有关的时间成本可以分为到达成本和等待成本。到达成本为乘客步行到站或离站到目的地的时间，等待成本是公交车辆停靠时上下客的时间。站点数量少，则乘客的步行距离长，到达成本高，但等待成本低。俄勒冈州波特兰市 19 路公交线路的实验数据表明，沿线公交站点可以从约 287m 扩展到约 372m，间距扩大了 85m 左右（Li and Bertini，2009）。波士顿一条公交线路站点间距优化后的理想平均间距为 400m，比原有的 200m 平均间距翻了一倍（Furth and Rahbee，2000）。

国内也在单条公交线路站点间距优化方面进行了研究。首先是在掌握公交乘客出行距离的前提下，基于乘客平均出行时间最短为目标，对公交站距的优化（杨晓光等，2008）。公交最优站距与乘客平均出行时间、公交线路长度、乘客平均出行距离以及站点公交平均停靠时间之间存在不同的关联关系（图 6.1）。研究表明，公交线路长度对站距的影响不大，平均出行距离、停靠时间对出行时间的影响较大。当平均出行距离为 6km、停靠时间为 20s、线路长度为 14km 时，对应的最优站距为 590m。若最优站距从 590m 增加到 630m，在其他参数不变的情况下，平均出行距离需增加到 6.5km（增加 8.3%）；若最优站距从 590m 减小到 570m，在其他参数不变的情况下，平均出行距离需减小到 5.5km（减小 8.3%）。

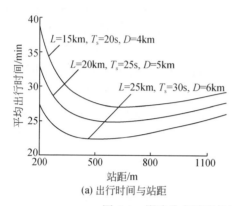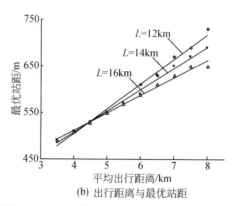

图 6.1　影响公交站距的相关因素（杨晓光等，2008）

　　由于公交需求点本质上是离散分布的，可以根据此特性设置优化目标函数，通过分析与站点站距有关的乘客步行到站时间价值、车内乘客运行时间价值和公交车辆运行时间价值，定义公交线路系统时间价值为三种时间之和，目标函数最小化。采用动态规划方法，在备选站点集中选取子集站点，使其满足目标函数，从而求得各站点之间的最优站距（梅振宇等，2007）。通过对苏州市一条线路进行站距优化实验，尽管站点数增加了 2 个，但优化后系统总时间价值费用降低了11.5%，说明该离散方法具有可行性。

　　基于公交客流量、公交运营速度与公交站距的关系，若以公交客流量和公交运营速度为基础度量公交可达性，则公交站距对公交可达性产生不同的影响。在确定的公交流量下公交可达性随发车间隔的减小而变大，且可达性峰值随发车间隔的增加向大公交站距方向偏移。若潜在的公交客流量增加，增加公交站距可提高公交可达性。对秦皇岛的研究表明，发车间隔对公交客流具有重要影响，如低于5min 的发车间隔，站距可维持在 600m 以内；加大发车间隔，则对应的最优公交站距为 900～1400m，且客流损失较大（张小丽等，2009）。

6.2.1.2　线网优化中的站点间距

　　在公交网络的综合优化布局中，站点间距配置是影响整体网络优化的因素之一。Chang（1991）考虑公交出行需求随时间变化的动态特征，结合线路布局模式、发车间隔、站点间距设置等各要素，提出出行成本最小模型，并进行了小规模的模型验证，说明站点间距在公交线网布局中具有重要作用。

　　类似思路的算法在西班牙 Santander 市较大规模的公交网络优化中得到应用（Ibeas et al.，2010）。公交线网优化过程中包括总费用计算及站点调整两大阶段。第一阶段为费用计算，计算模块由上下两层算法构成。上层算法求解用户费用和系统费用合成的总费用，用户费用涉及的变量包括等待时间、车内时间、换乘时间、使用小汽车时间，这些时间通过实地调查转换为货币表示的费用；系统费用即公交运营费用，包括行驶里程，停站时间，汽油、人工、车辆等损耗，以及管理等方面的成本。下层算法计算模式分担比例，进行多模式分配计算，获得公交出行量，给上层算法提供反馈。图 6.2 给出了优化前后的对比。

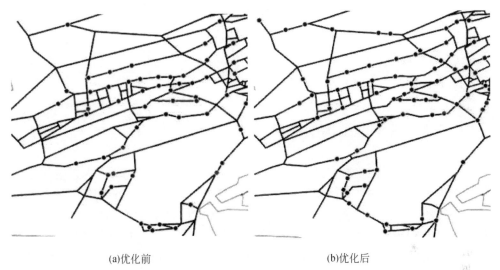

(a)优化前　　　　　　　　　　　　　(b)优化后

图 6.2　西班牙 Santander 市站点优化结果局部（Ibeas et al.，2010）

第二阶段站点调整采用 Hooke-Jeeves 算法（Hooke and Jeeves，1961），该算法被称为"直接搜索"（direct search）算法，其基本过程分为两步：

第一步，在解空间寻找使目标值变小的局部最优下降方向的点。对于解空间的每个点，变换目标函数中的有关变量取值，采用所获得的目标函数值来进行评价，若函数值变小，则可用该点的新目标函数配置；否则沿用原来的函数配置，进行下一步的搜索。

第二步，根据前一步获得的下降方向，向前移动一步，获得新的点位，进行下一步的方向判断。

这种算法需要将候选公交站点沿道路网络进行拆解，形成若干等间距的候选点。优化过程就是针对候选点进行搜索，将获得的站点位置作为参数，返回到整体目标函数求解最优值，因此是一种多重循环的优化流程。

西班牙的 Santander 是一个 18 万人的小城市，现有 19 条公交线路，发车间隔为 12～30min。通过 1000 个抽样点调查及跟车调查，获得 O-D 矩阵即时间费用转换系数。O-D 矩阵中包含 45 000 个出行对，其中 5000 个为公共交通出行。在公共交通空间布局方面，沿道路网络形成候选站点，候选站点间距为 60m。根据社会经济密度，将全市划分为 5 个等距站点区域，密度越高的区域，站点间距越小，密度越低则间距越大。现状及优化效果如表 6.1 所示。

表 6.1　西班牙 Santander 市公交站距及公交系统整体优化效果

项目	分区站点间距/m					站点数	乘客数	车辆数	总成本/百万欧元	车内时间/min	车速/(km/h)
	1	2	3	4	5						
现状	240	300	360	360	780	295	4944	63	59.3	19.61	11.88
优化	360	420	540	420	780	264	5109	61	58.6	18.28	13.07

资料来源：Ibeas et al.，2010

6.2.2　基于选址模型的优化

选址模型用于优化城市设施选址，如消防站、学校、图书馆、医院等设施的优化选址和布局。根据不同的目标，选址问题可归为四类，即 p-中值问题、区位集覆盖问题（LSCP）、最大覆盖区位问题（MCLP）及 p-中心问题（杨丰梅等，2005）。其中 LSCP 模型及 p-中心问题模型被运用于公共交通站点优化中。这是由于公交站点为交通运输基础设施，也可以看成公共设施类别，因此可以采用空间覆盖集模型进行优化布局（Murray，2003）。

6.2.2.1　GIS 辅助下的人工分析判别

地理信息系统（GIS）的空间分析工具可用于评价设施点位的空间布局效率，可以辅助人工判别公交站点布局效率，从而实现人工辅助公交站点优化。其基本过程是通过对现状站点的服务范围进行分析，获得站点服务的空间分布图，再根据人工经验对站点服务效率进行判断，并给出调整的方案，对调整的方案再进行空间服务范围分析，如此循环，可以获得较为理想的站点布局。

站点的空间服务范围制图，最简单的方式是应用 GIS 的缓冲区（buffer）分析工具，如对所有站点进行 400m 缓冲区操作，则获得服务范围的空间分布，其中可以看出空白区（即未被覆盖的区域）和重叠服务区。对于未被服务的区域，可以人工判别，增加新站点；对于重叠服务区，可以考虑减少站点以提高效率。结合土地利用或人口分布数据，可以进行更深入的服务水平分析。

简单缓冲区不考虑实际地形，更准确的方法是考虑实际行走的可能性，基于道路网络进行空间扩展分析。道路网络包含所有可以使用的机动车和非机动车道路，空间扩展过程是从站点位置出发，模拟向周边行驶一定的距离（如400m），这样所构成的末端就是理论上站点服务的最短距离。将一个站点的所有服务末端相连，还可以获得站点的服务区域。这个区域比缓冲区的区域要小一些，反映了实际空间服务范围，因此更具实用性。

6.2.2.2　p-中心问题应用于站点布局优化

Ceder（2007）将公交站点布局的目标描述为假定需求点分布在道路网络的任意一点上（包括节点和路段上），在网路上确定最少数量的站点位置，满足总体出行距离限制在预定的值以内。这样确定的公交站点可以定位于网络节点上，也可以定位于网络边上的任意一点。这就是运筹学中的"p-中心问题"。在出行距离的计算中，以任意一个节点到其最近的站点之间的最短距离来度量。

"p-中心问题"可以采用集合覆盖问题模型（set covering problem，SCP）进行描述和求解。SCP模型采用一个矩阵进行表示，矩阵的行是道路网络中的节点，列是候选站点。如果节点 u 到候选站点 v 之间满足最短距离小于规定值的条件，则（u，v）的位置设为1。这样，该问题就是找到最小的列数，满足任意一个行节点与这个列集合之间至少存在一个1，也就是说，寻找一个最小列集合，使得该集合能够覆盖所有行。

候选站点的确定是求解 p-中心问题的关键，Ceder 在前人研究的基础上，总结了一种在网络上任意一点寻找满足约束条件和目标函数最小的方法体系，并且从理论上证明了该方法的完备性。该方法包括6个主要步骤，设可接受的步行到站距离为 L，简述如下。

（1）基于道路网络构建所有节点对的最短距离矩阵，及其有向最短线路集。

（2）对最短距离矩阵进行过滤，将满足距离小于或等于 $2L$ 的站点对保留，构成有效站点距离矩阵。

（3）构建候选站点，所有节点都为候选站点。同时，依据有效站点矩阵，寻找所有道路段上可能存在的候选站点。

（4）构建存在候选站点的有效路段集。

（5）构建集合覆盖问题模型矩阵（SCP matrix）。

（6）求解 SCP 矩阵，获得最终站点集。

这里的关键是第（3）步和第（4）步，它们基于网络来搜索候选站点和有效路段集。另外，SCP 矩阵的求解已经具有成熟的算法，如启发式线性规划单纯型算法（Balas and Padberg，1972），但大规模 SCP 矩阵的求解需要很长的运算时间。

用于解决 p-中心问题的集合覆盖问题（SCP）模型是纯粹基于道路网路图的运筹算法，与道路网络空间结构具有很强的关系，但没有考虑实际需求点的位置及大小（即需求的空间分布）。公交站点的覆盖和可达性问题可以同时运用传统的 p-中心值模型进行求解（Murray and Wu，2003）。为提高可达性，需要增加公交站点数量，但站点数量增加会带来运营效率降低，降低了整体出行时间，因此，需要寻找合适的站点配置，使其满足覆盖率标准。

6.2.2.3 区位集覆盖问题应用于站点布局优化

区位集覆盖问题（LSCP）模型产生于 20 世纪 70 年代，以满足一定服务水平的设施配置成本的最小化为目标，最先由 Toregas（1971 年）用于应急公共设施优化选址，随后该方法被用于确定公共交通站点的位置与数量（Gleason，1975）。其后，该模型在公共交通站点的研究中得到不断完善，Wirasinghe 和 Ghoneim（1981）等利用时间成本研究了在多点对多点的交通需求背景下公交站点的最优间隔；Murray 和 Davis（1998）等通过设定最大地理覆盖值，以及对地理空间的模拟，确定是否存在站点的冗余分布。

经典的覆盖问题模型中，LSCP 问题模型要寻找完全覆盖的最小服务设施位置及数量，最大覆盖集问题（maximal covering location problem，MCLP）模型则是在规定设施数量的前提下，尽可能扩大服务覆盖范围。这里只是考虑一次覆盖问题，即只要被服务设施覆盖即满足条件。而在现实世界中，对于移动性的服务设施，有时还需要重叠覆盖服务。当一个点的服务设施（如消防车）被调往其服务区执行任务时，若遇到该区域另一处同时发生状况，则无法同时完成服务。因此，学者提出了重叠覆盖问题（BCLP），描述为一个被服务的区域至少被 k 个设施点所覆盖（Hogan and ReVelle，1986）。同时，还存在一个区域不能被一个设施完全覆盖，多个设施共同作用可以完全覆盖的情况，成为隐含覆盖（Murray et al.，2010）。

6.2.3 基于 GIS 空间分析及选址模型的综合优化

较大规模的公交站点布局问题涉及的数据量庞大，GIS 空间数据库管理及空间数据分析功能为研究这类问题提供了良好的工具，已被应用于理论研究和实际规划项目。在空间数据管理的基础上，可以利用 GIS 技术构建模型求解环境，特别是结合可达性度量和定位模型，以产生更为有效的分析结论。传统优化技术与现代软件工具结合，提高了分析能力、解算效率和成果质量。

在澳大利亚布里斯班市的公交系统分析中，Murray（2001）将区位集覆盖问题（LSCP）模型与 GIS 集合，将数据与模型整合在 GIS 系统中，快捷显示现状与优化站点的布局状况，并比较现有站点和理想站点的布局效率。研究对象的数据环境包括 1538 个服务小区和 7589 个公交站点，采用 400m 标准服务范围。LSCP 模型的目标是在满足全部覆盖的前提下，尽量减少公交站点数量，模型形式为

$$\min z = \sum_j x_j$$

约束条件：

$$\sum_{j \in N_i} x_j \geq 1, \qquad \forall i$$

$$x_j = (0, 1), \qquad \forall j$$

$$N_i = \{ j \mid d_{ij} \leq s \}$$

式中，i 为服务小区，j 为公交站点，x_j (0，1) 表示 j 站点是否保留在优化集中（1 表示保留），d_{ij} 服务小区 i 和站点 j 之间的步行时间，S 为距离标准（如 400m），N_i 为小区 i 满足距离标准条件的站点集合。

目标函数的解算采用拉格朗日启发式算法（Haddadi，1997），保持了较高的计算效率。图 6.3 是优化后的结果，其中五角星符号表示优化后的站点位置，它们是原有站点的子集。优化后的站点总数为 588 个，考虑将其沿道路两侧布局，则总站点数量为 1176 个，与现有的 7589 个相比，缩减量很大，但标准覆盖范围的条件已经满足。可以看出，该 LSCP 模型在 GIS 中融合，采用的为预先确定的

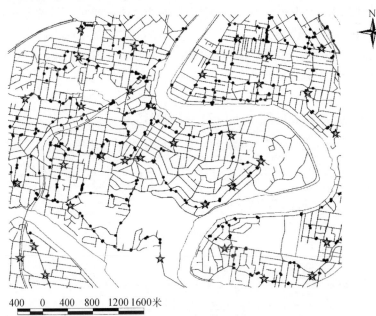

400   0   400   800   1200 1600 米

☆ LSCP identified stop   • Current bus stop   /\/ Street

图 6.3   布里斯班公交站点优化图（Murray，2001）

站点位置（这里为现状站点），建立各站点与服务小区之间的关联集合 N_i，因此是一个典型的定位–分配（LA）问题。

LSCP 模型没有考虑站点或服务小区的需求量，不能反映根据需求来确定服务布局的状况。为此，将服务小区的出行需求量纳入模型中，构成了最大覆盖集问题（MCLP）。MCLP 的目标是在给定的站点数量前提下，覆盖最大的需求量，形式为

$$\max z = \sum_i a_i y_i$$

约束条件：

$$\sum_{j \in Ni} x_j \geq y_i, \quad \forall i$$

$$\sum_j x_j = p, \quad x_j = (0, 1), \quad y_i = (0, 1), \quad \forall i, \ \forall j$$

式中，a_i 为小区 i 现状/预计的乘客量，p 为预先设定的总站点数量，y_i 为 1 时表示小区 i 对应一个可达站点，其余符号同 LSCP 模型。

LSCP 模型和 MCLP 模型都考虑了可达性，其中 LSCP 模型寻找满足覆盖的最小站点数量及其分布，MCLP 模型求解在规定站点数量的约束下需求总量最大化的站点分布。二者都是针对现有站点布局的优化调整，而对没有站点覆盖的新区域，则不提供解算。为优化有站点的城区，并同时对新城区进行站点布局优化，需考虑对 LSCP/MCLP 模型进行扩展。一个简单的方法是将两类区域分开处理，在新城区预先选择一些候选站点，再用 LSCP/MCLP 模型进行优化。这样做，概念明确，但由于采用分布处理，整合性较差，容易在公共边界区域出现冗余。

为同时解算新老城区的站点布局优化问题，Murray（2003）以 MCLP 模型为基础，提出了混合覆盖集问题（HSCP）。模型形式为

$$\max z = \sum_m a_m \hat{y}_m$$

约束条件：

$$\sum_{j \in N_i} x_j \geq 1, \quad \forall i$$

$$\sum_{k \in N_m} \hat{x}_k \geq \hat{y}_m, \quad \forall m$$

$$\sum_j x_j + \sum \hat{x}_k = p$$

$$x_j = (0, 1), \ y_i = (0, 1), \ \forall j, \ \forall i$$

$$\hat{x}_k = (0, 1), \ \hat{y}_m = (0, 1), \ \forall k, \ \forall m$$

式中，m 为现状站点未覆盖的新小区，k 为新小区的候选站点，$\hat{y}_m$ 指示小区 m 是

否对应一个站点，$\hat{x}_k$指示站点k是否纳入优化集中，其余符号同 MCLP 模型。

布里斯班的服务小区（collection district）由人口普查最小单元定义，平均面积为 0.628km²，共有 1538 个服务小区（Murray，2003）。其中，182 个小区未被公交覆盖，案例的优化目标是在给定站点数量（p）的条件下，实现原有和新小区的站点覆盖。在候选站点的设置方面，针对现有覆盖的区域采用已有站点作为候选站点，新区则采用道路交叉路口作为候选站点。该城市的新区共产生了11 776 个候选站点。计算结果显示，若 p 取 685，则现有站点覆盖的区域优化站点数为 525 个，新区站点数为 160 个；若 p 取 650，则现有覆盖的区域优化站点数为 522 个，新区站点数为 128 个。

6.3　公交站点的层次优化方法

6.3.1　层次优化思路

公交站点具有层次性特征，从站点服务规模，可分为公交枢纽站和公交普通站；从经过站点的公交模式类型，可分为快速公交站（即地铁站和 BRT 站）和常规公交站。在不同的城市空间结构中，枢纽站和普通站都可以是快速站或常规站，只是在快速公交站中，枢纽站较多，且会有较多的常规接驳公交。公交普通站点和公交枢纽站点在空间布局和服务水平方面有不同的要求，应予以区别对待。虽然公交普通站点服务规模可能偏小，但其数量和空间布局范围却能反映一个城市公共交通服务能力及服务的公平性。

枢纽站是各种交通模式或多条公交线路汇集的站点，在城市中一般结合对外交通、轨道站点、大型公共设施进行设置，具有多模式、多客流、高用地综合性等特征。在高强度用地的环境下，枢纽站是换乘点，又是公交首末站的优先选址位置。根据其功能层次特征，公交站点的布局优化可以采用分层分步的方法来实现。

公交站点层次优化的基本阶段为：①基础数据准备、社会经济活动空间分解；②生成候选站点，计算其权重指数；③优化确定枢纽站点；④优化确定普通站点；⑤站点布局评价。

各阶段之间具有一定的交叉反馈，其逻辑关系如图 6.4 所示。道路网和土地利用是进行站点优化的必要数据源，城市的不同区域用地强度和用地性质有差别，影响到站点的选址布局。这个流程是一种定性与定量相结合的方法，如在优化确定枢纽站和普通站时，都存在一些必选站点，必选站点与用地性质密切相关，如对外交通换乘枢纽、现状轨道交通站点、现状公交换乘枢纽等。

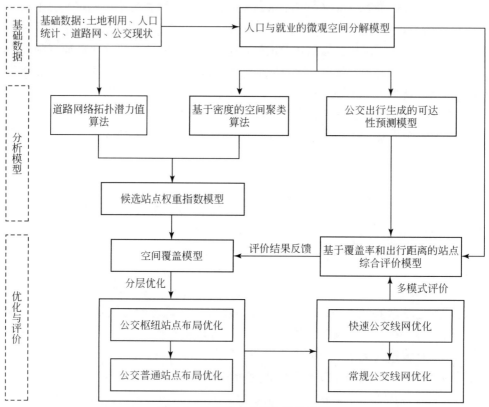

图 6.4　公交站点的层次优化思路

　　公交站点必须与公交线路及其营运结合起来考虑才能获得对公交系统整体服务水平的评价。通过公交枢纽站点和公交普通站点模型，可以获得一个城市公交站点的层次性合理布局，从理论上为多模式公交线网优化提供重要依据。因此，公交站点布局优化是为公交线网优化提供支撑，同时，线网规划中的效益评价又为站点调整提供反馈，从而构成一个动态循环的优化体系。根据其层次特征，可以从快速线网和常规线网两个层面提供评价及反馈，即①以公交枢纽站为主要依据的快速公交线网优化及其站点综合效益评价；②以公交普通站为依据、快速公交线网为约束条件的常规公交线网优化及其站点综合效益评价。

6.3.2　候选站点及其权重指数模型

　　候选站点的基本依据是任何一个道路交叉口（即道路网络中的节点）都是

候选站点，且相邻两个站点沿道路的间距控制在规定的距离以内，同时又需与用地功能相配合。

根据已有的路网数据，将每个道路交叉口选择为公交候选站点。同时，对于较长的路段进行分割形成候选站点，以保证候选站点之间的距离不超过规定的标准。由于候选站点较为密集，保障了后续优化站点选址的空间合理性。同时这种结构表明，所有候选站点都存在于道路网络节点上。在现实的站点布局中，站点的站台将围绕道路交叉路口布局，与理论上的交叉路口节点位置会有细微差别。

候选站点的另一个重要因素是其周边的土地利用结构。一般情况下，对于居住、商业、办公、交通、旅游等人流集中的用地，设置候选站点的必要性就大于其他类型的用地。城市建成区的用地相对紧凑，是配置公共交通服务的前提。从建成区空间分布来看，城市中心区与外围区在建设密度上有区别，一般在中心区密度高，站点密度也大一些，站点间距可缩小为300m左右。

候选站点的权重指数是该点作为公交站点的重要性潜力指标，这个指标在站点空间布局优化模型中使用。根据前面的描述，候选站点的权重指数由两个方面的因素决定，一是其在道路网络中的拓扑位置，二是其周边的需求。

6.3.2.1 基于几何网络拓扑的重要性

一个几何网络是由边和点相互连接构成的集合，节点位置和各条边之间通过节点联系的方式决定了网络的结构，使该网络形成独有的特征。在图论和网络分析中，描述几何网络节点的拓扑重要性的指标为中心性（centrality），其中包括度中心性（degree）、特征向量中心性（eigenvector）、接近中心性（closeness）、中介中心性（betweenness）。[①] 此外，空间句法中的集成度也反映了节点（或边）在网络中的重要性。

1. 度中心性

网络中最简单的一种度量，即节点所连接的边数。节点的连接边数越多，其度中心性越强。在一般的几何道路网络中，道路交叉口所连接的道路段为 3 ~ 6 条，差别不会太大。但如果考虑各种模式的交通网络，包括公共汽车、地铁等，则交叉口节点的度中心性将会有较大的不同。同样，在社交之类的超级网络中，度中心性的特征更为明显。其公式形式为

$$R_v = \sum_{t \in V} A_{vt}$$

---

① 参考 http：//en. wikipedia. org/wiki/

式中，R_v 是度中心性的度量符号，t 是网络 V 中的节点，A_{vt} 是 v 与 t 的邻接值，1 表示 v 与 t 直接相连，0 则表示没有直接连接。

2. 特征向量中心性

度中心性的量度中不考虑各节点在网络中的位置（重要性），如果将节点蕴涵的重要性（影响力）表达出来，则可定义特征向量中心性。特征向量中心性是度中心性的一种扩展形式。其公式形式为

$$E_v = \frac{1}{\lambda} \sum_{t \in V} A_{vt} E_t$$

式中，E_v 和 E_t 分别表示节点 v 和节点 t 的特征向量中心性度量，A_{vt} 是节点 v 和节点 t 的邻接指示（1＝连接，0＝非连接），λ 是 A 邻接矩阵的最大特征向量值。由于该中心性的计算涉及其周边的中心性值，因此，特征向量中心性的计算虽较为复杂，但应用广泛，在 Google 等搜索引擎中都得到应用。

3. 接近中心性

在一个网络图中，每个节点都与其他节点之间有一条最短路径，所有这些最短路距离的和指示了该节点位置的重要性，总距离越短则中心性越强。以这个距离为倒数，就获得接近中心性的度量。接近中心性反映一个节点到所有其他节点的最快传播速度，在带权重的网络中，权重的影响可以在接近中心性中得以反映，如网络边上的移动速度或节点处的停留时间。接近中心性的度量形式为

$$C_v = k / \sum_{t \in V} D_{vt}$$

式中，C_v 是接近中心性的度量符号，D_{vt} 是从节点 v 到网络中任意节点 t 的最短距离，k 为较大的常数。

4. 中介中心性

中介中心性也称为介数。在网络中任意两个节点对之间寻找最短路径，记录所有经过的中间节点（不含两个端节点）。当网络中所有点对之间的最短路径都完成后，网络中的每个节点均记录了所经过的最短路径数量，该数量除以总节点对数量值即为介数。其用公式描述为

$$B_v = \sum_{f \neq v \neq t} S_{ft}(v) / S_{ft}$$

式中，B_v 是节点 v 的介数，S_{ft} 是 f 到节点 t 的最短路径总数，$S_{ft}(v)$ 是经过节点 v 的最短路径数量，节点 v 不作为最短路径计算的起终点。

5. Shimbel 值

前面所述的度中心性给出了与目标节点紧邻的节点数量，其实从这些紧邻节点可以进行一种中心性累计，得出目标节点在网络中的重要性指标。网络中节点连通关系构成一个初始连通矩阵，对这个矩阵进行转换计算可以获得每个节点在网络中连通性的最小指标值，称为 Shimbel 值。Shimbel 值反映的是一个节点到达网络中所有其他节点的最小连通数量，也是一种可达性度量。计算方法如下（Rodrigue et al, 2009）：

$$D_1(i, j) = C_1(i, j)$$

$$C_k(i, j) = \sum_{m=1}^{n} C_{k-1}(i, m) \times C_1(m, j)$$

$$D_k(i, j) = \begin{cases} C_1(i, j) & C_1(i, j) \neq 0 \\ k & \{C_1(i, j) = 0\}\delta\{C_k(i, j) \neq 0\} \\ 0 & \{D_k(i, i)\}\delta\{C_1(i, j) = 0\}\delta\{C_k(i, j) = 0\} \end{cases}$$

式中，D_k 为第 k 次 Shimbel 矩阵，C_k 为第 k 次连接矩阵，i 和 j 为节点编号，n 为网络中的节点总数。

k 也被称为网络的直径，在没有孤点的无向网络中，当 D 矩阵中所有节点之间都存在非 0 值时，k 达到最大。当 $k=1$ 时，D_1 中各节点的 Shimbel 值即为节点的度中心性度量。在 D_k 矩阵中，(i, j) 位置的值表示从节点 i 到节点 j 存在的 k 次可达的路径数量，若该值为 0，则表示两个节点之间 k 步内不可达。

对以上公式稍作修改，还可以计算各节点的总连接数量，获得总可达矩阵。总可达矩阵反映了节点对时间所有可能的连接，值越大，可达性越强。这与 Shimbel 值正好相反。

6. 空间句法中的集成度

空间句法中，可以计算网络边和节点的集成度（integration）。集成度反映了边或节点在拓扑网络中的重要性。在网络中，节点或边之间的相互连接都可以构成一个连接关系矩阵。空间句法采用分步法（step）计算网络中节点或边的重要性（Jiang and Claramunt, 2002）。先计算深度值（depth），只考虑连通关系及分步步长，与一个节点/边直接相连的节点/边为第一步，从这些关联节点/边寻找下一级可达的边为第二步。深度值是各步中点/边的数量与步数的乘积，即：

$$T_v = \sum_{s=1}^{k} s \times N_s$$

式中，T_v 为深度值，v 为节点（或边），s 为步长变量，N_s 为从节点 v 出发第 s 个步长所到达的节点（或边）数量，k 为步长总量。

显然，若 $k=1$，则深度值即为前面所述之"度中心性"度量，亦即网络的连通关系。若针对整个网络计算，即走完所有步长，则为全局深度（global depth）；若只计算局部网络，则为局部深度（local depth），如 $k=3$ 时，则计算 3 步。

深度值是集成度的一种指示，将深度值进行适当换算，可以获得不同应用场合的集成度值。如采用相对不对称性指标来描述集成度，公式为

$$RA_v = \frac{2(T_v - n + 1)}{(n-1)(n-2)}$$

式中，RA_v 为节点 v 的相对不对称性集成度值，T_v 为节点 v 的深度值（全局或局部深度值），n 为总节点数（边数）。

6.3.2.2 基于需求的重要性

单纯基于几何网络研究节点的重要性也存在一定的缺陷。在城市空间中，各种社会经济活动存在各种聚集效应，使得一些地段比另外一些地段更有吸引力；同时，城市公共开敞空间用地与商业、企业、居住用地具有不同的效益特征。这些现象表明城市在空间地点上的活力或吸引力是不同的，反映在网络节点上，节点所代表的周边用地存在不同的吸引力，也就是说节点本身由于其周边的特征而导致其在某一方面的重要性与其他节点不同。

为描述网络节点所代表区域的重要性特征，先要明确节点所代表区域的范围。一个简单、有效的方法是可以通过 GIS 的 Voronoi 图获得各点的"服务区域"，再对区域内的有关特征值进行汇总，得出该节点关于特征值的总量，以反映该点的重要性。例如，可以用此方法求出各节点周边的人口，以判断该节点是否需要设置公共交通站点；也可以求出各节点工作场所的总面积，以估计节点对交通的吸引力强弱。

站点选址的原则之一是要尽可能靠近公交出行需求集中的区域（即空间聚类的簇）中心，因此可以运用空间聚类算法来寻找这些区域。空间聚类有多种目标和形式，本章是对人口和土地利用分布进行变换，其栅格数据模型适合于基于密度的空间聚类。空间聚类获得若干簇区域及其中心点。这些簇区域具有密度等级，是计算候选站点聚类值的依据；簇的中心点则是选择公交枢纽站点的重要依据。实施过程中，需要研究如何将聚类结果与候选站点关联和融合，从而获得候选站点的聚类值，判别其重要性。

基于需求的重要性是进行交通规划设计的主要依据，如规定公共交通站点必

须尽量靠近大型居民区、对外交通枢纽、核心旅游景点、中心商业点等。由于在中心城区这些需求点分布较为密集，公共交通站点又必须有一定的间隔，因此需要结合节点在网络中的几何位置进行优化。总之，在站点优化中，候选点周边的需求特征是一种重要的考量。

这种站点的重要性或需求量在公交线网优化中具有重要价值，主要体现在两个方面：一是首末站点的选取及首末站之间是否布设线路的依据；二是具体线路走向布局过程中，将路段端点（候选站点）的需求量作为参数，加强该路段被选中的权重（Bagloee and Ceder，2011）。在该线网优化体系中，定义了首末站点对之间的重力模型指标，该模型以两个首末站点需求量的乘积为分子，以它们之间的出行阻力为分母，并以其他系数进行纠正。站点对重力模型指标用于将该点对之间的线路进行分类，包括主干线（mass route）、直线（feeder route）或地区线（local route）。在具体线路布设优化过程中，对线路段的出行时间进行修正，即除以一个以该路段两端节点需求量为变量的指数函数，这样，可以将需求量较大的路段纳入公交线路中来。

6.3.2.3　随机行走：考虑路网拓扑和需求的重要性

随机行走（random walk）模拟在网络中行进的过程。Pearson（1905）最早提出了随机行走问题，想弄清楚一个醉汉从某一个点出发，经过较大的行走步数后最有可能停留的地点。随机行走概念在数学、物理学、生物学、地理学等领域得到应用，并从最初的二维延伸到一维和三维空间表达。可以对随机行走模式本身及行走环境进行限定，得出适宜于相应问题的随机行走模型，如限定网络结构、网络规模、移动速度等。

在城市空间环境中，随机行走算法是基于模拟居民在道路网中的出行活动，计算道路候选点和线路段在给定出行步长限制下被行走的次数。由于网络的空间结构特性，不同的候选站点或线路在同等概率出行下被行走的次数会有差别。经过多次行走模拟，可以获得各结点所经过次数（亦即拓扑潜力值）的统计特征。拓扑潜力值指标是判别结点在道路网络中地位的重要依据。

随机行走算法的计算基于以下假设：

（1）居民在一次出行中，从起始点到终点所行走的线路，不存在环形线路或走回头路。

（2）考虑到宽度较高的道路具有更好的连通性，在随机行走计算中，出行选择时每一个候选站点连接的道路其宽度大的道路被选的概率较高。

（3）由于居民出行距离为变动值，每次出行的长度阈值为随机分布，但是总量呈正态分布，其期望值可以为日常居民步行出行距离。

由于考虑了所经过的路径长度，随机行走算法所获得的结点重要性比单纯基于拓扑连通性的算法更能反映网络的结构特征。

随机行走模拟过程，需要确定几个关键参数：

(1) 行走的次数 N，它可以反映城市中步行出行的人次。也可通过比较与前一次的累积值相对差来设定终止条件，即：

$$\frac{\sum_{i \in V} R_i(k) - \sum_{i \in V} R_i(k-1)}{\sum_{i \in V} R_i(k)} \leqslant \sigma$$

式中，$R_i(k)$ 是第 k 次行走后节点 i 的随机值，σ 是一个很小的数。

(2) 每次行走的距离 D：根据出行特征调查获得的期望值 D_0 和标准差 s，随机确定每次行走的路程长度：

$$D = D_0 + s \times \sqrt{2 \times \ln(1/r_1)} \times \cos(2\pi r_2)$$

式中，r_1 和 r_2 均是 0 到 1 之间的随机数。

(3) 行走方向判断，若一个点为当前停留点，与它连接的其他三个点都可能成为下一步的点，采用加权随机函数来确定下一个点。行走方向与下一点的吸引力、行走成本有关系，如节点的几何重要性指标、道路宽度等。

(4) 随机值累积方式：网络中的节点和边每被经过 1 次，其随机行走的值加 1。计算结束后，节点和边的随机值反映了其在加权网络中的重要性。

6.3.3 覆盖集模型

根据层次优化的思路，需要实现在已有站点基础上增加新的站点，以扩展服务覆盖范围。最大覆盖集模型（MCLP）为该问题提供了基本的分析思路，在第 6.2.3 节中，已经介绍了基于 GIS 系统的 MCLP 模型及其可能的改进，包括 Murray 的混合覆盖集模型（HSCP）。在现有模型中，考虑了与站点关联的服务小区的需求量，也规定了站点的数量，但没有考虑站点间距约束。对城市建成区进行站点优化，站点间距是一个很重要的因素，因此需要纳入约束条件。同时，将候选站点的拓扑重要性和潜在的服务总量纳入模型，可以更好地反映实际需求。

站点覆盖集层次模型中需考虑的要素：

(1) 候选站点：道路网络中的所有节点。

(2) 必选站点：必选站点是在优化之前通过人工经验确定的站点，在优化模型中起约束作用。

(3) 公交枢纽站：以必选站点为背景优化选址，为公交换乘的重要站点，与必选站点一起构成公交站点的骨架。

（4）公交普通站：在枢纽站和必选站基础上优化选址，是站点的加密优化结果。

（5）拓扑权重指数：通过道路网拓扑关系获得的候选站点权重值。

（6）服务人口权重指数：通过可达性模型获得的站点服务人口。

（7）分区：为区分城市区域中不同的密度而设置的分区，在不同的分区中站点间距有不同的限定。

（8）公交站距：在不同的分区有不同的最大和最小公交站距规定。

6.3.3.1　公交枢纽站覆盖集模型

公交枢纽站的选址原则是要寻找拓扑位置最重要的节点，拓扑权重指数在其中起到关键作用。公交枢纽站间距满足一定的距离要求，不能太靠近，也不能太远。模型的目标是选取满足距离条件的最多枢纽站点数。

模型表示为

$$\max z = \sum_{i \in N_1} e^{b_1 W_i} x_i + \sum_{j \in N_2} e^{b_2 W_j} x_j + k \tag{6.1}$$

约束条件：

$$x_i = (0, 1) \quad \forall i \in N_1$$
$$x_j = (0, 1) \quad \forall j \in N_2$$
$$N_1 = \{i \mid d_{im} \le s_1 \ \& \ m \in N_1\}$$
$$N_2 = \{j \mid d_{jm} \le s_2 \ \& \ m \in N_2\}$$

式中，i 表示核心建成区的候选站点，N_1 为满足距离条件的集合，若 i 与 N_1 中的任意站点 m 之间的距离不大于设定值 s_1，则 i 可加入 N_1；与此类似，j 表示普通建成区的候选站点，N_2 为满足距离条件的集合，若 j 与 N_2 中的任意站点 m 之间的距离不大于设定值 s_2，则 j 可加入 N_2。b_1 和 b_2 分别为核心区和普通区的参数。

6.3.3.2　公交普通站覆盖集模型

公交普通站是优化过程的第三层次，即在必选站点和枢纽站点确定后，对站点布局进行的加密优化。此时，站点所能服务的人口数量就成为比较重要的指标；同时，也必须满足站点之间的距离条件。优化目标是总服务人口最大化。

模型形式为

$$\max z = \sum_{i \in N_1} a_i x_i + \sum_{j \in N_2} a_j x_j + \sum_{l \in N_0} a_l \tag{6.2}$$

约束条件：

$$x_i = (0, 1), \quad \forall i \in N_1$$

$$x_j = (0, 1), \quad \forall j \in N_2$$

$$N_1 = \{i \mid d_{im} \leqslant s_1 \ \& \ m \in N_1\}$$

$$N_2 = \{j \mid d_{jm} \leqslant s_2 \ \& \ m \in N_2\}$$

式中，i 表示核心建成区的候选站点，N_1 为满足距离条件的集合，若 i 与 N_1 中的任意站点 m 之间的距离不大于设定值 s_1，则 i 可加入 N_1；与此类似，j 表示普通建成区的候选站点，N_2 为满足距离条件的集合，若 j 与 N_2 中的任意站点 m 之间的距离不大于设定值 s_2，则 j 可加入 N_2；N_0 是必选站点和枢纽站的集合。变量 a_i、a_j、a_l 是该各站点的服务人口数量。各站点的服务人口数量通过可达性模型计算，或采用简单的缓冲区进行统计。

6.4 案例分析

本节以武汉市中心城区为案例，研究两个问题：一是关于首末站空间分布；二是关于公交站点布局优化。首末站空间布局虽然不是站点优化阶段主要考虑的要素，但其布局对后续公交线网具有重要价值。对首末站的空间布局特征进行研究，可以为公交线网优化过程中的首末站选址提供科学依据。公交站点优化布局，根据初始条件不同，分为二阶段和三阶段两种过程。

6.4.1 武汉市的首末站现状分布分析

武汉市公共汽车首末站分布与城市空间形态存在紧密的联系，沿江在港口、轮渡设置较多，市区在铁路客运站设置较多，而城区边缘区则沿主要交通走廊设置；在汉口、武昌人口密度较高的中心区设置稀少。经过空间密度分析，首末站分布在空间区位上形成较大程度的聚集，这种聚集呈现出较为明显的轴向特征。

基于对外客运交通枢纽分布和城市形态，以空间分析方法为工具，可以推导得出首末站的分布区域。这些区域较均匀覆盖城区，可以作为设置首末站的优先首末站区。越接近首末站区中心，首末站设置的可能性越高。

6.4.1.1 首末站空间分布

城市形态决定路网结构和客流流向，也在很大程度上影响公交首末站布局。由于江河湖的分割，武汉市建设用地形态呈现为多中心组团式分布。汉口、汉阳、武昌三大片区都存在中心"老城区"和外围扩展区，其中汉口沿两江发展、汉阳和武昌的轴线发展更为明显。公交首末站布局与城市发展形态相适应，空间分布较为均衡，而在一些重要节点上具有较大的线路规模（图6.5）。汉口中心区首末站分布数量较少、规模较低，这与其区位和地价有很大关系，一般公交线路穿过该中心区。另外，汉口老城区人口密度较高，就业地点聚集，大多数的居民出行都集中在区域内部，因此公交需求与人口规模不成常规比例。

图6.5 武汉市公交首末站规模及其分布

公交首末站在主要轴向干道上分布较多，如沿汉口沿江大道有10个、沿汉口解放大道有11个。武汉公交线路最为集中的首末站位于城市客运中心的汉口火车站、武昌火车站和武汉客运港，较好地衔接了城市内外客运输送。位于三镇中心、江汉桥和长江大桥衔接处的古琴台站共计10条公交线路首发，是武汉公交网络的重要节点。此外，城市核心区周边的梨园、杨汊湖小区、王家湾和阳新路等站点周边公交出行人数较多，均有6条或更多的公交线路经过。

6.4.1.2 首末站与土地利用的关系

对全市首末站周边500m半径范围内的土地利用进行统计，得出公交首末站周边用地比例。由图6.6可知，首末站周边以居住用地为主，接近一半的比例，其次为公共设施用地。其他主要用地类型包括水域和其他用地、工业用地、绿地和市政交通设施等。这说明，居住用地是设置首末站的重要因素。

比较居住用地、公共设施用地和工业用地在各个站点周边的分布可知：汉阳

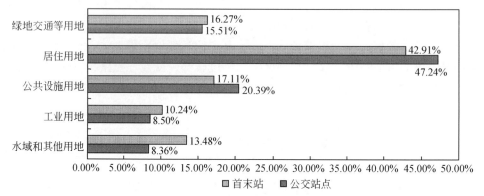

图6.6　武汉市公交站点周边用地构成

沿汉江和长江站点，以及汉口工农路站点周边以工业用地为主；站点周边居住用地比例与其人口密度成正比；用地周边公共设施用地比例较高的站点集中在汉口、武昌沿二环线的公交站点及武昌友谊大道沙湖附近区域站点。

由于居住用地在公交站点设置中具有重要地位，我们需要探究首末站周边的居住用地比例是否比中间站点的更为显著。为方便运算，选取每个首末站及其最近的中间站，分别统计其周边500m范围内居住用地面积。通过t检验，在95%置信度下，t值为2.834，说明500m半径范围内首末站周边居住用地面积与其最邻近中间站点居住用地面积具有相似性。

6.4.1.3　首末站站间距离

首末站站间距离可以反映其在空间上的分布状况。为此，对武汉市134个首末站站间直线距离进行统计，获得所有首末站点之间的距离值。公交首末站站间最小距离不超过100m，最长距离大于20km。站间距离短，表明一些区域存在首末站集中分布的状况。从距离值排序可以得知，站点间距主要集中为5～11km。按照8～12km的国家标准公交线路长度折合非直线系数不超过1.4估算，在6～9km范围的站间距离数量约为9000个，因此理论上单纯以距离为依据，可以配对设置线路的首末站点约4500对。显然，由于道路网形态、土地利用结构的影响，实际设置的线路条数远远低于这个数字。

6.4.1.4　首末站的服务强度

使用Kimpel等（2007）的基于步行距离的公交服务使用可达性来评价公交站点的出行概率。基于Logistic函数的概率方程为

$$P_i = \frac{\mathrm{e}^{(a-bd)}}{1 + \mathrm{e}^{(a-bd)}}$$

式中，P_i 为使用公交出行的概率，d 为距公交站点的距离，a、b 均为系数。在 d 以英里为单位时，一般取 $a=2$，$b=15$；d 以米为单位时 $a=2$、$b=0.0093$。

通过对武汉市公交站点出行概率预测，结合人口分布数据，可以得出各站点出行发生的服务人口，即公交站点公交出行发生服务强度。图 6.7 是各站点的服务强度分类图，其中黑色符号为首末站。可以发现城市周边站点服务强度普遍低于城市中心区站点服务强度，这可以由城市周边人口密度较低和线网稀疏程度进行解释。首末站服务强度较高的区域集中在城市人口较密集的市区中心和城市周边站点距离较大的线路终端。比较首末站及其邻近的中间站的服务强度，通过 t 检验，在 95% 的置信度下，t 值为 0.383，双尾置信值为 0.702。统计显示首末站服务强度与相邻的中间站是不一样的，通过具体数值的比较，首末站服务强度大于其邻近中间站点。这也体现了设置首末站的基本原则。

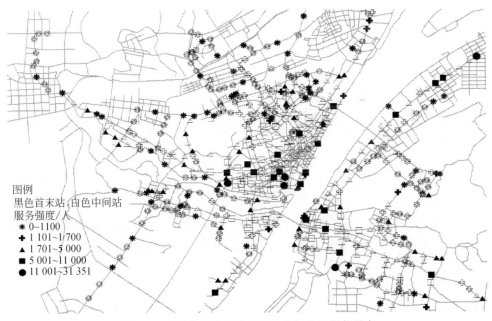

图 6.7 武汉公交站点及首末站出行发生服务强度

6.4.1.5 首末站分布区域

为探寻武汉市公交首末站的区域分布特征，利用 GIS 的密度计算功能获得公交首末站的密度分布（图 6.8）。在密度计算中以每个首末站的线路条数作为权重，以突出站点的重要性程度。首末站点分布密度较高区域为：武昌汉阳门附近、武昌火车站附近、汉口沿江大道与友谊南路交汇区域、发展大道与汉西路交汇区域、汉口火车站附近、汉阳火车站附近；龙阳路与汉阳大道交汇区域。

图6.8　武汉市公交首末站密度分布

　　根据有关文献，公交首末站的首选地点包括对外客运枢纽、大型客流集散点等。针对武汉市的状况，首先可以确定武昌火车站、汉口火车站、汉口客运港、汉阳门、鲁巷5个点需要设置首末站。这5个点之间可以配对设线。为获得城区其他地区可以与之配对设线的站点，以这5个点为基础，以8～12km为标准，折合非直线系数，绘出6～9km的直线距离缓冲带。理想的配对站点应位于这个缓冲带内。结合道路网结构和土地利用形态特征，可以确定另外11个首末站点（图6.9）。

　　以此二阶段方法确定的公交首末站构成了武汉市首末站的初步配置，该配置首先满足了公交线路长度的要求，再依据道路分布及土地利用结构进行完善。在公交客流预测中可以获得公交客流沿道路网的分布，结合线路配流方法可以制订出公交线网的布线方案。将线网布线方案与首末站选择相结合，可以获得更为合理的公交线路配置。显然，武汉市公交首末站不可能仅有16个，但这16个站点构成了进行优化的基础。以16个站点为中心进行区域分配，可以得到16个均匀分布的首末站区。公交线网优化可以参照这些首末站区，以获得较为合理的线路长度。线网初步确定之后，在具体线路布设阶段，可以在每个首末站区内部调整首末站的位置，从而形成切实可行的站点及线路分布。

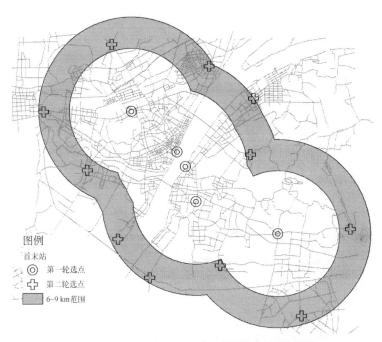

图 6.9 二阶段武汉公交首末站设置及间距分析

6.4.2 武汉市公交站点优化

6.4.2.1 数据

根据武汉市交通发展年度报告，武汉市 2010 年完成公交客运量约为 20.7 亿人次，其中常规公交汽（电）车年客运量约为 15.4 亿人次、轨道交通年客运量约为 3300 万人次、小公共汽车年客运量约为 1.36 亿人次、出租车年客运量约为 3.52 亿人次、轮渡年客运量约为 953 万人次（武汉市城市综合交通规划设计研究院，2011）。常规公共交通仍然是武汉市公共交通的主体，但较 2009 年有较大幅度的降低。公交运营车辆总数为 7001 辆，较上年减少了 240 辆。公交线路由 2009 年的 307 条减少到 285 条，其中普通线路有 59 条、专用线路有 223 条、小型公共汽车线路有 3 条。公交线网长度由上年的 1100km 增至 1172km，运行线路长度由上年的 5463km 增至 5541.5km。公交站点由上年的 2460 个增加到 2506 个。公交首末站达到 42 处，占地 30.01hm²；公交保养场 10 处，较上年增加 1 处；大型公交枢纽 5 个，占地 7.35hm²。

用于公交站点优化分析的数据包括武汉市三环线以内建成区的路网数据、土地用地、人口分布、现有公交站点和重要交通设施。其中:

(1) 道路网络用于生成公交候选站点和寻找城市拓扑连通性高的节点。

(2) 城市用地和人口分布用于预测公交需求分布,居住与就业密度高的地区也是公交需求高的地区。根据第三章的数据处理方法,获得武汉市人口及用地的微观空间布局。

(3) 现有公交站点用于设置必选站点的参考,并在优化站点生成之后进行比较,进而评价优化结果。

(4) 城市重要交通设施是为了在公交优化时实现公交站点与其他交通模式的良好衔接,包括火车站、地铁站、渡轮码头、长途客运站、规划或在建的公交枢纽站点。

此外,还对研究区域进行了分区处理,武汉市三环区域内具有不同的社会经济活动密度,站点的设置标准可以区别对待,分为核心建成区和普通建成区。优化过程中,在核心建成区内取较小的站间距,而在其外围普通区域则取较大的站间距。

6.4.2.2 候选站点与必选站点

基于覆盖集问题模型开展公交站点优化布局研究,候选站点设置是其基础。候选站点由两部分节点组成,一是所有道路交叉口节点,每个这类节点连接了至少三条道路边;二是在较长的道路段上进行拆分,拆分点所构成的节点在道路网络中仅连接两条道路边 [图6.10 (b)]。第二类节点在理论上的道路网络的标准弧段-节点结构中是不需要的,其在这里的作用是保证候选站点分布的空间均衡,方便站点优化算法的实现。另外,还需要考虑实际的道路性质,图中北、西、南三面环绕线是武汉市的三环快速路,除在出入口的交叉节点外,中间不应存在候选站点。这里将三环路段细分,仅仅是为研究的完整性。

如果道路边长度超过规定的值(这里规定为400m),则须将其分解为满足长度条件的若干路段。基于GIS数据库系统,候选站点是道路网络中的所有节点,因此道路网络按照普通的"边-节点"结构进行组织。为方便数据处理,道路网络必须构成完整的拓扑结构。这个拓扑关系的条件是:①一条道路段(道路边)与其他道路段只在道路节点处实现连接;②道路节点必须是道路段的起始点或终止点。通过GIS的拓扑条件检查,可以发现不满足条件的边或点。GIS系统还可以通过构建网络,自动生成道路节点,这个功能可以使工作量大大减少。

城市公共交通系统的功能是将出行者从出发地到达其目的地,而在城市内部,有些场所汇聚了大量的出行需求,设置站点成为必然。这些包括对外交通枢

(a)现状　　　　　　　　　　　　　　　　　　　(b)候选

图6.10　武汉市主城区现状与候选公交站点

纽（航空港、火车站、客运港、长途汽车站等）、重要公共设施（展览馆、博物馆、图书馆、体育馆、行政中心等）、大型商业服务设施、风景名胜区、地铁站点、大型居住社区等。这些场所出入口附近需设置站点，成为公交站点中的必选站点。必选站点形成了公交站点的骨架基础，对后续枢纽站点和普通站点的空间配置优化具有决定性作用。由于纳入了必选站点，公交站点的优化成为一种启发式的模式。

6.4.2.3　节点权重指数

本案例中的节点权重指数用基于随机行走算法获得的值来表达。随机行走的具体算法参见6.3.2.3节。

随机行走算法在面向对象语言 C# 中实现，定义三个类来实现计算：Graph类、Graph Vertex 类和 Graph Edge 类（图6.11）。其中 Graph 类代表整个路网结构，包含道路段和道路节点（即候选站点）。Graph Vertex 代表每一个候选站点，每一个 Graph Vertex 包含一个 ID 属性用于表示候选站点编号，一个 Random Walking Value 属性用于储存该站点被遍历次数和一个 List 属性来记录与该候选站点链接的道路段；Graph Edge 则代表与每一个与候选站点相链接的道路段，它有 ID 属性、Length 属性（道路段长度）、Width 属性（道路段宽度）、相连接的两个 Graph Vertex 的 ID 和 Random Walking Value 属性。

步骤1：确定行走距离范围。确定次行走距离也相继计算得出。实验过程中，取武汉市平均出行距离为5km（各城市不一样，如上海市约为8.5km），所

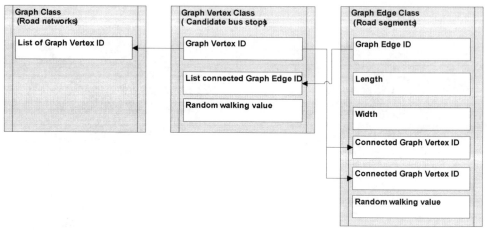

图 6.11　随机行走算法的类关系模型

有行走的长度是一个以 5km 为期望值的正态分布数组。该数组中最大行走距离为
10km，最短行走距离为 0.6km。

　　步骤 2：行走方向判定。在所有候选站点中随机选出一个起始点。与起始点
相连接的道路段的宽度将进行比较，并有一条道路段被随机选中作为行走线路
段。宽度越大的道路往往等级越高、设计出行时速越高，因此在道路选择时将倾
向于优先选择宽度大的道路段。到此，第二个节点也相应被选出，此时第二轮道
路段随机选择开始，此次选择中除了倾向于选择宽度较高的道路段的同时，还会
对已经被行走过的站点进行排除。这个检查是为了避免在一次随机出行中产生
回路。

　　步骤 3：数值累积与终止条件。当新的线路段产生后，计算到目前为止走过
的所有线路长度，如果该长度没有达到先前设定的出行长度，则本次随机行走将
继续进行，否则本次随机出行结束，开始下一次随机出行。每次随机出行结束
后，被选中道路段和站点的随机值字段将会加 1。每一次随机出行结束后，将会
对全局所有站点的随机值求和，并与上一轮全局站点的随机值总和进行对比。当
两个总和差别小于一个给定的数值时，则不再进行新的随机出行，随机行走算法
结束。

　　图 6.12 显示了随机行走运算后道路节点 R 值的结果，可以大致看出随机行
走值与道路的通行能力（道路等级）、连通性（节点连接数）和路网结构相关，
因此 R 值可以作为判断路网拓扑连通性的指标。在计算过程中将道路宽度作为一
种权重，使得较宽的道路段具有优先行走的概率，与这些道路段关联的节点也同
时获得较大的 R 值。节点的 R 值与其连通的道路段数量密切相关，图 6.12（b）

也显示了不同连通数量的 R 值统计。

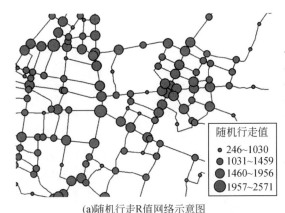

连通数	数量	最小R	最大R	平均R
1	1	237	237	237.0
2	336	312	1584	797.2
3	767	553	2893	1310.9
4	421	910	3491	1791.8
5	4	1620	2876	2293.5
6	1	2237	2237	2237.0

(a)随机行走R值网络示意图　　　　　　(b)节点连通数对应的随机行走R值

图 6.12　随机行走 R 值示例

6.4.2.4　优化模式

站点优化的目标是减少站点冗余、维持步行可达性和保持整体服务范围，达到这三者之间的平衡。基于层次优化的思想，先对公交枢纽站点进行优化配置，再对公交普通站点进行优化配置。步骤一可以确保在路网中空间连通性较高的站点被选取，从而确保公交网络的使用效率最优。步骤二在计算出所有候选站点理论公交需求值之后，以每个候选站点的需求值为权重，选取在满足到站步行距离的前提下，得到全局最经济的站点布局。在这两个基本层次内，站点的优化都采用 Flowmap 中的扩展-重定位模型（Expansion-relocation model）来实现。Flowmap 是荷兰 Utrecht 大学研制的一套空间分析软件（http：//flowmap. geog. uu. nl/）。扩展-重定位模型分为两个步骤：第一，应用扩展模型计算出满足站点覆盖范围的初始站点分布；第二，应用重定位模型优化平均站点间距。

在公交枢纽站和公交普通站优化的基础上，又依据"是否考虑公交必选站"和"是否分区优化"的因素，形成四种优化模式（表6.2）。公交必选站是那些与城市重要功能节点相匹配的点位，属于强制性的站点，作为优化模型的前提约束条件。分区是指城市中具有不同密度区域，如核心区的社会经济活动密度远大于外围区域，站点就应该密集一些。若要实现分区优化，分区数设为两个一般就能反映城市的实际状况。

表 6.2　四种优化模式编码的设置

依据		是否分区优化	
		不分区	分区
是否考虑公交必选站	不考虑（两层次）	2L-W	2L-D
	考虑（三层次）	3L-W	3L-D

在两层次优化中，扩展模型和重新定位模型首先依据站点的拓扑重要性，即随机行走计算结果，优化选取若干公交关键节点作为第一层枢纽站点，枢纽站点应在城市空间中具有较为均匀的分布，但允许在需求量大的地区稍密一些；第二层次站点是公交普通站，即在公交枢纽站的约束条件下，应用扩展模型和重定位模型，依据候选站点的公交需求计算得出的普通站点。普通站点选取是为了确保公交系统满足居民出行要求。根据是否分区的条件，形成 2L-W 和 2L-D 两类模式。

三层次优化是在两层次优化基础上，考虑到了现有交通设施（地铁站、火车站等）与公共汽车的换乘，因而把武汉市关键交通设施（地铁站、火车站、轮渡码头、公交枢纽站）预先作为第一层次站点；而前面两层次中的枢纽站点和普通站点则分别成为其第二和第三层次站点。根据是否分区的条件，形成 3L-W 和 3L-D 两类模式。

6.4.2.5　结果与分析

优化结果通过数据转换返回到 GIS 系统，方便图形显示和统计。图 6.13 是三层次优化结果的空间分布。优化结果受初始参数条件设定的影响会有所区别，如站点间距不同会带来不同的结果。

单纯从这种缩小的图形上很难看出局部的差异，因此对各种优化模式进行汇总统计，进行对比分析。如表 6.3 所示，列出了两层全局、三层全局、三层分区三种模式及现状，在站点数量、覆盖面积、覆盖人口三方面进行比较。从统计结果可以得出几条结论：①现状公交站点数量较多，特别是在核心建成区，通过站点优化，可以设置较少的站点，同时获得较大的面积；②三层优化模式比两层优化模式需要设置更多的站点，其覆盖的面积大致相当；③分区优化模式与非分区模式相比，在核心建成区产生更多的站点数量，但总站点数仍可以维持在一个合理的水平。

● 第一层
○ 第二层
✦ 第三层

图 6.13 三层次优化结果空间分布

表 6.3 公交站点的优化结果与现状对比

优化模式	站点间距/m		500m 站点数量			500m 覆盖面积 /km²
	核心区	普通区	核心区	普通区	合计	
2L-W	800		195	395	590	339.53
3L-W	800		206	417	623	351.43
3L-D	700	900	258	360	618	336.64
现状			415	318	733	283.69

还可以从更详细的层面来观察和比较优化结果与现状。表 6.4 是对三层次优化模式的统计结果。将统计范围分别设置为 0 ~ 300m、300 ~ 500m、0 ~ 500m 三种口径，比较核心建成区、普通建成区、全市的服务人口数量及所占比例。全市优化区域内人口总量为 341.62 万人，从 500m 范围内的总量来看，优化结果略优于现状；其中 300m 以内站点数量减少，服务人口降低，但 300 ~ 500m 范围的服务人口有大幅度的提升。从分区域的角度，优化所产生的主要效果在于提高了普通建成区的可达性，特别是在 300 ~ 500m 的服务范围内，提升效果更为明显。在

核心建成区，虽然 300m 以内的服务人口大大降低，但 500m 范围内，总体上仍然维持在 95% 左右的较高水平。

表 6.4 按距离范围比较现状与优化站点的服务人口

方案	统计范围/m	核心建成区		普通建成区		合计	
		总数/万人	比例/%	总数/万人	比例/%	总数/万人	比例/%
现状	0 ~ 300	160.85	80.78	55.89	39.22	216.75	63.44
	300 ~ 500	32.61	16.38	48.38	33.94	80.98	23.71
	0 ~ 500	193.46	97.16	104.27	73.16	297.73	87.15
优化	小于 300	116.91	58.71	55.28	38.79	172.19	50.41
	300 ~ 500	72.67	36.5	54.15	37.99	126.83	37.12
	0 ~ 500	189.58	95.21	109.43	76.78	299.03	87.53
全市		199.1	100	142.51	100	341.62	100

在公共交通优化体系中，站点布局是一个必要的步骤，通过优化选址，可以获得较为合理的站点分布，有利于提高公共交通服务覆盖效率。在后续的线网优化过程中，这些站点还需要参与模型计算。公交线网优化的结果还可以反馈到站点优化阶段，进一步提升站点布局的科学性，从而提升整个公交系统的配置效率。

7 遗传算法与公交线网优化

7.1 遗 传 算 法

7.1.1 遗传算法的特点

受到生物进化论的启发，Holland 最早提出了人工智能领域里的遗传算法思想（Holland，1975）。经过 20 年的研究和应用，遗传算法已经发展成为解决优化问题的有效工具。它是一种全局优化的数值计算方法，能通过染色体的基因突变跳出局部寻优范围，理论上最终收敛到全局最优解。

它是一种基于"适者生存"的高度并行、随机和自适应的优化算法。它是建立在群体遗传学基础上的染色体复制、交叉和变异等，具有广泛适应性的搜索方法。其基本思想是：遗传算法把问题的可行解表示成"染色体"，通过"染色体"群体的进化，以及复制、交叉、变异等一系列遗传操作，最后就会收敛到最适应环境的一个"染色体"上，它就是问题的最优解。

遗传算法的编码技术和遗传操作都比较简单且易于理解，优化不受限制性条件的约束。随着计算机技术的高速发展，遗传算法已经在机器学习、模式识别、图像处理、神经网络、优化控制、组合优化以及遗传学等领域得到了成功应用。

遗传算法具有以下四个主要特点（王凌，2001）：

（1）遗传算法是一种全局搜索算法，且是一种所谓"群智能算法"，是从一组解开始搜索的，而不是从单个解开始。具有隐含的并行性，是遗传算法与传统优化算法的极大区别。传统优化算法是从单个初始值迭代求最优解的，这样容易陷入局部最优解。遗传算法从一组解开始搜索，覆盖面大，利于全局择优。

（2）遗传算法求解时使用特定问题的信息极少，容易形成通用算法程序。遗传算法对问题参数编码成"染色体"后进行进化操作，而不是针对参数本身。这使得遗传算法并不需要导数等与问题直接相关的信息。遗传算法只需要适应值和编码等通用信息，几乎可以处理任何问题

（3）遗传算法有极强的容错能力。遗传算法的初始串集本身就带有大量与

最优解相差甚远的信息，通过选择、交叉、变异操作能迅速排除与最优解相差极大的"染色体"串。

（4）遗传算法中的选择、交叉和变异都是随机操作，而不是确定的精确规则。遗传算法是采用随机方法进行最优解搜索。它根据个体的适应值进行搜索，无需其他信息。

7.1.2　遗传算法的基本流程

标准的遗传算法步骤如下（图7.1）。

1. 染色体（个体）编码

对多维空间的每个自变量编码，称为一个染色体（chromosome）或个体（individual），它对应于多维空间的一个点。染色体编码与多维空间中自变量状态相对应，一个染色体具有确定的编码序列，确切地说是一个完整的解决方案。可以根据预先设定的适应函数计算个体的适应值。

2. 初始化种群

随机产生一组个体组成初始种群，对每一个个体，分别计算它们的适应函数值。为实现后续操作，种群需要维持一定规模的个体数，这个规模在计算过程中保持不变。

3. 判断是否满足收敛准则

判断算法是否满足收敛准则（一般为限定循环次数，也可根据最佳适应值的变化设置规则）。若满足条件，则输出最优个体作为优化结果；否则执行以下步骤。

4. 复制操作

在当前群体中按一定规则选择一些个体作为繁殖后代的父代。规则是：适应值越大的个体，被选中的概率越大，有着更多的繁殖后代的机会，使优良特性得以遗传和保留。

5. 交叉操作

按照交叉概率将父代群体中随机选中的父代进行交叉，以此改善种群。通过交换两个父代个体的部分信息构成后代个体，使得后代继承父代的有效模式，有助于产生优良个体。

6. 变异操作

变异过程能使旧的基因得以继承下来，同时产生新的基因，有助于增加种群多样性，从而可以避免复制交叉导致的过早收敛，即"早熟"现象。变异概率决定某一染色体是否发生变异。

7. 产生新种群

通过复制、交叉、变异操作后产生了下一代种群，返回到步骤3）继续循环。

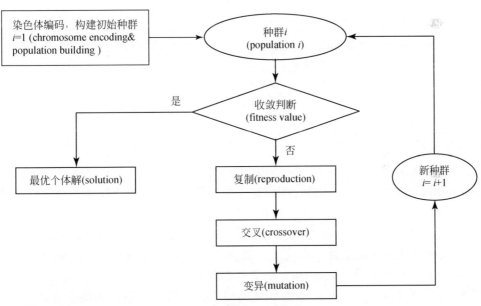

图7.1 遗传算法基本流程

7.1.3 遗传算法的适应函数

遗传算法通过适应函数来判别迭代过程的质量，适应函数由目标函数标准化转化而来，在最大化问题的求解中一般就是目标函数本身。算法在进化搜索中基本上不利用其他外部信息，仅利用适应函数作为评价依据。适应函数不受连续可微的约束且定义域可以为任何集合。对适应函数的唯一要求是针对输入可以计算得到能加以比较的非负结果。

在具体应用中，适应函数的设计要结合求解问题本身的要求而定。适应函数评估是选择操作的依据，适应函数的设计直接影响遗传算法的性能，其对遗传算法的影响主要体现在以下两个方面。

（1）适应函数影响遗传算法的迭代停止条件。遗传算法的迭代停止条件可通过迭代次数或适应函数值来给出。当适应函数的最大值已知或者准最优解适应度的下限可以确定时，一般以发现满足最大值或准最优解作为遗传算法迭代停止条件。但是，在许多组合优化问题中，适应度最大值并不清楚，其本身就是搜索的对象。所以，在许多应用实例中，若发现群体个体的进化已趋于稳定状态，即若发现群体一定比例的个体已完全是同一个体，则终止算法迭代。

（2）适应函数与问题约束条件。由于遗传算法仅依靠适应函数的适应度来评估和引导整个搜索过程，所以求解问题的所有约束条件不能明确地表示出来。在实际应用中，许多问题都是带约束条件的，如公交优化过程中就带有线路长度、非直线系数、覆盖率等约束条件。可以设置惩罚函数对个体违背约束条件的情况给予惩罚，并将此惩罚体现在适应函数的设计中。这样，一个约束优化问题就转换成为一个附带考虑代价和惩罚的非约束优化问题。

7.1.4　遗传算子

遗传算法的操作模拟生物基因遗传的过程，又称为遗传算子（genetic operator）。在遗传算法中，通过编码形成初始群体以后，遗传操作的任务就是对群体的个体按照其对环境的适应程度（适应度评价）进行一定的操作，从而实现优胜劣汰的进化过程，从优化搜索的角度而言，遗传操作可以使问题的解一代又一代地优化，并逐渐接近最优解。遗传操作主要包括选择（selection）、交叉（crossover）以及变异（mutation）三类基本算子。

（1）选择算子。从群体中选择优胜的个体，淘汰劣质个体的操作叫选择。选择算子有时又称为再生算子（reproduction operator）。选择的目的是把优化的个体（或解）直接遗传到下一代或通过配对交叉产生新的个体再遗传到下一代。最常用的选择算子有轮盘赌和蒙特卡罗方法，其他的还包括排序选择、期望值、保留最优个体等。

（2）交叉算子。把两个父代个体的部分结构加以替换重组而生成新个体的操作，类似于自然界中生物遗传基因的重组。交叉算子的设计需满足其评估准则，即保证前一代中优秀个体的性状能在后一代的新个体中尽可能得到遗传和继承。对于二值编码的染色体，交叉算子都包括两个基本内容：第一，从由选择操作形成的配对库中，按预先设定的交叉概率来决定每对是否需要进行交叉操作；

第二，设定配对个体的交叉点，并对这些点前后的配对个体的部分结构（或基因）进行相互交换。交叉方式有单点交叉、多点交叉、一致交叉等。

（3）变异算子。参考自然界中基因变异的现象，对群体中的个体串的某些基因座上的基因值作变动。例如，对于二值码串 {0，1} 的编码而言，变异操作就是把某些基因座上的基因值取反，即 1 变为 0 或 0 变为 1。遗传算法中引入变异算子有两个目的。一是使遗传算法具有局部的随机搜索能力。当遗传算法通过交叉算子已接近最优解邻域时，利用变异算子的这种局部随机搜索能力可以加速向最优解收敛。为防止接近最优解的基因块会因变异而遭到破坏，此种情况下的变异概率应取较小值。二是使遗传算法维持群体多样性，以防止出现未成熟便收敛的现象。此时变异概率应取较大值。

交叉算子具有其全局搜索能力，是遗传算法的主要算子，变异算子因其局部搜索能力而作为辅助算子。遗传算法通过交叉和变异这一对相互配合又相互竞争的操作而使其具备兼顾全局和局部的均衡搜索能力。当群体在进化中陷于搜索空间中某个超平面，仅靠交叉不能摆脱时，通过变异操作可能有助于这种摆脱。同时，当通过交叉已形成所期望的染色体时，变异操作有可能破坏这些染色体。

三个遗传算子具有以下几个主要特点（陈国良等，2001）：

（1）这三个遗传算子都是在随机扰动情况下进行的。遗传算子是随机化操作，因此群体中个体向最优解迁移的规则是随机的。但是这种随机化操作和传统的随机搜索方法是有区别的。遗传算子进行的是高效有向的搜索而不是一般随机搜索方法所进行的无向搜索。

（2）遗传算子的效果与选取的操作概率、编码方法、群体大小、初始群体以及适应度函数的设定密切相关。

（3）三个基本遗传算子操作方法或操作策略随具体求解问题的不同而异。更具体地讲，是和个体的编码方式直接相关。由于目前二值编码仍是最常用的编码方法，所以一般对遗传算子的论述主要以二值编码为基础。

为获得最佳效果，在遗传算法中引入了各种改进策略，如在每一代中的选择阶段都将最优个体强行保留下来，可保证交叉和变异操作不对当前最佳个体产生影响，相当于强行将搜索过程向最优方向引导。为提高运算效率，可利用并行计算来实现遗传算法。遗传算法与神经网络算法（neural network）进行联合，可用于对神经网络进行训练、构建神经网络等（Whitley，1995）。

7.2　遗传算法与公交系统优化总体思路

公交线网优化目标对不同的利益群体而言各有不同。基础设施提供者（即政府）一般希望得到最佳的整体效益，包括社会效益和环境效益；营运者则是希望有较理想的投入产出比；公交乘客主要考虑个体如何以最短的时间、最小的成本到达其目的地。因此，公交系统优化在很大程度上不仅仅是线网的优化，而且是将营运调度、票价等因素结合起来进行综合考虑。

（1）线网优化：线网优化的主要目标是线网的整体服务效率，主要考虑线网空间覆盖率最大化、线网人口覆盖率最大化、线网乘客总出行时间最小化、公交需求与线路容量的均衡化等因素。从系统运行效率的角度考虑，政府部门与营运部门的目标是一致的。

（2）营运调度优化：营运调度优化是在综合考虑线路需求量、拥有车辆数、预期收益（包括政府补贴），以及有关政策的基础上，优化设置总发车频率、车辆排版、驾驶员排班等，以达到最佳的服务效益。这些优化内容是典型的营运公司的思路。

（3）综合优化：将线网优化与营运调度优化的目标进行综合，以获得社会效益、经济效益、环境效益的综合平衡。

公交线网及频率优化的一些典型特征，使得传统的数学方法难以获得满意的解算。这些特征包括（Chakroborty，2003）：

（1）变量的离散性：公交线网及频率表达及其指标具有明显的离散特征，如线网及构成线网的路段、线路之间的换乘指示、频率设定值等都是如此。这些离散值具有多种选择可能，即使是规模很小的城市，经过线网组合后，也会构成非常庞大的解集。

（2）非线性：公交线网及其频率优化是一个典型的非线性优化问题，一般先通过线性化处理，再进行优化求解，计算难度较大。

（3）空间逻辑关联性：公交线网具有明显的空间分布特征，线网沿道路布局，线路的各相邻线路段之间要共享一个结点，以保证线路的空间连续性。同时，线路与站点必须满足点–线的拓扑关系，以获得线路之间的换乘关系（Baaj and Mahmassani，1991）。这些空间逻辑关联在传统意义的数学模型里很难直接定义，需要附加相应的辅助约束条件。

遗传算法是一种组合优化的智能算法。在公交线网优化中，只要能够将求解对象按照一定的规则表达为染色体/个体结构，根据目标制定适应函数，即可实施遗传算法求解。因此，这里的关键问题是适应函数定义及个体结构定义。

7.3　候选线路及线路方案集

组合优化问题的基本特征是存在一个较大的候选方案集，优化过程就是从这个候选集中找到最优的方案。城市公交线网是一个较为复杂的网络,线网的规模和布局可以存在大量方案,因此可以构成庞大的候选方案集。例如,任何一个公交站点,从理论上可以与离该点 8km 以外的任何其他站点构成一个首末站点对,而且每个站点对之间也可能存在多条候选线路。

7.3.1 候选线路的生成方法

在遗传算法中,候选线路仅仅是理论上的可行线路,不一定被选入最终的解集中,这与其他确定性线路设计方法有所区别。

面向遗传算法的候选线路有三种基本的生成方法:随机线路法、最短线路法、多重最短线路法。

候选线路集中每条线路都必须是可行线路,即满足长度、非直线系数、站点数、潜在客流量等方面的约束。例如,我国的道路交通规范规定公交线路的理论长度为 8~12km、非直线系数不宜过大等。

7.3.1.1 随机线路法

随机线路法是从任一站点(或节点)开始,按照一定的法则向其邻接的站点"行走",当累计的线路满足长度和非直线系数等的要求后,即获得一条有效优选线路(图 7.2)。也有不规定线路方向和长度要求,先构造一些简单的线路后再做合并处理的尝试(Ngamchai and Lovell,2003)。为保证所有的站点都被覆盖,除首条线路外,所有即将生成的线路都从一个没有线路经过的结点开始,并且该结点必须通过一条路段与已有的线路站点关联,该路段就是新线路的第一条路段,也就是说,新线路的第二个站点是已有线路上的站点。新建线路中,除前两个站点外,其余站点的选取以没有线路经过的站点为优先站点,这样可以保证

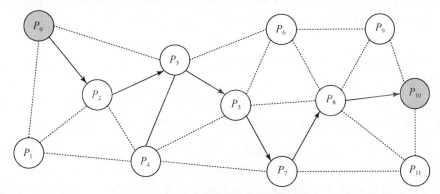

图 7.2　随机搜索公交候选线路

所有站点以较快的速度被覆盖。

这种随机搜索法存在较大的不确定性，可以根据公交特点进行一些改进（Chakroborty and Dwivedi，2002）。主要考虑站点的乘客吸引量和发生量，吸引量和发生量可以采用可达性模型模拟求解，也可以基于实地调查，还可以基于交通需求模型进行求解。在吸引量和发生量确定的情况下，采用以下步骤寻找有效公交线路：

（1）计算所有站点的吸引量 A 和发生量 P，将其累加为 $G=A+P$。

（2）将所有站点按 G 值排序，选取一定数量的、较大 G 值的节点作为初始节点集，计算所有节点的权重/概率值 $p_j = G_j / \sum G$。

（3）根据 p_j 随机选取一个站点，作为一条线路的起点 P_0。

（4）在 P_0 的相邻节点集内，计算各相邻站点的待选概率（计算方法与第二点类似），根据待选概率确定该线路的下一个站点 P_1。

（5）以此类推，逐步向后寻找一条线路的下一站点，直到线路满足站点数量约束或线路长度约束等条件。

这种方法保障生成量大的站点有较大的线路通过概率，但线路本身的几何特性（主要是非直线系数）具有不确定性。

7.3.1.2　最短线路法

最短线路法先确定首末站点对，每一个站点对之间生成一条候选公交线路。如果任何一个站点均可以成为首末站点，则可以构成较大规模的站点对。每个站点对之间只寻求一条有效候选线路。这样，就构成了极大规模的有效线路解集。但由于线路解集过大，一般只选择一定数量的站点作为首末站点，首末站的确定方法参见第五章。

最短线路法的共同基础是采用 Dijkstra 之类的算法，在获得最短线路后，再根据候选线路的其他条件进行筛选。图 7.3 显示了 $S_1—E_1$ 和 $S_2—E_2$ 之间的最短路径。

最短线路法的核心是道路网络，网络元素包括边和节点。最简单的网络构建方式是采用原始几何网络，但由于公交需求在空间分布上的不均衡性，一般需要对基础道路网进行加权，构成加权网络。加权方式可以有多种，都以公交需求为前提。加权形式包括路段长度、旅行时间、路段费用、节点/站点需求等。

第一种方法是直接根据原始道路几何网络寻找最短路径，作为初始候选线路。再根据候选线路其他条件判断其是否成为有效的候选线路。由于不考虑公交需求分布，最终的候选线路分布在很大程度上取决于路网分布，而且很可能存在

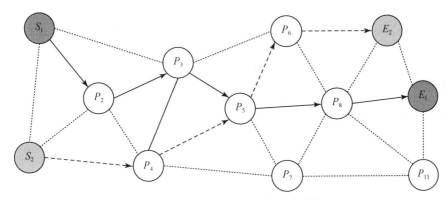

图 7.3　最短线路法确定候选公交线路

较大的服务盲区。

　　第二种方法是对网络路段增加权重，权重的大小根据该路段端点的需求来确定。在其基础上，还可以将交通模型分配的乘客流量作为权重加入，由此可以增加获得通过主要需求点、同时反映公交流向需求的候选公交线路的概率，其基本公式形式如下（Bagloee and Ceder，2011）：

$$T_{p,q} = \frac{t_{p,q}}{(w_{p,q} + 0.09)^{\alpha} \times (f_{p,q} + 1)^{\beta}}$$

式中，$T_{p,q}$ 是 pq 路段修正过后的公交行走时间；$t_{p,q}$ 是 pq 路段的原始公交出行时间；$w_{p,q}$ 是 pq 路段两个端点吸引力权重值（吸引力与端点/站点的需求量有关）；$f_{p,q}$ 是公交分配模型计算的 pq 路段上的流量；α 和 β 是调节参数（一般情况下均取值 0.5）。在公式中加入 0.09 和 1 的目的是为防止出现数学上的奇异情况。

　　第三种方法是直接结合交通需求预测模型，获得公交需求分布矩阵，以此为基础，获得分层次的公交候选线路（Cipriani et al.，2012）。这里的对象是常规公交，将公交候选线路分为三个层次类别：A 类别为最大限度地满足直达客流的候选线路；B 类是主要满足换乘客流的候选线路；C 类是需保留的现状线路（如轨道、BRT、效益较高的其他公交线路）。

　　A 类线路已满足直达客流需求为主，因此可以直接利用交通需求预测模型产出的公交需求矩阵，而不需要进行公交分配（图 7.4）。对公交需求矩阵采用两个基本条件进行简化，去掉不必要的需求点对。简化的依据，一是去掉沿现有快速公交线路（如地铁、BRT）的需求点对，亦即两个点都位于某条快速公交线路上的点对；二是去掉距离较近（一般为公交线路长度距离）的需求点对，以免出现过短线路。对剩下的需求点对按照 O-D 量进行排序，取其前 N 个最大的需求点对，按照最短路径算法获得两个点之间的候选线路。

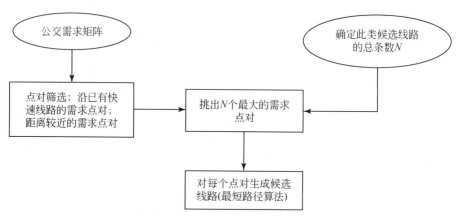

图7.4　以直达客流为主的候选线路生成（Cipriani et al.，2012）

　　对于 B 类线路，先依据公交需求矩阵将公交流量分配到道路网上，形成骨架公交道路网。与 A 类线路一样，确定 B 类候选线路总条数，获得站点对数量，并依据一定的原则确定各首末站点对。采用自动搜索方法寻找每个首末站点对之间的候选线路。对于每一个首末站点对，从起始站点出发，在骨架公交道路网上搜索与该点直接连接的路段，取其公交需求量大且走向是往末站点方向的路段，同时获得首站之后的下一个站点。对这个站点采用同样的算法，直至到达末站点，从而构成一条可行的候选线路。这个搜索方法与第一种随机方法有些类似，都考虑了潜在的公交流量，但由于确定了首末站点对，其搜索过程具有较为明确的方向性。每经过一条路段，就将该路段上的客流量减去一条公交线路的理论载客量，这样，在其后的路径搜索中，这条路段仍然可以利用，当然前提是其客流量仍能满足最低要求。

7.3.1.3　多重最短线路法

　　如果按空间区域用分配方法获得空间分布均匀的首末站点，则可以在首末站之间构成有限的站点对，每个站点对之间寻找若干条（多重）最短线路，经过其有效性判断过程，成为候选线路。在后续优化过程中，每个站点对之间只选择一条线路，这样就构成了规定数量的线路解集（图7.5）。

7.3.2　候选线路集

　　用于遗传算法的候选线路集由所有满足条件的候选线路构成，其数量较为庞大，便于从中抽取若干条线路构成一个个解决方案（即遗传算法中的染色体或个

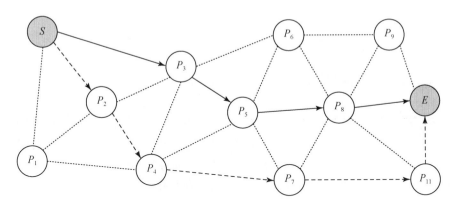

图 7.5 首末站点对之间的多重候选线路

体)。候选线路集类似于一个大箱子,其中所装的物件就是各条候选线路。候选线路具有统一的表达形式,便于提取过程。假定候选线路集用 R 表示,候选线路用 r 表示,则二者的关系为 $r \in R$。

遗传算法实施过程就是从该方案集中找出一个优化的子集。为实现这一目的,根据一定的组合方式将若干候选线路组合成个体,候选线路与个体是多对多的关系,即一个个体由多条候选线路构成,一条候选线路可能参与多个个体的构建。但个体与候选线路集是子集与全集的关系,一个个体本质上是一种可行的解决方案,即城市的公交线路集。同时,为实现遗传算法计算过程,需要同时构成若干个个体,这些个体的集合称为种群(population)。种群是若干解决方案(个体)的集合,与候选线路集不是等同的概念。

候选线路集的特征:

(1)相对完整性。理论上所有可行的线路,实际上绝大部分可行线路,不可能穷尽。

(2)候选线路集大于可行解集(即个体),可行解集可能是方案集中很小的一部分,但已经达到优化目标。

(3)规范性。个体构建需要遵循一定的规范,既满足公交系统网络条件,又能够实施遗传算法。

有些研究将线网优化与发车频率结合起来考虑,以更好地判断满足公交出行的程度(Bielli et al.,2002)。在 Ceder 和 Wilson(1986)的公交优化体系中,线网优化是第一层次的优化,发车频率是第二层次的优化,两者具有紧密的联系。将发车频率考虑进来,是对线网优化的扩展和深化。从候选集的角度来看,发车频率也有一个取值范围,这个范围可以根据线路的不同而不同,同一条线路在优化过程中也可能有变化。

7.4 优化目标与适应函数

7.4.1 优化目标

公交线网是一种复杂的空间网络，全局优化目标采用整体综合指标来反映，如全局覆盖率、全局出行时间、全局满载率等。这些综合性指标有极大值求解的，如覆盖率、满载率等；也有极小值求解的，如出行时间、出行费用等。这些指标通过目标函数进行表达，如以总出行时间最小化作为目标函数，有

$$\min Z = \sum D_{ij} \times T_{ij}$$

式中，Z 为目标函数值，D_{ij} 为需求点 i 和 j 之间的公交需求量，T_{ij} 是 i 和 j 之间的公交出行时间。

在遗传算法中，以适应函数（fitness function，ff）作为判断收敛程度的依据，适应函数一般取极大值。如果目标函数以极小值为目标，一般需要将目标函数转换为适应函数，如：

$$ff = V - O_i \times p \ / \ \sum O_i$$

式中，O_i 是个体 i 的目标函数值，p 是种群规模，V 是一个非常大的数，确保 ff 的值为正数。通过这种转化，求极小值问题就转化为求极大值问题。

也有一些方法，将适应函数值映射到 0 和 1 之间，便于进行观察和比较。

根据优化目标的不同，目标函数或适应函数形式会有所区别，表 7.1 列出了基于遗传算法进行公交网络优化的目标函数/适应函数形式。可以看出，适应函数大多包含多个公交指标，通过加权组合而成，其中多数还涉及量纲的转化，如从时间、换乘次数等转化为费用。

表7.1　一些公交网络优化的遗传算法目标/适应函数形式

研究者	优化目标	目标/适应函数指标	案例规模 （节点–路段数）	种群规模	交叉–变异概率
Pattnaik et al. , 1998	线网优化	乘客费用（车内时间、步行时间，等待时间）； 营运费用（出车时间）	25–39	50	0.6–0.05
Beltran et al. , 2009	线网优化 ——绿色车辆分配	乘客费用（车内时间、步行时间，等待时间，换乘次数）； 营运费用（出车距离、时间）； 外部效应值	49–90	30	0.5–0.005

研究者	优化目标	目标/适应函数指标	案例规模（节点-路段数）	种群规模	交叉-变异概率
Cipriani et al.，2012	线网和发车频率优化	乘客费用（车内时间、步行时间，等待时间，换乘次数）；营运费用（出车距离、时间）；惩罚项（未服务的需求量）	1300-7000	50	0.5-0.015
Bielli et al.，2002	线网和发车频率优化	一组公交网络指标	1134-3016	未标明	0.8-0.1
Chakroborty，2003	线网优化；发车时间表优化	满足 O-D 需求；换乘率；出行时间	15-21	未标明	未标明
Chakroborty et al.，1995	发车时间表优化	换乘时间；O 点等车时间	无	350	0.95-0.005
Chakroborty and Dwivedi，2002	线网优化	出行时间；换乘次数；未分配 O-D 量	15-21	20	0.5-0.01
Ngamchai and Lovell，2003	线网和发车频率优化	营运车辆数（成本）；车内时间（费用）；等车时间（费用）	25-39	10	非标准 GA
Shrivastava and O'Mahony，2007	支线优化；发车频率	主-支线换乘时间；车内时间；营运费用	16-16	30	0.85-0.005
Yu et al.，2010	线网和发车频率优化	等车时间；车内时间	2300-3200	50	0.5-0.05

7.4.2 适应函数评价

多个公交网络指标共同构成适应函数是由公交网络本身的复杂性决定的。事实上，在公交线网规划中，需要综合考虑各种指标的组合。目前已有的交通建模分析工具中，都包含了公交系统指标分析的模块。因此，遗传算法过程可以与交通建模分析工具结合起来，完成适应函数的评价。例如，传统的基于四阶段的交通建模分析可以较好地实现这一目标（图7.6）。随机模式分担模型根据小汽车和公交的费用重新计算用户的出行模式选择；公交分配模型基于发车频率和重叠线路，采用超级路径的概念预测用户的选择行为；确定性用户均衡模型（DUE）用于获得小汽车驾驶员的路径选择和道路拥堵之间的平衡。该过程主要模拟在公交网络服务水平变化的情况下，出行者交通行为的变化，实现模式分担估计和交通流量的再分配，获得公交运行指标，从而通过目标函数评价公交系统的运行效益。这里，公交线路网是由遗传算法在各次循环中获得的一个个体，与道路网、需求一起作为评价的输入。

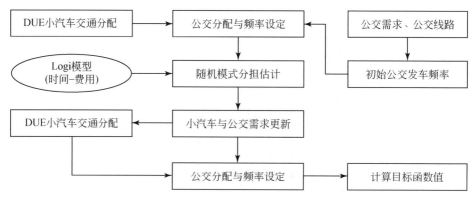

图7.6　基于交通分配的适应函数评价（Beltran et al.，2009）

　　从整个流程来看，指标评价是遗传算法过程中的一个环节，即新个体生成后的适应函数评价。二者之间是密不可分的。但由于公交线网分析本身非常复杂，本身需要做一些假设和验证，且计算过程需要较大的时间与存储空间开销，因此，若需要的指标较多，可以借用已有的商业分析软件。线网指标评价模块与遗传算法模块之间可以采用松散耦合或紧密耦合的方式。松散耦合是将个体（一个有效的公交线路集）输出到中间文件，再由商业软件（如 TransCAD、EMME、PTV 等）读入中间文件，计算该个体的公交运行指标，将结果输出到中间文件，由遗传算法程序读入，完成该个体的适应函数值计算。紧密耦合是将两个模块合二为一，或是在公交线网评价模块中植入遗传算法程序（也可将遗传算法程序植入评价模块），或是通过动态数据链接来自动交换二者的输出数据（不需要中间转换文件）。例如，Beltran 等（2009）的研究采用紧密耦合模式，在 EMME2 中编写宏代码，直接读入线网指标，实现遗传算法过程。

　　无论两个模块采用松散耦合还是紧密耦合，其基本的计算流程是一致的。图7.7 是公交网络优化遗传算法中适应函数评价的详细流程。在适应函数评价阶段，首先对种群中的各个个体都进行公交分配过程，并获得各个个体的公交运行指标，然后根据适应函数规则，将各个个体的公交线网指标分别纳入多准则评价模型，从而计算出各个个体的适应函数值。

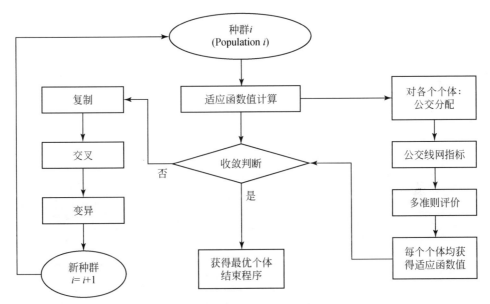

图7.7 遗传算法中适应函数评价流程

由于公交线网存在复杂的指标体系，一般情况下可采用多准则评价方法（MCE）对多个公交指标进行加权汇总，构造适应函数。其基本形式如下：

$$ff = \sum (w_i \times V_i)$$

式中，V_i为指标i的计算值，w_i为V_i的权重。

当获得分项公交指标值时，即可计算适应函数值。从表7.1可以看出，公交指标数量可多可少，完全取决于优化目标。同时，各指标的优劣准则也不相同，有的较大为优，有的较小为优，这种复杂的状况也表明了运用多准则评价的必要性。Bielli等（2002）列出了24个公交线网指标，并将它们分为三类：效能指标（effectiveness）、效力指标（efficacy）和质量指标（quality）（表7.2）。这些指标反映了一套公交系统所能提供的服务水平，在MCE评价中，每个指标都需要进行标准化，统一优化准则方向（极大或极小），并确定其权重。如果综合考虑政府、出行者、运营者三者之间的平衡关系，指标将会很多，可以考虑采用层次分析法（AHP）来确定权重。

表 7.2 公交线网指标及其类型

编号	指标名称	指标准则	指标类型
1	车辆总数	极小化	效能
2	每公里车辆容量/车辆总数	极大化	效能
3	车辆总数/发车频率	极小化	效能
4	出行人数	极大化	效力
5	出行人数/每公里车辆容量	极大化	效能
6	出行人数	极大化	效力
7	出行人数/车辆总数	极大化	效能
8	每公里出行人数	极大化	效力
9	每公里出行人数/每公里车辆容量	极大化	效能
10	每公里出行人数/网络扩充	极大化	效力
11	每公里出行人数/车辆总数	极大化	效能
12	站点数/路段数	极大化	效力
13	路段数	极小化	效能
14	线路数	极小化	效能
15	平均换乘次数	极小化	质量
16	平均等待时间	极小化	质量
17	平均出行时间	极小化	质量
18	平均步行时间	极小化	质量
19	步行联系点数量	极小化	效力
20	步行人数	极小化	效力
21	拥挤指数（乘客数小于 20 人）	极大化	质量
22	拥挤指数（乘客数 20~75 人）	极大化	质量
23	拥挤指数（乘客数大于 75 人）	极小化	质量
24	等价污染指数	极小化	质量

资料来源：Bielli et al. , 2002

7.5 个体与种群

7.5.1 线网个体

在获得候选公交线路集之后，需要基于遗传算法优化目标组建个体（染色体）。在公交线网优化中，一个个体是一套完整的公交线网，即一个关于城市公交线网的布局方案。组建个体的基本过程是，先确定线网规模即线路总条数，再按照一定的规则从候选线路集中提取相应数量的候选线路，这个提取的线路集就构成了一个个体单元。遗传算法的复制、交叉、变异操作都是在个体单元内部或其之间进行的。

候选线路的生成方式对个体的结构会产生影响，而个体结构直接决定了遗传算法中复制、交叉、变异等操作的模式。个体的构成方式有以下几种。

7.5.1.1　只考虑线路编号，固定长度规模的个体构成

将所有候选线路集中的线路进行编号，每个编号都可以用一串二进制数表示。根据线网规模确定选取多少条线路组成一条染色体（即个体）。由于是二进制串，可以对其实施复制、交叉、变异等操作。例如，假定候选线路集中有 30 条线路，则采用二进制编码就需要 5 位二进制长度，或简单地在计算机里用 1 个字节的整型数来表示。设线网规模 10 条，则每个个体由 50 位二进制串组成。表 7.3 是编码示例，其中个体 1 由 23、18、27、9、11、29 等编号的线路构成，个体 2 由 19、23、16、27、22、5 等编号的线路构成，个体 3 由 15、21、4、3、23、11 等编号的线路构成。由于在第一阶段中的候选线路搜索中已经对各条线路进行了可行性判断，这里不再需要担心每条线路本身的合理性，只需关注个体的效益。

表 7.3　固定长度个体构成示例

个体	线路 1	线路 2	线路 3	线路 4	线路 5	线路 6
1	10111 (23)	10010 (18)	11011 (27)	01001 (9)	01011 (11)	11101 (29)
2	10011 (19)	10111 (23)	10000 (16)	11011 (27)	10110 (22)	00101 (5)
3	01111 (15)	10101 (21)	00100 (4)	00011 (3)	10111 (23)	01011 (11)

7.5.1.2　只考虑线路编号，可变长度规模的个体构成

很多情况下，对于城市公共交通网络的规模预先不一定能够准确地判断，因此需要构建规模不等的线网方案。可变长度规模的个体，其线路条数不固定，个体串长以最大线路数的个体串长为准。以 7.5.1.1 第一部分的情况为例，表 7.4 中个体 1 由 4 条线路构成，个体 2 由 6 条线路构成，个体 3 由 5 条线路构成。它

们都是可行解，需要根据适应函数来判断优劣。

表7.4 可变长度个体构成示例

个体	线路1	线路2	线路3	线路4	线路5	线路6
1	10111 (23)	10010 (18)	11011 (27)	01001 (9)	00000 (0)	00000 (0)
2	10011 (19)	10111 (23)	10000 (16)	11011 (27)	10110 (22)	00101 (5)
3	01111 (15)	10101 (21)	00100 (4)	00011 (3)	10111 (23)	00000 (0)

为避免交叉过程出现空值而影响计算效率，可变长度的个体在计算过程中可以采用固定长度串来进行，方法是在个体串尾部补上不存在的线路编号，如00000。这样，就可以与固定长度串的遗传算法程序通用。

7.5.1.3 首末点对之间由多条候选线路的个体构成

一种线网优化方式是确定首末站点对，在每个首末站点对之间寻找若干条候选线路，遗传算法从每个站点对中只选取一条候选线路构成个体。表7.5是首末站站点对构成个体的示例，每个首末站点对之间有8条候选线路，规定在一个个体中，一个站点对只能选一条候选线路，即8位二进制串中只能有一个1，其余皆为0值。有些站点对之间由于线路长度约束等原因，可能找不到8条候选线路，需要在程序中进行特殊标记。例如，站点对4有7条、站点对5有5条、站点对6只有4条候选线路。

表7.5 基于固定点对多重线路的个体构成示例

个体	站点对1 12345678	站点对2 12345678	站点对3 12345678	站点对4 12345678	站点对5 12345678	站点对6 12345678
1	10000000	00000010	01000000	1000000_	10000_ _ _	0100_ _ _ _
2	00100000	10000000	10000000	0100000_	10000_ _ _	1000_ _ _ _
3	00001000	00001000	00100000	0001000_	00100_ _ _	1000_ _ _ _

7.5.1.4 基于网络节点的个体构成

一条线路由一系列的节点连接而成，因此可以表示为有顺序的结点集合。采用节点方式定义的线路可以在个体构建中直接用节点串来表示（Chakroborty and Dwivedi, 2002）。表7.6中，n为节点符号，其上标表示线路编号，下标表示定义该线路的结点顺序编号。一条线路可能参与多个个体的构建。由于各条线路的结点数量不一定相同，每个个体的串长度是不一样的，这就需要在个体中定义每条线路的首末点，作为遗传算法交叉算子的标记点。同时，个体内部的变异操作需要在具有同名节点的两条线路之间进行，亦即都经过同一个站点的两条线路之间进行。变异过程是将这两条相交线路在同名站点处打断，交叉对接，形成新的线路。

表7.6　基于网络结点的个体构成示例

个体	线路（1）	线路（2）	线路（3）	线路（4）
1	$n_1^1 n_2^1 n_3^1 n_4^1 n_5^1$	$n_1^2 n_2^2 n_3^2 n_4^2$	$n_1^3 n_2^3 n_3^3 n_4^3 n_5^3 n_6^3$	$n_1^4 n_2^4 n_3^4 n_4^4 n_5^4 n_6^4 n_7^4$
2	$n_1^1 n_2^1 n_3^1 n_4^1 n_5^1$	$n_1^4 n_2^4 n_3^4 n_4^4 n_5^4 n_6^4 n_7^4$	$n_1^5 n_2^5 n_3^5 n_4^5 n_5^5 n_6^5 n_7^5$	$n_1^6 n_2^6 n_3^6 n_4^6 n_5^6$
3	$n_1^2 n_2^2 n_3^2 n_4^2$	$n_1^3 n_2^3 n_3^3 n_4^3 n_5^3 n_6^3$	$n_1^5 n_2^5 n_3^5 n_4^5 n_5^5 n_6^5 n_7^5$	$n_1^k n_2^k n_3^k n_4^k n_5^k n_6^k$

7.5.2　包含发车频率个体

每条线路都存在一个发车频率问题，发车频率与该线路的长度、营运时间、车辆配备、驾驶员人数等具有紧密的联系。为达到全局的优化配置，可以对同一条线路设置不同的发车频率。在遗传算法中，发车频率个体其实就是线网个体，只是线路编号改由发车频率代替。

这里，组成个体的线路是已经做过初步筛选优化的线路，因此其数量与城市规模基本相当，略大于城市所需要的数量。简单的考虑是固定每条线路的发车频率，在每个个体中纳入所有线路（Bielli et al.，2002）。个体包含了所有线路，但每条线路都附一个开关标识符 S，S 为 1 表示使用该线路，为 0 表示不使用该线路（表7.7）。这样，一个个体可能包含所有参与优化的线路，也可能只是其中的一部分线路。

表7.7　固定发车频率的个体结构

个体	线路1		线路2		线路3		线路4		…	线路n	
	频率	S_1	频率	S_2	频率	S_3	频率	S_4	…	频率	S
1	F_1	1	F_2	1	F_3	0	F_4	1	…	F_n	0
2	F_1	0	F_2	1	F_3	1	F_4	1	…	F_n	1
3	F_1	1	F_2	1	F_3	1	F_4	1	…	F_n	1

如果线路数量固定，则可以通过调整发车频率提高公交运行效率（Yu et al，2010；Szeto and Wu，2011）。此类问题也属于营运模式的优化问题，但不包括配车数量、驾驶员数量、发车时间表等问题。表7.8中，每一条线路都存在一个发车频率范围，在不同的个体中可能使用不同的发车频率。

表7.8　固定线路条数发车频率可变的个体结构

个体	线路1频率	线路2频率	线路3频率	线路4频率	…	线路n频率
1	F_{11}	F_{21}	F_{31}	F_{41}	…	F_{n1}
2	F_{12}	F_{22}	F_{32}	F_{42}	…	F_{n2}
3	F_{13}	F_{23}	F_{33}	F_{43}	…	F_{n3}

在多数情况下，还需要对线路及其发车频率同时进行优化，这就需要直接将线路编号与其发车频率列在一起来表达个体（表7.9）。线路及其频率都采用二进制形式表示，方便交叉和变异运算。

表7.9　线路和发车频率均可变的个体结构

个体	线路1	频率	线路2	频率	线路3	频率	线路4	频率	…	线路n	频率
1	R_{11}	F_{11}	R_{21}	F_{21}	R_{31}	F_{31}	R_{41}	F_{41}	…	R_{n1}	F_{n1}
2	R_{12}	F_{12}	R_{22}	F_{22}	R_{32}	F_{32}	R_{42}	F_{42}	…	R_{n2}	F_{n2}
3	R_{13}	F_{13}	R_{23}	F_{23}	R_{33}	F_{33}	R_{43}	F_{43}	…	R_{n3}	F_{n3}

7.5.3　种群

确定公交线网个体的生成方法后，还需要确定种群规模。种群规模是指个体的数量，即公交线路集的数量。为获得较多的解集方案，方便遗传算法的交叉、变异与复制操作，种群规模不能太小，但也不能太大，一般可以选择为30～60。例如，Pattnaik等（1998）将种群规模确定为包含50个个体；Goldberg（1989）推荐的种群规模为30～50。如果个体是固定串长的排列，可以采用同一规则的数据结构来表达种群中的所有个体。但如果是非固定串长的排列（表7.7），则需要采用变长的数据结构来表示。

种群中的线路集个体根据确定的规则随机生成，个体生成后即计算其适应函数值，再进行复制、交叉及变异的运算。

7.6 优化过程

7.6.1 复制

复制操作是根据父代个体生成子代个体的过程，同时也是一种保障子代个体优于父代个体的手段。复制过程其实是一种择优遗传，即适应值好的个体被遗传至子代，适应值差的个体则通过竞争选择方式淘汰。这里的关键问题是如何选择被复制到子代的个体。

选择复制的个体有三种基本的方法，其一是在种群中对所有的个体都进行一遍复制操作；其二是随机选取种群中的个体实施复制运算；其三是加权随机选取，亦即一般采用的轮盘赌（roulette wheel）模式。轮盘赌的原理是计算每个个体的选中概率，个体 i 的选择概率 p_i 表示为

$$p_i = \frac{\mathrm{ff}_i}{\sum_{j=1,\,\cdots,\,n} \mathrm{ff}_j}$$

式中，ff_i 是个体 i 的适应函数，n 为种群规模。

轮盘赌考虑了个体的优劣，较优的个体有较大的概率被选中进行复制运算，以实现子代优于父代的目标。

7.6.2 交叉

交叉运算是对两个个体对应的一段字串单元进行交换的过程。交叉概率为 0.4~0.8，一般认为取 0.6 就可以达到较为理想的结果（Pattnaik et al., 1998）。如果取 0.6，则种群中 60% 的个体将参与交叉运算。被选作交叉的个体可以是随机产生的，也可以按照一定的规则进行。

该运算与个体的结构有很大关系，有的个体定义中存在不可分割的字串单元（即遗传算法中的基因），如表 7.5 中的站点对内部、表 7.6 中的线路节点内部就不能被打断。因此，交叉运算只能对若干个字串单元进行操作，不能切断字串单元。交叉运算中取多长的字串单元进行互换，并没有一种约定俗成的模式，与具体问题有较大的关系。总体来说，可以选择三种操作模式，即末段交叉、中段交叉、多段交叉（Zhao and Zeng, 2006）。图 7.8 中：（a）为末段交叉，即从某一个断点开始到个体串的尾部所构成的一段，在两个个体之间实现交叉；（b）为中段交叉，即从个体串的中间截取一段实现子串交换；（c）为多段交叉，即在个

体串中选取若干个子段串实现交换。

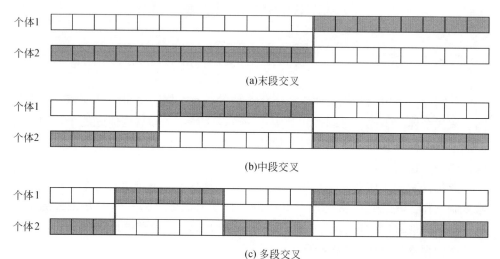

图 7.8　交叉操作中交叉段的选取模式

7.6.3　变异

变异操作是为获得可能丢失的好的个体或防止陷入局部最优而设定的，是一种辅助性的运算操作。变异操作的主要特点是随机性大，发生概率很低。变异概率为 0 ~ 0.1，中值 0.05 较为合适（Pattnaik et al，1998）。由于个体结构不同，变异方式也有所不同。如表 7.3 中，可以随意选取一位进行变异，只需重新将变异后的线路编号对应的线路纳入个体中即可。表 7.5 中，每个站点对有 8 个以内的候选线路，随机选取一个串位，取其反（0 变 1 或 1 变 0），则该串位所在的站点对内的其他位中，必须有一位进行反操作，否则就违反了个体的构建原则，即一个个体只包含一个站点对之间的一条线路，且线路总数固定。

遗传算法的优化是一种不断循环的过程，需要设置终止循环的条件。与常规遗传算法类似，公交线网优化中遗传算法的终止条件也分为两类：一是适应函数值收敛程度；二是循环次数。第一种，适应函数值收敛程度是指第 N 代的最佳个体适应函数值与前一代最佳个体适应函数值的差，若这个差维持在一个较小的水平，则达到收敛条件，循环计算终止。第二种，可以事先设置一个循环次数。这个值取多大合适，需要进行实验性验证，与适应函数的设置、个体结构、交叉概率、变异概率等有很大的关系。

7.7　应用案例

7.7.1　大规模线网优化

遗传算法被应用于公交线网优化，方法上的探讨居多，从表 7.1 可以看出，一般采用较小规模的路网进行实验和对比。如果要真正实现其应用价值，还需要用一定规模的城市进行实际验证，而这方面已经有一些案例。

Cipriani 等（2012）设计了一种多层次的平行遗传算法，并将其应用于罗马城区。罗马城区包含了 450 个交通分析区（TAZ），路网中包含 1300 个结点和 7000 条双向路段。该区域现有 2 条地铁线和 214 条公共汽车线路。公共汽车的线路重复率较高，发车频率较低，现状的平均车头时距约为 15min。早高峰时段公交和汽车的总出行需求约为 23 万人。

该案例的优化目标为线网和发车频率优化，目标函数为三类费用的加权平均，即运营商成本、出行者成本和系统效率成本。运营商成本由线路数、车辆数、发车频率等决定；出行者成本由等车时间、车内时间、换乘时间、需求满足程度等构成；系统效率成本由供需平衡量（未被公交服务的需求量）测算。目标函数以最小化为依据，存在三个主要约束条件，即公交系统的用户平衡、公共汽车载客人数、线路参数（含线路长度、非直线系数、发车频率等约束）。其中，用户平衡中的公交供给量由发车频率来测算。

线网所依托的道路网络是一个无向拓扑网，一条线路（即基因单元）由线路编号和发车频率两部分构成。研究者提出了分层次线网设计思路，称为启发式线路生成算法（HRGA）。该算法将公交候选线路分为三个层次类别：A 类别以满足直达客流为主；B 类主要满足换乘客流需求；C 类是需保留的现状线路（如轨道、BRT、效益较高的其他公交线路）。线路生成过程是先寻找 A 类线路，再寻找 B 类线路，再纳入 C 类线路。前两类的生成方法详见 7.3.1 节第二部分（最短线路法）的描述。三类线路都需进行物理有效性检测（线路长度及非直线系数等），通过筛选的有效合并到一个集中，构成候选线路集。经过启发式线路生成算法所获得的候选线路数量为 537 条，其中 A 类 100 条，B 类 338 条，C 类 99 条。

该算法只在候选线路生成阶段进行全有全无策略的公交分配，在遗传算法阶段不进行公交分配运算，因此计算效率较高。同时，计算过程还采用平行计算结构来完成，大大缩短了计算时间。遗传算法所使用的参数为，种群规模 50，交叉概率 0.5，变异概率 0.015。为寻求合理方案，优化过程进行了一系列的敏感性试验，一是测试三类费用的权重对目标函数的影响；二是测试不同线网规模的效率。

利用遗传算法分别取不同的线网规模对研究区域进行分析，结果表明，线网规模从 40 条到 160 条，都基本可以获得较为理想的结果，其中 130 条线网规模结果最佳。对现状、85 条线网规模、130 条线网规模所获得的参数进行比较，可以看出，从现状的 214 条缩减线网规模，依然可以获得公交系统各方面的提升，这包括公交出行等待时间减少 30%、车内时间减少 16%、运营成本减少 20%。这个结果得益于线路优化过程中与轨道线路紧密集成，线路的发车频率普遍提高（75% 里程的线路发车间隔小于 4min，现状只有 3% 里程）；而且目前的线路较为分散、服务频率低。当然，由于线路数量减少，直达率有所降低，换乘数提升了一些。具体数据如表 7.10 所示。

表 7.10　优化方案指标与现状公交指标的比较

指标	现状（A）	方案（B）	方案（C）	(B-A)/%	(C-A)/%
线路条数	214	85	130	−60.3	−39.3
目标函数值	1 102 602	963 474	956 223	−12.6	−13.3
车辆行驶里程（车公里数）	18 912	15 027	16 818	−20.5	−11.1
换乘数	320 817	332 682	329 108	3.7	2.6
车内时间（小时）	99 906	83 281	82 849	−16.6	−17.1
TAZ 中心到站点时间（小时）	101 656	97 410	95 773	−4.2	−5.8
等车时间（小时）	33 131	22 242	22 295	−32.9	−32.7
未满足的需求量	14 206	5 802	5 044	−59.2	−64.5

具体来讲，85 条线路的方案（方案 B）中的线路构成中，21 条为 A 类（车公里数 33%）、42 条为 B 类（车公里数 32%）、22 条为 C 类（车公里数 34%）。该线网方案经过地方研究部门用单独的四阶段法分析，经过模式分担估计，公交需求总量增加了 2.5%，亦即有部分小汽车出行者转而乘坐公交。

7.7.2　接驳公交优化

快速公交满足城市主干客流需求，它必须与接驳公交（即公共汽车等常规慢速公共交通模式）有效衔接，才能实现整个公交系统的优化配置。在快速主干公交线路（如地铁线、轻轨线、BRT 等）确定后，需要以这些主干公交线路的站点为中心配置接驳公交线路。在很多城市，轨道交通与常规公共汽车交通分属于不同的部门管理，这也给多模式的公交融合带来一定的难度，线网优化十分重要。

7.7.2.1 都柏林一个地铁站的接驳线路优化（Shrivastava and O'Mahony，2007）

DART 地铁线是都柏林的一条主干线路，有 32 座车站。案例的目标是为其中一个地铁站（DunLaoghaire）优化配置接驳公交，包括线路优化和时间表协调优化。2004 年的早高峰调查显示，从其他地方来此站的乘客中，60% 还需进行换乘，分别前往 16 个主要的地区节点。根据这些信息，先建立了一个节点之间出行时间矩阵，作为优化的依据。

适应函数为达到费用最小，用欧元表示。评价指标包括在地铁站的换乘时间、接驳公交车内时间、公交车辆运行费用等，约束条件包括满载率限制（上限值和下限值）、车辆总数和未满足出行需求的量。候选线路采用 k 最短路算法，在地铁站和各个结点之间构成 k 条最短线路（本书中的 $k=5$）。个体编码采用表 7.9 的结构，二进制编码。种群规模为 30，交叉概率为 0.85，变异概率为 0.005。优化后共获得 5 条接驳线路，它们都以 *DART* 的地铁站为起点（图 7.9）。

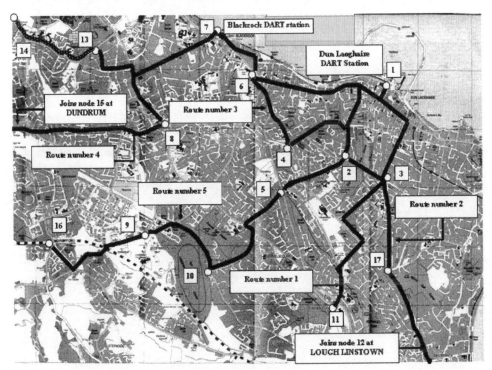

图 7.9 优化的 DART 地铁站的接驳公交线路分布（Shrivastava and O'Mahony，2007）

除起点的地铁站之外，线路的终点位置选取十分重要，对后续的优化有较大的影响。一般选取连接度高、需求量大的站点作为终点站，且所有终点站在接驳区域内应该均匀分布。这种要求需要结合启发式的人工修订来完成。优化过程中，不允许接驳线路之间存在换乘，这是由接驳线路的特点所决定的。接驳线路本身就是将乘客从出发地点运送到地铁站，在地铁站处存在换乘。如果在接驳线路之间就需要换乘，则整体效率就很低。

优化结果与现有未经整合的状况进行比较，有明显的改进，这些改进包括：

（1）满载率（load factor）较高。优化的接驳线路总体满载率达到 0.58，所有线路的满载率都大于 0.3。而现状未按接驳方式布局的线路总体满载率为 0.2~0.3。

（2）等车（waiting time）时间缩短。优化的接驳线路中，42% 的出行者可以在 5min 之内上车，29% 的出行者等车时间为 6~10min，所有出行者都可在 20min 之内上车。现有线路中，大部分出行者的等车时间都超过了 20min。

7.7.2.2　全市区接驳线路优化（Verma and Dhingra，2005）

印度孟买（Mumbai）塔那区（Thane）是孟买的主要市区之一，其中研究区域面积 $128km^2$，人口超过 100 万人，122 个交通分析区。调查获得区内工作日出行量为 170 万人，其中 76.34% 为小区间出行，工作和教育出行目的居前两位。通过交通分析模型，规划了两条快速公共交通走廊，确定了走廊上的快速公交站点。研究的问题是要设计出服务于各快速公交站点的支线线路，满足出行时间和未满足出行需求最小化的目标。

对每个快速公交站点划定服务区，所有服务区无缝覆盖研究区域，因此形状和大小不一。快速公交站点本身是接驳线路的一个首末站，依据一定的规则在快速站点服务区内寻找另一个或几个首末站，这一个或几个首末站与快速公交站构成一个首末站点对。每个首末站点对之间存在若干条候选线路，可以通过 k 最短路方法来搜索这些最短候选线路。候选线路集的结构是表 7.5 和表 7.6 的综合，并增加了线路长度和线路结点数等信息（图 7.10）。其中可以看出，对于 M 个接驳线路首末站点对，每个站点对之间可以构成 k 条线路，但各条线路的结点数量可能是不相等的。在构成个体时，从每个站点对中取出一条线路（有些站点对或不取）参与优化运算。

站点对	K	线路长度	线路结点数	结点1	结点2	结点3	…	结点 $n-2$	结点 $n-1$	结点 n
1	1	9	$n-2$	45	67	12	…	123		
	2	10	$n-1$	45	67	34	…	55	123	
	…									
	k	12	n	45	69	31	…	120	98	123
…										
M	1	8	$n-2$	24	23	76	…	58		
	2	10	$n-2$	24	23	53	…	58		
	…									
	k	15	$n-1$	24	23	39	…	54	58	

图 7.10 接驳线路网候选线路集数据组织结构

通过遗传算法试验，获得了针对研究区域的最佳模型和参数，其中，复制操作采用轮盘赌模型，种群规模为30，交叉概率0.9，变异概率0.1，共循环1000代。适应函数为总出行时间，即需求量与车内时间的乘积综合；同时，设置了一个限制条件，规定未满足出行需求的比例限制在一定的量之内。未满足的需求以惩罚项的形式放入适应函数，其值为未满足需求量乘以60min。优化结果显示，在各接驳区内的公交出行时间大部分在 20~30min；同时，接驳区内的线路规模不需太大，因为超过一定数量的线路后（一般为5条），适应函数值不会有太大的降低。

运算过程中对每个快速公交站点分配一个接驳区，各区单独进行优化，图7.11是其中一个区的优化结果图。可以看出，各交通分析小区的需求都与公交站点进行关联，小区的出行需求就分别转换到公交站点上。研究对接驳区内的接驳公交线路条数也进行了分析，依据适应函数值的分布，发现所有接驳区最多布置5条接驳线路即可满足需求。

遗传算法是一个较为复杂的运算过程，在目标函数、个体结构、种群规模、交叉概率和变异概率等方面都具有一定的变动范围。在解决复杂的公交线网优化问题中，遗传算法已经体现出比常规数学算法更有优势的特征，如离散变量、非线性、空间关联性等。通过变量动态组合及概率转换，克服确定性算法的局限，突破非线性问题的约束等。

由于公交线网的复杂的空间及时态特征，如线路重复、换乘次数、模式综合、运行时间表，不仅目标函数的构建存在一定的困难，而且个体结构也可以有很多形式，这些都增加了遗传算法应用于公交线网优化的难度。从已有的研究成果来看，虽然在理论和方法上已经有比较深入的探讨，但实际大规模的应用案例

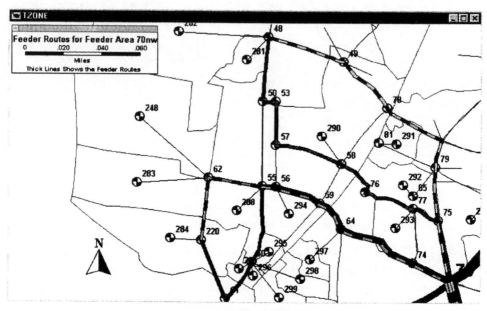

图 7.11 一个接驳区的典型优化线路

尚不多见，大部分只是小规模线网，以验证方法的有效性。

8 基于站点的公共交通线网规划

城市交通系统规划模型（urban transportation modeling system，UTMS）以社会经济活动的统计单元为基础构成交通分析单元（transportation analysis zone，TAZ），运用经典的四阶段法求解路段流量。在模式分割阶段将公共交通模式从其他模式中分离出来，构成公共交通出行 O-D 分布。公共交通的流量分配与小汽车流量分配有所差别，需要寻找公交网络中的最有路径，涉及线路配置、运营时间、速度、票价、换乘、模式、步行路径等很多因素。

公交分配模型的理论基础比较明确，可实施性较强，因此包含在大多数在商业软件包中。但公交线网优化则更为复杂，已经提出的优化配置方法，如逐条布设–优化成网法、遗传算法、蚁群算法等，都存在计算机自动实现的种种难题。这些算法需要较强的交互性，规划师需要了解各种方法的背景要求才能实现。第四章和第七章已经分别对公交线网的优化、特别是遗传算法方法进行了详细的介绍，本章阐述以站点优化为基础的、采用遗传算法优化公交线网的技术实现。

8.1 以站点为基础的公交线网优化配置思路

基于站点的公交线网优化配置方法直接将需求预测反映在站点层次上，依据站点出行生成公交线网，是由点至线的过程（图 8.1）。该思路总体上是一个五阶段的配置优化过程：

第一阶段，公交站点布局优化。为维持一定的服务水平，公交站点间距应维持在一个合理的距离范围之内，既不能太近，也不宜太远。为此，需要对公交站点进行布局优化，获得全局最优的站点布局。站点布局充分考虑多模式环境下上层模式的站点分布，将层站点和必选站点确定后，优化选择其他普通站点。首末站点的选择需要考虑站点在城市中的空间区位、站点周边的用地活动类型等要素。

第二阶段，基于站点的公交出行需求预测。根据公交出行距离衰减的原理，基于城市用地构成和人口、工作岗位分布，获得集中于公交站点的出行生成需求（包括出行发生量和出行吸引量）。再以此为基础获得站点之间的出行分布量。基于可达性模型测算，在多模式环境下，先对快速公交站点进行需求预测，核减掉这些上层需求量后，在对下层普通站点的出行需求进行计算。

第三阶段，产生候选公交线路集。候选公交线路是满足基本设线条件的线路。根据首末站分布寻求各首末站点对之间的 k 条最短路（即两个首末站之间的第 1、第 2 一直到第 k 条最短路径）。采用 k 最短路算法实现多级路径计算，线路有效性条件包括线路长度、非直线系数、线路效益、线路流量、站点数量五类。在候选线路生成阶段，通过设定常规与快速公交交织条件，可以去除它们之间重叠的线路；同时，在遗传算法的适应函数设置时，又鼓励常规与快速公交的衔接。

第四阶段，公交线路优化配置。以候选公交线路集为基础，优选出其中的一部分作为最终的线路配置。线网规模通过城市规模设定，也可通过线网优化过程计算确定。优选过程使用遗传算法，从大规模的候选线路中选出目标函数最优的线路集。

第五阶段，方案评价。对各个优选的线路集进行系统评价，获得公交线网的关键指标，提供决策参考。指标值同时也反馈至线路优化配置阶段，通过设定必选线路、参数调整等方式进行重新优化对比。

各种公交模式均可以使用以上的公交优化配置思路，只是在计算的数据基础和线路预选等方面存在不同的思路。如在轨道交通存在的条件下，优化常规公汽线网，就需要对轨道站点的级别进行调整，还需要考虑公汽线路与轨道交通的竞争关系，等等。

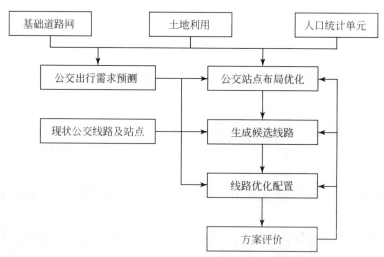

图 8.1　基于站点的公交线网优化总体思路

8.2　公交站点布局优化

在大城市环境中，公交站点具有鲜明的层次性。一些站点与对外交通枢纽衔接，具有承接市内外公交转运功能；一些站点同时经过轨道交通和公汽线路，具有多模式公交换乘枢纽功能；一些公汽站点是多条线路汇集的地点，具有换乘中心功能；一些站点只有一条线路经过，承担当地居民上下班的功能。

公交站点优化过程需要考虑站点的层次性，才能反映城市公共交通的真正空间需求分布。首先是根据站点的特征进行层次划分，其次是在每一层次分别用相应的优化方法实现该层次的站点空间布局优化。其中上层次的优化结果是下层次的优化基础，即下层次的优化前提条件中包含上层次的优化结果。

公交站点的选址布局是一个运筹优化问题，具有突出的空间分布特色，因此覆盖集模型体系是最典型的优化方法。优化模型和方法在第六章已经进行了详细阐述。这里需要说明的是，公交站点优化过程不是一个纯数学运算的任务，而是一个具有很强的交互特征的过程。如前所述，在对外交通枢纽、重要集散场地、商业中心、大型居住区等地点，需要存在公交站点，这些站点作为必选站点存在于站点优化的数据集中。

8.2.1　轨道交通站点布局优化

轨道交通是城市公交运输的骨架，因此线路走向和站点布局尤为重要。根据城市规模，可以大致确定轨道交通的线网规模，从而对站点布局作出相应的安排。

轨道线路的运输速度大于常规公汽，其站距也较大。例如，我国的城市道路交通规划设计规范（GB 50220-95）规定，对于市区线，中运量轨道交通站距为 $800 \sim 1000\mathrm{m}$，大运量轨道交通站距为 $1000 \sim 1200\mathrm{m}$；对于郊区线，中运量轨道交通站距为 $1000 \sim 1500\mathrm{m}$，大运量轨道交通站距为 $1500 \sim 2000\mathrm{m}$。因此，轨道交通站距根据不同的轨道运输技术、不同的城市区位来确定。对于单条轨道交通线路，在首末站和线路走向确定之后，根据以上原则人工选定站点即可，不存在太多的优化需求。而对于较大规模的轨道交通线网，站点的布局既受线路布局的影响，又对线路布局产生作用，因此需要进行布局优化。

在运用覆盖集模型中，需要设置轨道站点的最大间距。基础路网中的所有节点都是候选站点，这些候选站点周边的人口、工作岗位分布决定了其重要性，也是站点优化的重要参考。利用可达性模型可以计算候选站点对周边用地的吸引权重指标，作为站点的优化条件。在同等的距离范围内，吸引权重大的候选站点将被确定为优化的轨道交通站点。

8.2.2 常规公汽站点布局优化

常规公汽站点优化采用分层次的优化方法：第一层次为必选的站点，由人工设定，不存在优化问题；第二层次为常规关键站点，属于常规公汽的换乘枢纽节点；第三层次是普通站点。后两个层次的布局都需要进行优化。

在多模式公交存在的大城市，常规公汽站点优化过程以轨道交通（和其他快速公交）站点为前提，这些快速轨道交通站点成为常规公汽站点优化的第一层次站点。同时成为第一层次的，还包括前面所提到的对外交通枢纽、大型商业中心、重要吸引点等必须设站的位置。

第二层次中需要寻找关键换乘枢纽节点。在第一层次站点存在的前提下，该层次的优化方法与快速轨道交通站点的优化模型基本类似，即寻找满足最大覆盖条件，且周边服务的潜在客源最大的站点。该层次的意义是在公交线网布局过程中，可以将较多的公交线路设置于此，实现便利换乘功能。

第三层次是在前两个层次的基础上，实现公汽站点基本服务距离范围内的整体最大覆盖。该层次更加强调空间分布的均衡性，避免公交服务盲区。最小和最大站点间距在优化过程中达到保障。根据这些设定的前提和参数，可以根据覆盖模型求出满足覆盖条件的最小站点数量。

8.3 公交出行需求预测

基于可达性模型实现公交出行需求预测的方法已在第五章中进行了详细阐述。在基于站点的公交线网优化配置系统体系下，站点需求预测是一个关键内容，在后续的多个环节中得到应用。进行站点需求预测的目的可归纳为四种：①作为站点优化过程中的候选站点权重，在一定的距离幅度范围内，需求量大的候选站点有更大的被选中的概率；②作为公交 O-D 分布矩阵的数据源，为公交分配建立基础；③为经过它的候选线路提供出行量，获得候选线路的潜在效益；④在进行优化线路集过程中，可作为遗传算法适应函数的一部分。

各站点的出行量运用基于距离衰减的可达性模型进行估算。以早高峰出行为假设条件，根据人口分布，可以计算站点的出行发生量 P。在发生量的基础上，根据就业的土地利用分布可以获得站点的出行吸引量 A。

对于快速公交站点和常规公交站点，它们分别有不同的服务范围，且服务范围在空间上也存在重叠。可达性模型中，规定居民出行的最大出行距离，对于轨道站点出行可以设置较大的距离（如800m），对于常规公交的出行距离可以设置较小的距离（如400m）。在给定的出行范围内，相邻站点若相距较近，可能存在重叠的服务区域，需要在出行量预测过程中予以考虑。对于重叠服务区域采用扣减的方法处理，已被上一个站点服务的公交出行人数不做重复计算。在多模式的条件下，先计算轨道站点的出行量，再计算常规公交站点的出行量。

为便于公交分布计算，发生量和吸引量在总量上保持平衡，这样就很容易获得公交出行的站点间 O-D 分布表。

8.4 候选线路生成

8.4.1 候选线路基本条件

一般而言，公交线路设计以费用最低为目的，是广义的最短路问题。一条候选线路必须满足6类约束条件，其中最基本的条件是对线路长度的约束，其他约束条件包括线路的最少站点数量、非直线系数、平均流量、均衡效益、与轨道线路的重叠关系等（表8.1）。

表 8.1 常规公汽候选线路的条件判别

条件指标	说明	示例值
线路最小长度/m	候选线路最小长度	4
线路最大长度/m	候选线路最大长度	15
线路最少站点数/个	候选线路经过的最少站点个数	5
线路最大非直线系数	线路长度与首末站点之间直线距离之比	2
线路最小公里流量	线路站点上公交需求之和与线路长度之比	1000
线路最小效益值	线路上所有站点出行发生量与吸引量的平衡	0.2
与快速线路最大重复站点数	候选线路与轨道交通的重复站点个数	5

线路效益值 W 是线路上所有站点的发生量 P 和吸引量 A 之间的平衡值，即：

$$W = \sum W_i = \sum_i \left[1 - | P_i - A_i | / (P_i + A_i) \right]$$

由于候选线路不一定最终被包含在优化线路集中，平均流量和均衡效益指标只能指示该条线路潜在的服务水平，不是最终的分配结果。在线网优化集中，同一个站点对之间可能有若干条线路经过，这个站点对之间的公交流量将在这些线路上进行分配。因此，如果一条候选线路被选入优化线路集中，其线路流量和均衡效益一定不是其候选状态下的数值。

8.4.2　适应遗传算法的多重最短线路

为适应遗传算法要求，采用首末站点对之间设置多重候选线路的方法来生成候选线路。采用 k 最短路径算法可以求解首末站点对之间的候选线路。这种多重最短路的设计除了满足了遗传算法的要求之外，也还反映出公交线路布设未必一定沿最短路线的客观事实。

若规划范围内包含 N 个首末站，每对首末站间有 K 条线路作为备选线路，则候选线路集最多由 $KN(N-1)/2$ 条线路组成，同时每对首末站最多只取一条线路构成优化线路集，因此优化线路集中的最大线路条数为 $N(N-1)/2$。对于候选线路而言，如果线路长度超过设定的最大值，则无法继续搜索最短路；如果一条线路不满足非直线系数、最少站点数、线路效益、线路最小流量等约束条件，则其不能成为候选线路；如果一个首末站对之间的第一条最短路就不能满足长度约束，那么这个首末站对之间不存在候选线路。因此，由于多种约束条件的作用，一个首末站点对之间可能需要计算大于 K 条的最短线路，才能获得 K 条有效线路，也可能最终达不到 K 条。也就是说，实际获得的候选线路数量将小于理论数量。

通过优化案例可以了解候选线路总数及 K 条最短候选线路中被选入优化集的情况。表 8.2 是一次实验的第 800 代的最优个体中，有效站点对之间第 m 条（$m \leqslant K$，$K=8$）候选线路被选中的数量统计。可以看出，m 小于 3 时选中的数量多一些，是因为它们的基数较大。从表 8.2 中的两个百分比数据可以看出，总体上第 m 条线路被选中的比例还是比较均衡的。

表 8.2　在遗传算法中第 m 条被选入优化集的数量

最短路 m	第 m 条候选线路数		第 m 条被选中的次数		A/B
	条数	$A/\%$	数量	$B/\%$	
1	289	14.4	44	15.2	0.943
2	279	13.9	43	14.9	0.932
3	269	13.4	34	11.8	1.136
4	257	12.8	39	13.5	0.946
5	247	12.3	35	12.1	1.013
6	235	11.7	29	10.0	1.163
7	227	11.3	36	12.5	0.905
8	210	10.4	29	10.0	1.040
合计	2013	100	289	100	1

8.4.3　与快速轨道交通的高效衔接

在多模式环境下，由于快速公交系统的存在，常规公交成为扩大覆盖面的主要手段，其功能以喂给、衔接为主。因此，需要在候选线路生成过程中考虑去掉沿快速公交线路运行的候选线路。考虑轨道线路的约束是为了获得更为有效的线路布局，如果常规公交线路与轨道线路走向重合，则不是一个高效的布局。为此，设置一个站点重复计数变量，用于记录候选线路中的站点与任意一条快速公交线路上站点重合的个数。对该变量设置一个阈值，如果超过这一阈值（如 5个），则该候选线路被认定为与快速公交线路重合，不能作为正式候选线路。同时，在多模式环境下，其他参数也需要做一些调整，如考虑到常规公交线路的喂给功能，其线路长度应适当降低。当然，这也涉及另外一个问题，即多模式条件下，常规公交的首末站点需要做进一步的细化。

8.4.4　对现状线路的评价

以上候选线路标准可以应用于对现状线路进行评价，若不能满足指标要求，则现状线路被视为非高效线路，可以考虑在优化前去掉它们。一些城市由于特殊的空间结构，会存在超过国家规定的设线标准，如武汉市受江湖分割，建成区空间分布比较散，实际运行的公交线路比理论上的规定要长一些（这其中当然也存在运营角度的特殊考虑）。

一些大城市轨道交通建设速度很快，逐年有新轨道交通线路投入运营。这需要对现状线路进行合理调整，避免资源浪费和恶性竞争。新轨道交通线路将吸收大部分公交站点的出行需求，引起站点常规公汽出行需求的变化，其均衡效益和平均客流量指标也将受到影响。因此，沿新轨道交通线的常规公汽线路是首先需要调整的对象。这可以通过候选线路的六类指标进行判定。

8.5　基于遗传算法的多模式公交线网优化

8.5.1　遗传算法线网优化的基本步骤

多模式公共交通体系的优化是一个层次型的优化过程，从快速公交系统开始布局；形成快速公交线网后，再对常规公交线网进行优化配置。多模式条件下基于站点的常规公交线网优化配置方法的基本思路是将轨道交通线路作为常规公交线路生成的约束条件，在全局候选线路集中寻求一套优化线网。

对公交线网的优化配置，先确定首末站点对之间的若干条候选线路，再从每个首末站点对之间分别至多选择一条构成公交线网，评价其效益。这是一个相当复杂的组合优化问题，传统算法无法处理，因此采用遗传算法来实现。

基于遗传算法的公交线网优化流程如下：①输入数据（所有首末站点对所经过的路线所构成的 k 个矩阵，所有站点的发生量和吸引量）；②设置参数（种群大小 popsize，首末站点对数目 n，首末站点对之间的最短线路数量 k，预设的公交路线条数 m，循环的代数 maxgen，交叉概率，变异概率等）；③产生初始种群 pop；④随机竞争选择；⑤交叉与变异操作；⑥把所得新种群 new pop 赋给 pop；⑦计算种群中的个体适应值；⑧若达到结束条件（达到迭代次数或适应值达到要求），则退出迭代；否则返回④重新开始迭代；⑨选出最佳适应值的个体作为所选方案。

线网优化的过程是利用遗传算法从候选线路集中获得一套最优线路集。遗传算法以概率变迁规则指导搜索方向，搜索过程从随机选定的一组解集开始，只要目标可算，无需辅助信息即可进行优选，具有简单通用，鲁棒性强的特点，使其适用于大规模网络优化模型的求解。

将遗传算法运用于公交网络优化，需首先解决如何表达一个个体。在公交领域，一个个体是一套完整的公交线路集，最优个体就是最优线路集。个体由首末站点对之间的线路构成，但每个首末站点对之间只能选择一条线路加入个体。如果一个首末站点对之间没有候选线路，则他们之间的线路编号为空值；如果首末站点对之间是一条现状保留线路，则该候选线路必定被包含在个体中。若干个个体构成一个计算的种群，种群规模一般在 40 左右。

个体的线路规模与城市规模相适应。一种方案是将所有带有候选线路的首末站点对的数量作为线路规模，即有效的首末站点对之间必须选取一条线路加入个体集；另一种方案是预先确定线网规模，如果有效站点对超过这一规模，则只能从有效首末站点对之间选取部分站点对的线路。

后代繁殖是遗传算法的主体与核心，对染色体的选择保证算法按照优化目标的方向进行，而交叉、变异则是维持种群多样性，避免优化提前收敛的必要条件。计算第 i 代种群中的 N 个染色体的平均（或最大）适应值 f_i，判断满足 $f_i - f_{i-1} < \delta$ 若满足则停止计算，种群以目标函数最佳的个体作为网络组成，解码输出。否则将运用选择模型法保存父代染色体至下一代并运用交叉、变异算子产生子代种群，继续进行适应值的计算直至达到收敛条件。由于公交线网比较复杂，也可以采取另外一种策略，即给定一个迭代次数，达到该次数即终止运行，将适应函

数最优的个体作为优化线路集。

8.5.2 遗传算法的适应函数

应用于公交线网优化的遗传算法适应函数分为四种形式，包括站点覆盖率、全局线路服务效率、全局站点效益、基础道路边效益。

8.5.2.1 站点覆盖率

公交线网（遗传算法的个体）所覆盖的公交站点数量占所有公交站点数量的比例。设 ff 为适应函数，有

$$\max \text{ff} = S_c \,/\, S_a$$

式中，S_c 是一套公交线网（一个遗传算法的个体）覆盖到的站点数量，S_a 是参与优化的所有候选站点数量。

在站点布局优化中，已经综合考虑了人口和用地分布，因此，如果一套公交线网能够覆盖到全部的候选站点，则可认为获得了理想的公交线网配置。一般情况下，由于线网规模的限制，一套线网很难完全覆盖所有的候选站点。

8.5.2.2 全局线路服务效率

所有线路效益值的平均数和站点覆盖率之加权和，适应函数形式为

$$\max \text{ff} = a \times W + b \times S$$

$$W = \sum W_i / S_c = \left\{ \sum \left[1 - | P_i - A_i | \,/\, (P_i + A_i) \right] \right\} \,/\, S_c$$

$$S = S_c \,/\, S_a$$

式中，a、b 是常数。a 是服务效率值 W 的系数，b 是覆盖率 Cov 的系数。调节 a、b 的值可以调节服务效率与覆盖率之间的相对重要关系。W 是平均线路效益值，S 是优化集所用到的站点数 S_c 与所有站点数 S_a 的比值。

线路 i 的效益值 W_i 是线路上所有站点的发生量 P_i 和吸引量 A_i 之间的平衡值。线路的均衡性越好，即 P_i 和 A_i 越接近，则 W_i 值越大，效益越高。

8.5.2.3 全局站点效益

站点效益反映一个站点的出行需求得到满足的程度，在公交分配运算尚不能实施的阶段，站点效益可以大致体现一套公交线网是否能获得最大的站点效益。全局站点效益是所有公交站点效益的平均值。

公交站点效益采用 Logistic 函数进行计算，函数的变量是经过该公交站点的

线路总运量和公交站点生成总量的差。设 ff 为适应函数，则有：

$$\max ff = S_w = \sum S_i / k$$

式中，S_w 为优化集的综合站点效益值，S_i 为单站点的效益值，k 为所有线路经过的站点数量。

单公交站点 i 的效益值 S_i 定义为

$$S_i = f(P, A, N) = f(\mathrm{PA} - V) = 2 / [1 + \exp(bx)]$$

其中，

$$\mathrm{PA} = P + A$$

$$V = \sum_m (N_m \times H_m)$$

$$x = abs(\mathrm{PA} - V)$$

$$\mathrm{PA}_{\max} = \max(x)$$

$$b = 2\ln 3 / \mathrm{PA}_{\max}$$

P 为发生量，A 为吸引量，$\mathrm{PA}_{\max}$ 是所有站点中 PA 与 V 的差值最大者，V 是经过站点的所有模式公交运输能力，m 为公交模式（$m \in \{\mathrm{Rail}, \mathrm{BRT}, \mathrm{Bus}\}$），$N_m$ 为 m 公交模式经过此站点的线路总数，H_m 为一条 m 模式公交线路每天（或高峰时段）的总运量。如一条公汽线路取车头时距 10min，即 6 班/小时，每班线路 40 座位，取平均满载率 60%，即有 32 人/班。因此，一条线路每小时的客运量为 6×32＝192 人，一天取 10 小时，则一条线路每天的总运量为 1920 人；其他模式可按相似方法进行折算。

函数 $f = 2 / [1 + \exp(bx)]$ 为 Logistic 函数形式，如图 8.2 所示。

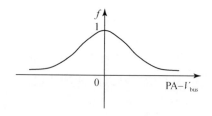

图 8.2　站点效益函数

对于多模式条件，需要对函数形式进行补充设置。主要目标是需要鼓励常规公交与快速公交的衔接，而这一目标的最佳实现方式是修正基于站点 PA 效益的适应函数，即当站点是重合站点时，直接将该站点的效益值设为最高值 1。图 8.3 是考虑这种多模式站点重合前后适应函数值的比较，可以看出考虑重合站点后其适应函数值提高了。这种设置可以将那些有衔接的公交线路保留下来，纳入优化线路集中。

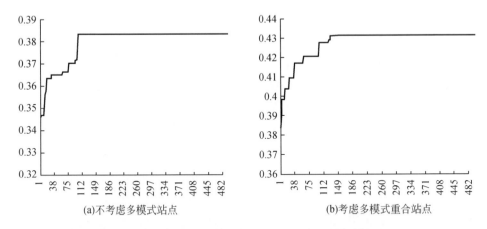

图 8.3 适应函数中考虑多模式站点重合的适应函数值分布

8.5.2.4 基础道路边效益

在获得一个公交线网集合后，可以评价每条基础道路边上的效益，将基础道路边 k 的效益 Z_k 定义为经过该道路边的线路总运量和道路边初始分配获得的流量的差的函数，即：

$$Z_k = 2/[1 + \exp(bx)]$$
$$x = \mathrm{abs}[f_k - \sum (N_m \times H_m)]$$
$$b = 2\ln 3/T_{\max}$$
$$T_{\max} = \max(x)$$

式中，$T_{\max}$ 是所有边的流量与公交运力差的最大值，只有站点才计算 PA 值，因此有些边两端的节点若不是站点，该边就没有 PA 值。

f_k 是站点 PA 值转换为 O-D 数据后进行初始流量分配获得的道路边 k 的基础流量，m 是公交模式（$m \in \{\mathrm{rail}, \mathrm{BRT}, \mathrm{Bus}\}$），$N_m$ 是 m 模式公交经过边 k 的线路条数，H_m 是模式 m 单向高峰小时运送能力。显然，$Z_k > 0$ 表示公交运力不足，$Z_k = 0$ 表示供需平衡；$Z_k < 0$ 表示公交运力过剩。

将适应函数定义为所有道路边效益的平均值，即：

$$\max \mathrm{ff} = \sum_k Z_k / r$$

式中，Z_k 是道路边 k 的边效益，r 是所有道路边数量。

8.5.3 个体结构

在候选线路生成过程中，对每一个站点对都搜索出满足线路条件的 K 条最短线路，其中只有至多一条被选入某一个个体线路集。遗传算法的个体由一套公交线路构成，是一个完整的（但不一定最优的）公交线网配置，其结构如表 8.3 所示。其中 N 是线路数量，K 是首末站之间的有效最短线路数量（一般 $K=8$）。一个个体是由该表格中间的数字串构成，一共是 $8n$ 个数字 0 或 1，这种结构有利于实现交叉变异操作。

表 8.3　遗传算法个体的结构

K N	1	2	3	4	5	6	7	8
线路 1	1	0	0	0	0	0	0	0
线路 2	0	0	0	0	0	1	0	0
⋮	⋮	⋮	⋮	⋮	⋮	⋮	⋮	⋮
线路 n	0	1	0	0	0	0	0	0

一对首末站之间的路网距离可能正好处于最大允许线路长度的临界区域，此时可能只能获得小于 K 的有效候选路线，如当 $K=8$ 时，一个首末站点对之间只有 3 条候选线路，则剩余 5 条线路不存在（为空值）。在个体字串结构中，这个 5 个空值不能删去，而是需要进行特别标注，以防止交叉变异操作将这些不存在的线路运算出来。

如果有效的首末站点对较多，每个首末站点对选一条线路，则会出现线网规模过大的情况。为解决此问题，根据城市规模预先设定一个线网规模参数，控制优化线路集中的线路条数。线网规模参数的设定为多方案的对比评价提供了更为方便和灵活的手段。

在遗传算法的迭代过程中，为保证获得最优的线路集，在遗传算法中采用了保留最优个体的优化策略，以确保迭代结果不断改进，并加快了算法收敛速度。这里规定适应函数值最高的个体即为最优个体。图 8.4 是应用全局线路服务效率适应函数对遗传算法进行改进的效果，图 8.4（a）为改进前最优个体适应函数值的变化情况，图 8.4（b）为保留最优个体的改进后最优个体适应函数值的变化情况。可以看出，通过保留最优个体，在循环计算 200 代之后，已经获得了最优个体，并且这个个体被保留下来，不再出现适应函数值的波动情况。

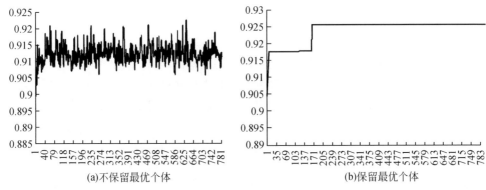

图 8.4 用于公交线网优化的遗传算法的改进效果

8.6 线网布局评价

多模式公共交通网络的综合评价,除一般性的指标(线网长度、密度、覆盖率、线路重复率等)外,还包括分析各模式公交在整个网络系统中承担的客流,包括直达客流和换乘客流。

8.6.1 结构性指标

公交线网布局的结构性指标包括线路长度、站间距、线网规模、线网密度、线路重复率、非直线系数等。

(1)单条线路长度指标:直接从公交模式图层属性表中的长度字段读出。

(2)站间距:每条线路上的站间距都可以从线路经过的基础路段上进行统计。由于规定了站点都附着于基础路段的节点上,站间距的计算中只需找到线路上相邻两个站点经过的道路段。

(3)线网总长:是所有单条线路长度的总和。

(4)线路条数:是优化完成的某公交模式的线路总条数。

(5)线路重复率:在 GIS 中利用线–线的空间关系可以统计各基础道路段上所经过的公交线路条数,获得每条路段上的公交线路重复率,并可计算整个公交网络的公交重复率。由于地铁线路的走向不一定沿道路网,对于地铁公交模式,需要采用地铁基础路段(而不是道路段)进行统计。

8.6.2 覆盖率指标

公交覆盖率指标一般按照站点周边覆盖的用地面积占总建设用地的面积来统计。在城市建成区中，由于用地强度不同，其人口和就业岗位的空间分布呈现不均匀的状态，因此，基于人口或工作岗位覆盖的统计比基于用地面积的覆盖统计更能反映出公交网络的空间覆盖水平。尽管如此，基于人口和基于用地面积的覆盖率分别有其实际意义，在公交线网优化系统中均可以计算。

覆盖率指标一般是选取站点周边一定距离范围进行统计，这个距离属于直线距离。如果存在完整的步行路网，则基于步行网络的距离可以更准确地反映公交系统的空间覆盖水平。

8.6.3 公交换乘率指标

换乘率采用可达性连接矩阵的运算方法进行计算，基本思路是获得最小连接矩阵，最小连接矩阵的数值即为相应站点对之间的换乘次数，再与 O-D 数据结合起来实现换乘率计算。

换乘表是基于公交网络构成的换乘关系，用两个表来表示：

（1）线路–站点关系表（RouteStopTable［NrofRotue，NrofStop］）：如果站点 s 在线路 r 上，则 RouteStopTable［r，s］＝1，否则为 0。表 8.4 是线路–站点表定义的示例，其中有 m 个站点和 n 条线路。

表 8.4 线路–站点关系表

线路	站点							
	s_1	s_2	s_3	s_4	s_5	s_j	⋯	s_m
r_1	1	1	0	1	1	0	⋯	0
r_2	0	0	1	1	0	1	⋯	1
r_3	0	0	0	0	0	1	⋯	0
⋮	⋮	⋮	⋮	⋮	⋮	⋮	⋯	⋮
r_i	1	0	0	0	1	0	⋯	1

续表

线路	站点							
	s_1	s_2	s_3	s_4	s_5	s_j	…	s_m
⋮	⋮	⋮	⋮	⋮	⋮	⋮	⋮	…	⋮
r_n	0	1	0	1	0	0	…	0

（2）换乘表（TransTable［NrofStop，NrofStop］）是一个对称矩阵。取值规则：

如果站点 s_1 和站点 s_2 在一条线路上，则 TransTable［s_1，s_2］=1；

如果需要一次换乘则 TransTable［s_1，s_2］=2；

如果需要 k 次换乘则 TransTable［s_1，s_2］=k。

表 8.5 是换乘表的示例。

表 8.5　换乘表

站点	站点						
	s_1	s_2	s_3	…	s_j	…	s_m
s_1	0	1	2	…	2	…	2
s_2	1	0	2	…	2	…	2
s_3	2	2	0	…	1	…	1
⋮	⋮	⋮	⋮	…	⋮	…	⋮
s_j	2	2	1	…	0	…	1
⋮	⋮	⋮	⋮	…	⋮	…	⋮
s_m	2	2	1	…	1	…	0

总体流程为：①确定 O-D 矩阵；②将优化结果的线路–站点表转换为站点–站点连接矩阵 T_0，通过 T_0 可以将计算直达率；③计算一次换乘连接矩阵 T_1，$T_1=T_0 \times T_0$；④计算二次换乘连接矩阵 T_2，$T_2=T_1 \times T_0$；⑤第 i 次换乘连接矩阵 $T_i=T_{i-1} \times T_{i-2}$；⑥将 O-D 矩阵与相应的换乘连接矩阵相乘，即获得各次换乘的总数量，进而获得各次换乘比例。

8.7 TransitNet——城市公共交通线网空间配置与优化软件

8.7.1 系统概况

TransitNet 是一套基于 ArcGIS 系统二次开发的过模式线网空间配置与优化软件。针对多模式条件下的线网优化软件，TransitNet 软件可以自动生成单模式或多模式条件下公交站点的发生和吸引量、检查网络错误、构建基础道路网、实施基础网络流量分配、候选公交线路生成、基于遗传算法选择优化线网、计算优化网络中线路系数指标和整体覆盖率指标、计算公交换乘效率。

软件直接读取地理信息系统（GIS）空间数据库，并将优化结果写入数据库，实现了与 GIS 系统的紧密耦合。软件操作简便，运行所需要的数据量较小，包括道路基础网、现状公交网、公交站点、人口分布、土地利用分布、同质区分布。

适用于单模式公交和多模式公交的线网优化，系统可以处理六种模式的公共交通网络，包括单模式常规公交、单模式 BRT、单模式轨道、BRT 条件下的常规公交、轨道条件下的常规公交、BRT 和轨道条件下的常规公交。这六种公交模式归为单模式和多模式两类，分别为：①（单模式）常规公交：Bus；②（单模式）快速 BRT 公交：BRT；③（单模式）轨道：Rail；④（多模式）常规 + BRT：BusBRT；⑤（多模式）常规 + 轨道：BusRail；⑥（多模式）常规 + BRT + 轨道：BusBRTRail。

多模式条件下的优化目标是常规公交网络，此时 BRT 和轨道公交是多模式的环境要素，参与多模式流量分配计算。但它们自身的网络优化在单模式中运算，或直接从相关规划中提取。

（1）软件开发平台：Microsoft Visual Studio . NET+ArcGIS Engine。

（2）开发语言：C#。

（3）运行平台：Windows XP / Vista / Windows 7。

（4）硬件配置：CPU Intel 酷睿 2 双核，1G 以上内存。

（5）软件配置：需要 NET FrameWork2.0 和 ArcGIS Engine Runtime 支持。

（6）系统整体界面如图 8.5 所示。

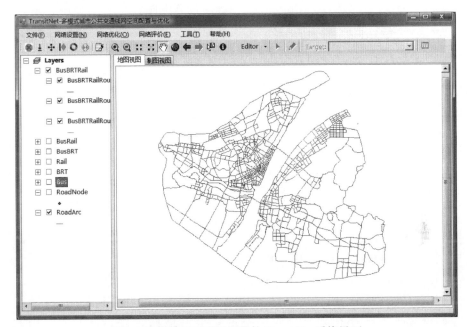

图 8.5　多模式公交规划软件 TransitNet 系统界面

8.7.2　数据模型

8.7.2.1　人口与土地利用图层

人口和土地利用数据是计算公交需求的源数据，决定着城市公交需求的空间分布，是城市公交网络优化的前提。均为栅格图层，并转换为可直接读取的 txt 文本文档。人口数据可以利用本系统的人口分解运算功能求解，需要人口统计单元、土地利用、同质区的数据。

8.7.2.2　道路网图层（RoadArc）

道路网是公交线路运行的基础，公交线路用道路段进行定义。在系统所处理的六种模式中，除轨道单模式外，其他五种模式都与道路网有关，即公交运营是发生在道路网中。

道路图层的属性定义如下：

（1）ObjectID：道路段的系统内部编号。

（2）AID：道路段的备用编号，一般与 ObjectID 一致即可。

（3）FromNode：起始结点的 ObjectID，由程序计算生成。

（4）ToNode：终结点的 ObjectID，由程序计算生成。

（5）Length：道路段的长度。

（6）PA：该路段起止结点的 PA 值之和，即 PA＝P_1＋A_1＋P_2＋A_2。

（7）Fpa：由公式计算得到的路段权重系数，Fpa＝1＋（1－a）×［exp（$-bx$）－1］／［exp（$-bx$）＋1］（$a<F\leqslant1$，缺省值 $a=0.4$）$b = 2\times\ln（3）$／MPA 其中，MPA＝max（x），$x=$PA。

（8）FLength：路段加权后的长度，即 FLength＝Fpa×Length。

（9）NrOfRoute：单 Bus 模式下道路段经过的 Bus 线路总条数。

（10）EdgeFlow：单 Bus 模式下路段上 Bus 客流流量。

（11）NrBusRail：Bus+Rail 模式下该道路段经过的总 Bus 线路数。

（12）NrBusBRT：Bus+BRT 模式下该道路段经过的总 Bus 线路数。

（13）NrBusBRTRail：Bus+BRT+Rail 模式下该道路段经过的总 Bus 线路数。

（14）EdgeFlowBusRail：Bus+Rail 模式下路段上 Bus 客流流量。

（15）EdgeFlowBusBRT：Bus+BRT 模式下路段上 Bus 客流流量。

（16）EdgeFlowBusBRTRail：Bus+BRT+Rail 模式下路段上 Bus 客流流量。

轨道交通大多存在地下，且不一定完全沿地面道路走向布置，因此用 RailArc 来表达其基础路网，其构成与 RoadArc 图层属性类似。另外，为区分单模式 BRT，也可定义 BRT 的基础路段 BRTArc 来表达 BRT 的特殊走向。

8.7.2.3　节点图层（RoadNode）

节点是各种基础路段（道路段、BRT 路段、Rail 路段）的交点，是系统六种公交模式共同依赖的图层。为区分不同的模式，分别对六种模式定义其属性，因此该图层具有较多的字段定义。

（1）NodeID：Node 的唯一编号，在生成时直接用 ObjectID 赋值。

（2）IsBusStop：候选 bus 站点。

（3）IsBusStopOpt：优化结果最终使用的 bus 站点，此时 IsBusStop＝1 且 NrOfBus>0。

（4）IsBusBRTStop：BusBRT 模式下的候选 bus 站点。

（5）IsBusBRTStopOpt：BusBRT 模式下优化结果最终使用的 bus 站点，此时 IsBusBRTStop＝1 且 NrOfBusBRT>0。

（6）IsBusBRTRailStop：BusBRT 模式下的候选 bus 站点。

（7）IsBusBRTStopRailOpt：BusBRTRail 模式下优化结果最终使用的 bus 站点，此时 IsBusBRTRailStop＝1 且 NrOfBusBRTRail>0。

（8）IsBusRailStop：BusRail 模式下的候选 bus 站点。

（9）IsBusRailStopOpt：BusRail 模式下优化结果最终使用的 bus 站点，此时 IsBusRailStop = 1 且 NrOfBusRail>0。

（10）IsBRTStop：候选 BRT 站点。

（11）IsBRTStopOpt：优化结果最终使用的 BRT 站点，此时 IsBRTStop = 1 且 NrOfBRT>0。

（12）IsRailStop：候选 Rail 站点。

（13）IsRailStopOpt：优化结果最终使用的 rail 站点，此时 IsRailStop = 1 且 NrOfRail>0。

（14）IsBusTerminal：bus 首末站。

（15）IsBusBRTRailTerminal：BusBRTRail 条件下的首末站。

（16）IsBusBRTTerminal：BusBRT 条件下的首末站。

（17）IsBusRailTerminal：BusRail 条件下的首末站。

（18）IsBRTTerminal：BRT 首末站。

（19）IsRailTerminal：Rail 首末站。

（20）Bus$P$：单模式 bus 站点的公交发生量 P。

（21）Bus$A$：单模式 bus 站点公交吸引量 A。

（22）BRTP：BRT 站点的公交发生量 P。

（23）BRTA：BRT 站点的公交吸引量 A。

（24）Rail$P$：Rail 站点的公交发生量 P。

（25）Rail$A$：Rail 站点的公交吸引量 A。

（26）BusBRTRail$P$：全模式环境下（Rail+BRT+Bus）bus 站点的公交发生量 P。

（27）BusBRTRail$A$：全模式环境下（Rail+BRT+Bus）bus 站点的公交吸引量 A。

（28）BusRail$P$：轨道和常规环境下（Rail+Bus）bus 站点的公交发生量 P。

（29）BusRail$A$：轨道和常规环境下（Rail+Bus）bus 站点的公交吸引量 A。

（30）BusBRTP：BRT 和常规环境下（BRT+Bus）bus 站点的公交发生量 P。

（31）BusBRTA：BRT 和常规环境下（BRT+Bus）bus 站点的公交吸引量 A。

（32）NrOfBus：该结点最终经过的 bus 线路条数。

（33）NrOfBusBRT：BusBRT 模式下该结点最终经过的 bus 线路条数。

（34）NrOfBusRail：BusRail 模式下该结点最终经过的 bus 线路条数。

（35）NrOfBusBRTRail：BusBRTRail 模式下该结点最终经过的 bus 线路条数。

（36）NrOfBRT：该结点最终经过的 BRT 线路条数。

（37）NrOfRail：该结点最终经过的 Rail 线路条数。

8.7.3　功能说明

系统功能由文件管理、网络配置、网络优化、网络评价、工具与参数、帮助等，这些功能归于软件系统的菜单结构中（图8.6）。

文件(F)	网络设置(N)	网络优化(O)	网络评价(E)	工具(T)	帮助(H)
打开 打开数据库 添加数据	计算站点PA值	候选线路生成	指标显示 指标重新计算	参数设置	内容 关于
系统设置	拓扑检查 拓扑更新 基础网络构建	线路网优化	换乘表计算	数据编辑 现状线路 拓扑更新	
打印设置 打印 退出	PA到O-D			压缩数据库	
				人口分解	

图 8.6　多模式公交规划软件 TransitNet 的菜单结构表

菜单中各项的功能描述如下。

1）文件

（1）打开：打开 MXD 文件。

（2）打开数据库：打开 GIS 数据库。

（3）添加数据：添加 GIS 图层数据。

（4）系统设置：设置系统处理的公交模式：快速公汽（Bus）、快速公交（BRT）、轨道交通（Rail）、多模式公交（Bus+BRT+Rail）（图8.7）。

（5）打印设置：设置打印参数。

（6）打印：打印当前视图。

（7）退出：退出程序。

2）网络设置

（1）计算站点 PA 值：根据站点类型计算 PA 值，需要确定人口分布栅格图、土地利用栅格图、同质区栅格图、权重等参数。弹出对话窗口，让用户选择何种公交模式：常规、BRT、轨道、多模式综合。并确定它们服务范围的参数，缺省轨道 1000m，BRT 700m，常规 500m。计算得到的 PA 值根据确定的模式分别计入相应的字段中（图8.8）。

（2）拓扑检查：检查公交基础网络的拓扑错误。弹出对话窗口，让用户选择何种公交模式：常规、BRT、轨道或多模式。全选是对所有模式进行检查。

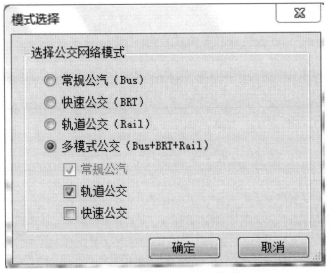

图8.7　系统设置——模式选择界面

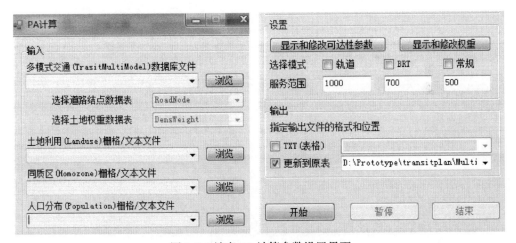

图8.8　站点 PA 计算参数设置界面

（3）拓扑更新：更新公交基础网络边的 FromNode、ToNode。弹出对话窗口，让用户选择何种公交模式：常规、BRT、轨道、多模式。全选是对所有模式进行更新。

（4）基础网络构建：构建基础网，弹出对话窗口，让用户选择何种公交模式：常规、BRT、轨道、多模式综合。全选是构建所有模式的基础网络。

（5）PA 值到 O-D 数据。以站点为基础，根据多模式基础网的最短路径将站点的 PA 值分配到站点间的 O-D 数据，输出到文件。弹出对话窗口，让用户选择公交模式：常规、BRT、轨道或多模式综合。

3）网络优化

（1）候选线路：生成各模式的候选线路。弹出对话窗口，选择公交模式：常规、BRT 或轨道。优化过程中分模式进行。系统根据条件初步选定公交候选线路后，用户可以在此基础上根据具体情况进一步增减候选线路（图 8.9）。

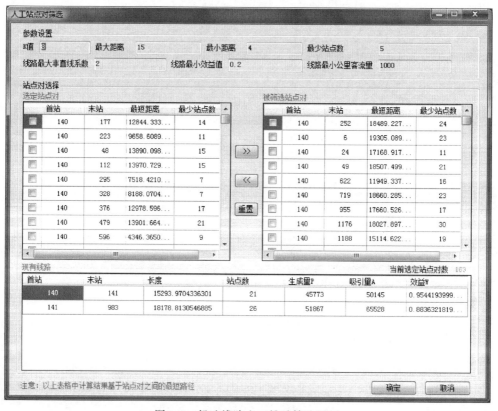

图 8.9　候选线路人工辅助筛选界面

（2）线路网优化：根据候选线路，运用遗传算法进行组合筛选。弹出对话窗口，选择公交模式：常规、BRT 或轨道。优化过程中分模式进行。线路网优化采用了遗传算法，因此遗传算法的有关参数，如适应函数选择、线网规模、种群规模、交叉概率、变异概率、循环次数等都需要预先设定。涉及的参数见"参数设置说明"。

4）网络评价

（1）指标显示：从指标表格中读入指标进行显示，可以显示各模式的指标［图8.10（a）］。

（2）指标重新计算：显示指标项，用户决定需要重新计算各模式及综合多模式的指标［图8.10（b）］。

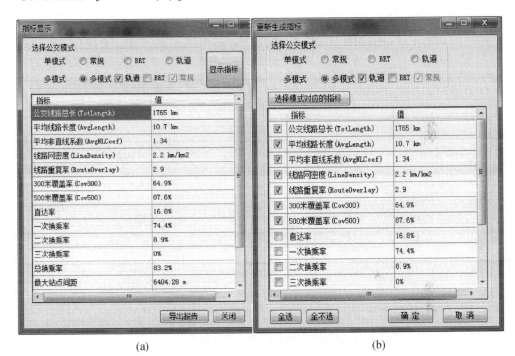

(a) (b)

图8.10　指标显示和重新计算

（3）换乘表：根据线路布局生成各站点间的换乘率表，包括直达率、一次换乘率、二次换乘率、总换乘率等，可生成六种模式的换乘表。

5）工具

（1）参数设置：设置有关参数（见"参数设置说明"）。

（2）数据编辑：打开 ArcGIS 的 Editor 进行图层数据编辑。

（3）现状线路拓扑更新：对于现状已存在的线路，在人工录入时需要将其首末站所对应的道路节点编号写入相应的字段。为提高写入效率，系统提供了自动将道路节点编号写入线路表中的 FromTerm 和 ToTerm 的字段。可以分别对六种模式进行操作。

（4）压缩数据库：压缩 MDB 格式的 GIS 个人空间数据库，需退出本程序才能完成。

（5）人口分解：本系统公交需求预测使用的人口建立在栅格数据基础上，人口分解是将人口从其空间统计单元分解到栅格单元。系统采用双约束的蒙特卡罗随机算法，在本书第三章 3.5 节有详细的算法说明和案例分析。

6）帮助

（1）内容：本文显示的内容。

（2）关于：软件名称、版本号、所有者。

8.7.4　参数设置说明

1. 概述

参数设置包括"线路系数"、"线网优化"、"其他"三部分，不同模式的参数数量不同（图 8.11）。

（1）"线路系数"包含计算备选线路集时用到的参数。

（2）"线网优化"包含进行线路网优化选择时用到的参数。

（3）"其他"包含其他参数，如建成区面积。

线路系数和遗传算法优化部分的参数在网络优化菜单中独立显示，用户可进行设置。

2. "线路系数"参数

（1）公交模式：提供六种公交模式，以下的参数是对选中模式的设置。

（2）线路最小长度（LMin）：指允许的公交线路最小长度，单位为公里，如常规公交的缺省值，参考《城市道路交通规划设计规范》确定为 8 公里。

（3）线路最大长度（LMax）：指允许的公交线路最大长度，单位为公里。例如，《城市道路交通规划设计规范》规定为 12 公里，此处考虑到特大城市的复杂性，将缺省值定为 25 公里。BRT 和轨道模式分别参照相应规范确定。

（4）线路最少站点数（MinNrStop）：每条备选线路所经过的最少站点数，不包含首末站点，缺省值根据模式确定。

（5）线路最大非直线系数（NLCoef）：线路最大运行的非直线系数，缺省为 2.0。BRT 和轨道则不受此约束。

（6）线路最小效益值（ValidW）：候选线路允许的最小效益值，从 P 和 A 的平衡关系来考虑，如对常规公交缺省为 0.2。

（7）线路最小公里流量（ValidPal）：候选线路允许的最小每公里的流量，

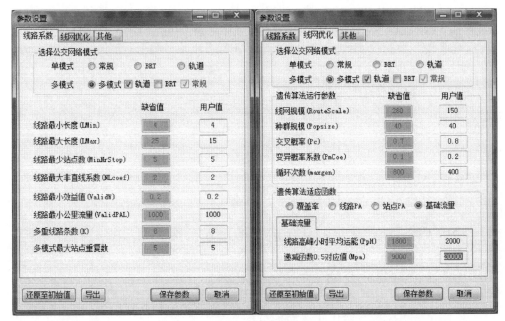

图 8.11　参数设置

流量采用线路上站点 PA 值的总和进行概算。例如，对常规公交缺省为 1000。

（8）多重线路条数（K）：计算备选线路集时，每对首末站点对之间的备选线路条数，缺省值为 8 条。

（9）多模式最大站点重复数：只对多模式条件有效，指常规公交候选线路与 BRT 和/或轨道线路的最大重复站点数，缺省值为 5。

3. "线网优化" 参数

（1）公交模式：提供六种公交模式，以下的参数是对选中模式的设置。

（2）遗传算法运行参数：

种群规模（Popsize）：遗传算法计算过程中每代种群的个体数。

交叉概率（P_c）：遗传算法计算过程中，进行交叉计算时的概率。

变异概率系数（P_mCoe）：遗传算法计算中，每代循环变异的概率为 P_m 除以该次循环的次数。

循环次数：遗传算法循环计算的次数，缺省为 800。

（3）遗传算法适应函数：

共有四种形式：覆盖率、线路 PA、站点 PA、基础流量。

覆盖率：优化网络覆盖的站点数与总站点数的比值。

线路 PA：①效率权重：最后的效率评价指标中，效率指标所占的比重。②覆盖率权重：最后的效率评价指标中，覆盖率指标所占的比重。

站点 PA：①站点经过的线路数与站点 PA 之间的平衡关系值。②线路高峰小时平均运能（PpH）：高峰小时运送的最大乘客数。③递减函数 0.5 对应值（Mpa）：0.5 概率对应的运能。

基础流量：①基础道路边的初始分配流量与其所经过的线路的理论客流量的平衡关系。②线路高峰小时平均运能（PpH）：高峰小时运送的最大乘客数。③递减函数 0.5 对应值（Mpa）：0.5 概率对应的运能。

4. "其他"参数

（1）建成区面积，用于计算线网指标。
（2）人口总量，城市人口总数用于计算服务人口覆盖率。

8.7.5 与商业交通规划软件的交互

一些评价指标涉及对优化线网的分配，这需要借助商业交通规划软件来实现。可以将整套线网一次性实施转入或转出操作。设计了从优化结果到商业交通规划软件 TransCAD 的自动数据转换，因此，可以在 TransCAD 中进行流量分配和换乘率的计算（图 8.12）。

基本流程为如下：

（1）在道路网数据的条件下，确定常规公交首末站的位置。

（2）在优化软件 TransitNet 中，对所选首末站点进行配对，利用 K 最短路径法生成候选线路集，确定优化目标，经过算法迭代，由候选线路生成优化线路。

（3）利用 TransCAD 对优化线路的流量合理性进行测试。构建评价指标体系，对线网进行评价。

（4）依据评价结果，在 TransitNet 中对优化线网进行重新调整，转入下一阶段循环。

TransCAD 系统中需要建立交通分析区（TAZ），并通过 TAZ 的质心实现 O-D 量分配。由于 TransitNet 已经计算出了站点对之间的公交 O-D 量，可以直接将站点看成是 TAZ 的质心，这样也自然省去了建立质心-节点连杆的步骤。

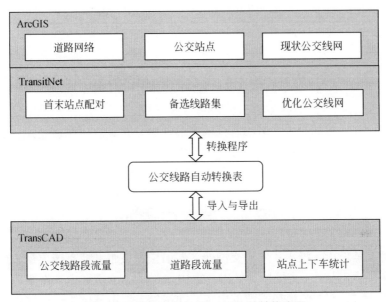

图 8.12 软件系统与 TransCAD 的转换流程

9 武汉市多模式公交线网优化案例

从国内外发表的学术文献来看，基于各种启发式算法研究多模式公交线网优化，理论和方法研究的比较多，大规模真实案例的研究比较少。本章阐述基于遗传算法的多模式线网优化体系在武汉市应用的案例。

9.1 武汉市概况

武汉市是长江、汉水、府河交汇处，湖泊星罗棋布，拥有国内最大的城中湖东湖，面积达 33km²。主城区内蛇山、龟山、小洪山、珞珈山、南望山、瑜伽山连绵相望，山湖相间，形成独特的山水空间格局。城市建设用地因这种山水分割呈现出不规则和较分散的布局，"武汉三镇"（汉口、武昌、汉阳）由长江、汉水分割而成，在历史上就奠定了大武汉的地位。

2007 年，武汉城市圈就被确定为中部地区"两型社会"（资源节约型、环境友好型社会）综合配套改革实验区之一。在寻求城乡统筹发展模式的过程中，实施了大东湖生态水网、梁子湖生态保护等重点工程，建立了东湖国家自主创新示范区、武汉国家新型工业化产业示范基地等国家级示范区，投入大量资金建设城际铁路、航空港及高速公路网。

作为华中地区的政治、经济、文化中心，武汉市在其周边 300km 腹地范围内一枝独秀，首位度极高，拥有全国知名的雄厚科教基础，经济实力较强。武汉市 2012 年普通高校 79 所，中等职业技术学校 129 所，在校大中专学生 118 万人。拥有 5 个产值超千亿元的行业，分别是汽车及零部件、能源及环保、装备制造、电子信息以及食品烟草。此外，生物医药、纺织服装、建材、日用轻工等行业增长迅速。航空航线增长较快，203 条民用航线中，国际航线 19 条，国内航线 184 条；航空旅客吞吐量达 1398 万人，增长 12.2%。公路通车里程 1.3 万 km。全年接待国内旅游人数 14 067.70 万人次，比上年增长 20.9%；接待海外旅游人数 150.89 万人次，增长 30.2%（武汉市统计局，2013）。近年来南北、东西方向高铁线路陆续建成，使武汉市的聚集能力与日俱增，形成建设国家中心城市的目标定位。

经济发展伴随着人口增长，2011 年全市 13 个行政区有 276.5 万户居民，年末户籍人口达 827 万人，登记的常住人口总数达 1002 万人。这其中七个主城区，即江岸区、江汉区、硚口区、汉阳区、武昌区、青山区、洪山区，共 159.1 万户，户籍人口为 477 万人，常住人口为 622 万人（武汉市统计局，2012）。将旅游人口和暂住流动人口计算在内，主城区内每天的活动人口总量可达 700 万人左右，这对城市薄弱的交通设施是一个严峻考验。

自 20 世纪 90 年代以来，武汉市机动车稳步增长，1990 年机动车总量仅接近 11 万辆，2012 年机动车总量达 134 万辆，年均增长 12%（图 9.1）。这其中，2008 年之后总量增长呈加速趋势。参照过去 22 年机动车辆总量的增长历史，根据多项式回归分析，可估算 2022 年机动车总量将达到 250 万辆左右。虽然这个规模与北京、上海、广州等一线城市还有差距，但武汉市道路基础设施相对薄弱，对于机动车的发展战略需要及早谋划。

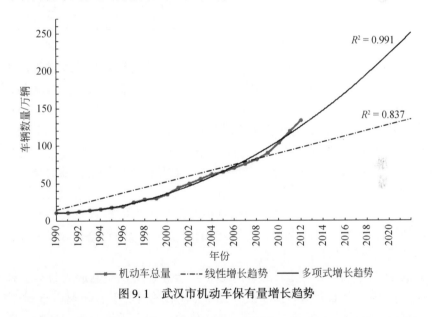

图 9.1 武汉市机动车保有量增长趋势

为迎接机动化时代的到来，武汉市对交通基础设施的投入逐年增加。2011 年城市道路里程达到 2840km，人均道路面积约 12m^2。2011 年交通建设投资总额达 540 亿元，比上一年增长了 90 亿元，其中轨道建设投资 132 亿元。自 2009 年以来，交通基础设施投资占全市地区生产总值保持在 8% 左右。武汉市历年交通建设投资情况，如表 9.1 所示。

表 9.1 武汉市历年交通建设投资情况

指标	1990 年	1995 年	2000 年	2006 年	2007 年	2008 年	2009 年	2010 年	2011 年
全市生产总值/亿元	177	608	1208	2590	3142	3960.1	4620.18	5565.93	6756.2
固定资产投资/亿元	39	322	462	1325	1732.8	2252.1	3001.1	3753.2	4255.2
基本建设投资/亿元	14	112	141	232	468	592.7	863.6	1128.0	981.4
交通建设投资/亿元	1	10	40	156	208	269.2	382.3	450.4	540.8
轨道建设投资/亿元	——	——	——	4.3	7.9	27.5	50.68	102.2	132.6
交通建设投资占固定资产投资比例/%	10	9	28	18	12	12	13	12	12.7
交通建设投资占全市生产总值比重/%	0.8	1.6	3.3	6	6.6	6.8	8.3	8.1	8.0

资料来源：武汉市交通发展战略研究院，2012

2010 年以来城市交通面临的严峻的形势，机动化和交通需求增长迅速，道路交通压力持续加大，主城区高峰小时流量大于 5000 辆的路口逐年增加，2011年已达 100 个路口。过江交通需求逐年增长，极端天气、道路施工对交通运行影响较大，路网可靠性较低（武汉市交通发展战略研究院，2012）。一个比较重要的问题是，武汉市曾经花大气力控制住摩托车和"麻木"的发展，但随着电动车的快速市场化，政策措施滞后，带来电动车数量的大幅增加，并对交通安全构成极大的威胁。根据交通管理部门的统计，电动车引起的交通事故已经占全市交通事故的 70% 以上。从低碳城市和绿色出行的发展方向来看，对于电动车和自行车的使用需要进行鼓励和倡导，但目前的问题在于城市道路基础设施建设中对非机动车道网络的关注远远不够。

武汉主城区"两江三镇"的空间形态必然导致跨江交通成为整个交通系统的瓶颈。自 1957 年长江大桥通车后，几十年里没有建设跨江桥梁，直到 1995 年长江公路桥建成后才形成第二通道。2000 年白沙洲大桥作为西三环的一部分建成通车，2009 年连接汉口和武昌核心城区的长江隧道打通，2010 年作为东三环一部分的天兴洲公铁两用桥建成，2011 年年底二七长江大桥建成，形成 6 座跨长江通道。这其中，长江大桥、长江公路桥、长江隧道位置靠近城市核心区，承担了大部分过江客流（表 9.2）。为理顺路网系统，其他通道还在规划建设中，如长江大桥与白沙洲大桥之间的鹦鹉洲大桥预计 2014 年年底可建成。

表 9.2 武汉市主城区跨长江通道 2011 年平均日交通量

时段	年份	长江大桥	长江公路桥	白沙洲大桥	长江隧道	天兴洲大桥	合计
全天 流量 （混合车）	2007	87 799	123 621	38 018	—	—	249 428
	2008	94 278	13 003	46 718	—		271 049
	2009	97 495	124 420	37 514	48 934	—	308 363
	2010	96 055	124 260	54 479	57 985	25 055	357 834
	2011	95 158	135 306	72 328	55 502	31 981	39 0275
高峰 流量 （混合车）	2007	5 947	8 506	3 169	—	—	17 622
	2008	6 133	9 727	4 652	—		20 512
	2009	6 164	9 504	5 248	3 921		24 837
	2010	5 918	8 681	5 214	4 533	2 148	26 494
	2011	5 787	9 782	7 286	4 730	3 699	31 284

资料来源：武汉市交通发展战略研究院，2012

9.2 武汉市公共交通发展与规划

武汉市公共交通模式构成包括地铁、轻轨、BRT、公共汽车、电车、轮渡、出租车、公共自行车等，由于轨道交通建设滞后，常规公交一直是公共客运的主体。2011 年，武汉市公交运营车辆 7406 辆，比上年增加 405 辆，其中普线车887 辆，专线车 6449 辆。在线网和车辆增加的同时，公共汽、电车年客运量却在减少，2011 年约为 14.7 亿人次，比上年减少 4.1%；日均客运量为 403.6 万人次，比 2010 年日均减少 17.3 万人次。2011 年全年总行驶里程约 6.7 亿 km，运营收入约 21.7 亿元，两项指标均高于 2010 年的水平（表 9.3）。根据 2008 年的公交出行调查，居民平均出行耗时 33min，公交出行平均时间为 51min。随着道路与桥梁不断建成，促进了路面公交的发展得到加强，而轮渡交通由于换乘设施、运营管理等方面的问题，轮渡交通客运量所占份额已很低。小公共汽车经过改组，逐步纳入常规公共汽车行列，促进了公交线网的整体优化布局。

表 9.3 公共汽、电车客运量及运营车辆变化

指标	2007 年	2008 年	2009 年	2010 年	2011 年
线路条数/条	274	277	307	285	295
线网长度/km	1 040	1 092	1 100	1 172	1 212
线路长度/km	4 937	5 306	5 463	5 541.5	5 862

指标	2007 年	2008 年	2009 年	2010 年	2011 年
车辆总数/辆	600	6 976	7 241	7 001	7 406
其中: 无轨电车/辆	196	216	244	236	196
空调车/辆	2 670	4 067	4 067	4 871	—
年客运量/亿人次	13.90	14.34	16.56	15.36	14.73
日客运量/万人次	380.8	394.0	453.73	420.83	403.55
总行驶里程×10^4 km	69 991	55 046	55 464	59 274	67 239
运营收入/（万元/年）	179 955	203 174	205 691	205 753	217 498

资料来源: 武汉市交通发展战略研究院, 2012

由于城市特殊的山水空间结构, 在道路形态方面体现出总量偏低、道路等级结构不合理、空间布局不均衡、道路用地不连续等问题, 制约了城市交通的发展。在公共交通层面, 表现出超长的公交线路、超高的线路重复率、超强的线路客流不均衡性, 公交系统整体运营效率较低。现阶段, 由于长江隧道不通公交车, 中心城区的越江公共汽电车都从长江大桥（一桥）和长江公路桥（二桥）经过, 这两桥的公交线路数量都在 50 条以上, 基本是占了一条车道的空间。

在这种背景下, 快速大运量公交的建设就势在必行了。武汉市首条轨道线路, 轨道交通（轻轨）1 号线一期工程, 于 1999 年获得国家计划委员会正式批准立项。轨道交通 1 号线一期工程利用原京汉铁路旧址, 为高架轻轨线路, 走向与长江和汉江平行, 全程 9.8km, 2004 年建成通车。由于里程短, 且不在居民出行需求走廊上, 这段轻轨一度只能作为旅游观光的公共交通工具, 至 2010 年二期在两端延伸线建成后, 形成约 29km 的高架轻轨线路, 客流才稳步增长。过江需求在 2012 年地铁 2 号线建成通车后, 才真正得到缓解。2013 年年底, 连接武汉火车站和武昌火车站的地铁 4 号线将建成通车, 之后的若干年, 每年可望开通一条地铁线。武汉市以轨道交通为骨干的公交网络将逐步形成。

武汉市自 2002 年起开始制定轨道交通网络规划, 设计了 7 条线路、总长约215km 的轨道交通网络, 2006 年国务院批准了武汉市城市快速轨道交通建设规划; 2008 年武汉市编制了新的轨道交通线网规划, 形成了武汉市城市轨道交通近期（2010~2017 年）建设规划方案, 提出了由 12 条线路组成的全长 540km 的轨道交通线网（图 9.2）。《武汉市城市轨道交通近期建设规划（2010~2017年)》以武汉市目前正在实施的 3 条轨道交通线为基础, 以远景年 12 条轨道交通线网为依据, 贯彻落实城市总体规划, 实现城市交通发展战略目标, 在满足城市财力、客流需求和建设能力的前提下, 在已批复并正在实施的 1 号线、2 号线一

期、4 号线一期的基础上，延伸轨道交通 1 号线、2 号线、4 号线，新建 3 号线和
6 号线、7 号线、8 号线一期工程，到 2017 年轨道交通建设总规模达到 215.3km，
其中新增线路长度约 142.6km，基本形成覆盖武汉三镇的轨道交通网络体系。

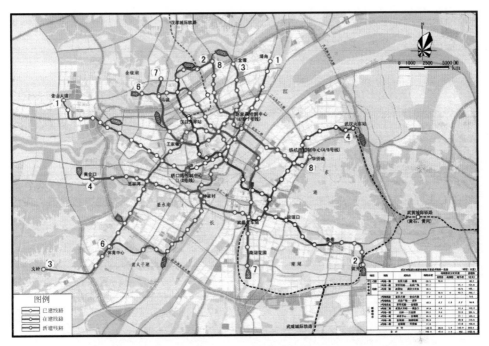

图 9.2　武汉市城市轨道交通近期建设规划（2010～2017 年）
资料来源：武汉市城市综合交通规划设计研究院，2009

　　为适应新形势下城市空间发展，武汉市又于 2013 年对城市轨道交通近期
（2013～2020 年）建设规划进行调整，调整四条线路，包括 5 号线、机场线、11
号线东段（左岭线）和 11 号线西段（蔡甸线）。共新增线路 77.2km，这样至
2020 年，武汉市轨道线网规模将达到 291.2km。与此同时，作为快速公交的补
充，结合路面公交客流状况，武汉市也规划了 8 条 BRT 公交走廊。

9.3　多模式线网优化的数据描述

　　本章的案例分析由两部分组成，一是轨道交通线网优化，二是轨道交通条件
下常规公汽线网优化。两个案例分析均采用前一章所描述的基于遗传算法的线网
优化方法，其中数据基础、技术流程和有关参数设置根据优化对象有一定差别。
案例分析工具来源于自主研发的 TransitNet 软件，这是一个基于 ArcGIS 平台的二

次开发软件。

　　根据前几章理论与方法的介绍，公交线网优化中需要的数据包括：基础道路网、土地利用、人口统计、现状及规划公交网络、现状公共交通运行数据等。案例研究以武汉市中环线内的城市空间为范围，面积共计475km²。

9.3.1　基础道路网

　　城市基础道路网，通过GIS平台处理为完全的结点-弧段结构，包含基础道路网1043km，道路边2094条，道路结点1272个（图9.3）。数据获取时间正处于武汉市道路系统升级完善的主要阶段，因此，道路网络体系尚不完整，道路等级体系不够完备。

　　公交站点集是基础道路网结点的子集，为避免存在过大的站点间距，对长度超过1km的路段进行分割形成道路结点。数据库中基础路网结点、常规公交站点、轨道交通站点三者存储于同一文件中，利用属性值予以说明。

　　基础道路网也是配准所有其他数据的空间参照基础。

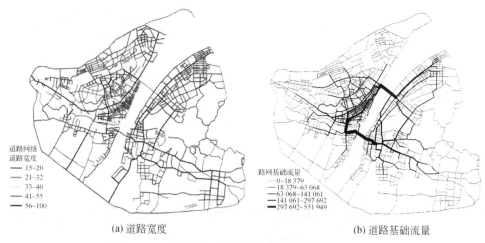

(a) 道路宽度　　　　　　　　　　　(b) 道路基础流量

图9.3　武汉市基础道路网

9.3.2　土地利用

　　城市土地利用，按照城市标准的土地利用分类进行编码，并给出各类土地利用可以获得认可或工作岗位的权重值。结合实地补充调查，将土地利用分至中类或小类。土地利用数据按照30m栅格进行细化，构成栅格空间单元。根据1990

年版城市用地分类标准，在 475km² 研究区域内，居住用地 111.3km²，占 23.43%；公共设施用地 51.9km²，占 10.92%；工业用地 37.8km²，占 7.95%；水域和其他用地 192.3km²，占 40.48%；另外尚有未确定的建设用地（表9.4）。建设用地面积总共只占研究区域的 60% 左右，也体现出武汉市中心城区的特殊空间结构。

表 9.4　研究区域土地利用构成

用地类型	面积/km²	比例/%
居住用地	111.3	23.43
公共设施用地	51.9	10.92
工业用地	37.8	7.95
在建用地	23.9	5.03
绿地	22.9	4.82
市政公用设施用地	10.7	2.25
对外交通用地	9.2	1.93
仓储用地	7.2	1.51
特殊用地	6.9	1.45
道路广场用地	0.9	0.18
水域与其他用地	192.3	40.48
合计	475.0	100

土地利用的用途，一是根据人口统计单元将人口数据分解到居住区为主的栅格空间单元，二是基于可达性模型计算非居住建设用地上的公交出行吸引量。为便于数据分解操作，根据用地空间位置，又设置了同质区，同种用地在不同的同质区中的权重值可能不一样，如中心城区的二类居住用地与外围区的二类居住用地，其人口密度存在不同。

9.3.3　人口统计

人口统计数据，包括统计单元及统计值。我国的人口统计口径以行政单元为基础，可以细致居委会/社区层次。但由于居委会/社区的空间边界常常不清楚，导致统计人口在该层次难以落地。为此，采用双约束蒙特卡罗数据分解方法将街道级别的人口分解到30m的栅格空间单元中，其中参考了土地利用布局。

人口数据是预测公交出行的必要条件，站点上的公交发生与吸引量通过效用函数直接决定了对候选线路的筛选。案例使用的人口数据，以 2000 年的武汉市人口普查为基准，通过近年发布的人口统计数据进行完善补充。

9.3.4　现状及规划轨道交通线路及站点

参照武汉市城市轨道交通近期建设规划建立 GIS 轨道数据库，作为现状和规划轨道线网的依据。在本案例研究区域内，近期建设方案线路三条，包括轨道 1 号线、2 号线、4 号线，全长 86km；远期建设方案线路八条，研究区域内全长 197km，轨道站点 119 个（图 9.4）。这八条线路中，5 号线属于最早的初始方案，并未出现在轨道交通 2010～2017 年近期建设规划方案中。为保证分析的延续性，案例分析中对 5 号线仍进行了保留。

图 9.4　远期八条轨道交通线路

9.3.5　现状常规公交线路及站点

现状常规公共汽电车线路可用于对比分析，而现状公交站点是进行站点优化的重要参考条件。研究范围内现状常规公共汽电车线路共 230 条，线路总长 3904km，线路重复率为 7.2，平均线路长度 16.7km，线网密度 2.4km/km²，最大线路长度 35.6km（图 9.5）。为便于对比分析，对一些跨研究范围边界的线路，根据其在研究范围内的长度进行了取舍，一般只保留大于 5km 的线路。

- 现状常规公交站点
— 现状常规公交线路
─ 基础道路网络

图 9.5 现状常规公交线路

9.3.6 其他数据

其他辅助数据包括官方发布的年度报告、统计数据，以及专门的公交出行调查数据。这些数据的作用是测算公交出行预测模型的有关参数、估算城市公交系统的规模、评估线网优化的效果等。

9.4 轨道交通网络优化及评价

基于遗传算法，结合道路网布局、城市土地利用特征与人口分布状况，尝试实现快速公交网络的空间优化配置。快速公交包括轨道交通和快速公汽交通

（BRT），二者在优化的数据基础方面存在不同，主要是轨道线路不一定沿道路网布局，需要设置单独的轨道基础网；而 BRT 则可以直接利用基础道路网。

　　本案例集中于轨道交通网络优化，目标面向全局整体配置优化，必要的步骤包括构建基础网、站点优化布局、公交出行需求预测、候选线路生成、空间配置优化。

9.4.1　站点搜索

　　轨道站点需要进行空间均衡配置，轨道站点的确定可以按照两个阶段来完成：第一阶段，指定对外交通枢纽、金融中心、大型居民区、大型文体活动场所等人流密集地点作为必设站点；第二阶段，应用最大覆盖集模型对候选站点进行定位分配计算后获得的优化站点集（图 9.6）。在最大覆盖集模型中，对轨道站点间距需要着重考虑，根据国家规范，在市中心区以 800～1000m 为宜，在外围区以 1000～2000m 设置。

图 9.6　轨道交通站点优化分布

　　轨道交通首末站的确定不同于常规公交之处在于其对用地条件的需求，由于车辆的停放和保养需要较大的场地，轨道交通首末站多选择在城市建成区的边缘地带。为了方便与其他交通方式的换乘，在建成区边缘选择轨道交通首末站时，优先考虑城市主要进出口道路、长途客运站、机场和码头等位置的附近。

9.4.2　关键线路搜索

　　轨道交通候选线路以基于站点的空间优化为原则。首先在首末站点间两两配对，线路长度超过预设最长线路长度或者短于最小线路长度的站点对间将不设置线路。由于轨道交通的线路不一定完全沿城市道路敷设，故而其需要为其重新构网；同时轨道交通线路需要避免在非站点处的交叉，故而可选择不规则三角网（TIN）网络构建站点间的连接边（图 9.7）。根据实际地形对这些边进行整理，去除明显不可能的边，如与现有过江通道重合的边不宜保留，过长的边不宜保留。后续的优化过程在这些网络边上敷设线路后，再依据实际道路网络和用地情况，将线路适当调整，以形成实际的建设线路。

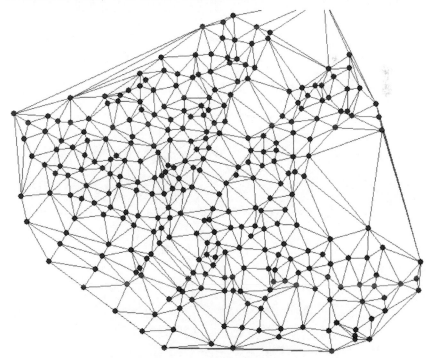

图 9.7　轨道基础边生成模式

在此基础上，寻找满足条件的 K 最短路；对 K 最短路在满足最大线路长度限制的同时，要求满足线路平均站点流量（$q = \sum$ 沿线站点客流量/线路长度）或线路平均流量（$q = \sum$ 沿线路段客流量/线路长度）大于设定值的限制，以及满足线路非直线系数小于设定值的限制。按以上原则找出每对站点对之间的 K 最短路，组成轨道交通候选线路集。

9.4.3　快速公交线网布局分析

在轨道交通候选线路集中，运用遗传组合优化算法，搜索一套可行性好的轨道交通线路。在每对首末站点对之间只保留一条线路，由这些线路构成一套轨道交通线路网。遗传算法的适应函数采用线路上站点的 PA 值平衡。为体现现状情况，优化前将已开通的轨道交通 1 号线、2 号线直接作为现状线路保留，参与优化参数的计算。遗传算法有关参数可以进行调整，以获得不同的实验结果。图 9.8 是其中一套参数的优化结果，其中有些站点并没有线路经过。原来武汉市 2008 年版的线网中设置了 5 号线，后来修编时取消了，从图中的结果也可得到解释。该结果强化了过江线路的重要性，线网布局的空间均衡性也较理想。但同时

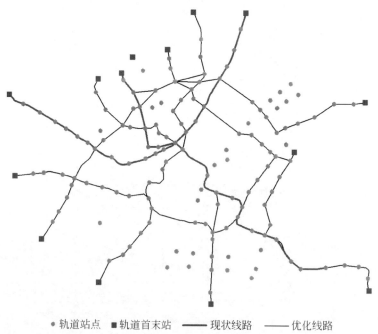

● 轨道站点　■ 轨道首末站　——— 现状线路　——— 优化线路

图 9.8　轨道线网优化结果一例

也应注意到还存在一些现实问题，如武汉高铁站的线路设置不够合理。基于 TransitNet 优化轨道线网的真正意义在于，通过该工具能够快速得出多套线网配置方案及其指标，规划师可以对这些方案进行比较、分析和取舍，最终获得比较合理的规划方案。从这个意义上来看，该软件也属于规划支持系统一类的工具。

虽然 TransitNet 并不直接给出线路的客流分配结果，但仍然可以通过轨道边的初始基础流量来初步估算线路的客流。其依据是轨道线网优化过程中保证了线路之间相互不重叠。为此，将线网优化方案的客流量提取出来，统计出全系统、1 号线、2 号线的客流数据。将这些指标与《武汉市轨道交通近期建设规划（2010～2017 年）》中给出的指标进行对比，可以发现客流量的数据比较接近（表 9.5）。由于本案例只分析了三环以内的区域，而近期建设规划中有几条线路超出了这个区域，因此这种比较存在一定的局限性。

表 9.5　轨道案例线网与官方数据的对比

指标来源	线网总长 /km	轨道客流量/（万人次/日）		
		全日	现状 1 号线	现状 2 号线
TransitNet 线网优化指标	167.6	335.2	75.4	71.5
武汉市轨道交通近期建设规划（2010～2017 年）指标	215.3	349.5	74.4	80
相对误差	23.1%	5.4%	−0.9%	10.6%

9.5　常规公共汽车网络优化及评价

常规公共汽车网络线路条数多，覆盖面广，线路重复系数大，客流分析复杂，一般比轨道交通更接近居民的出行端点。在没有条件建设轨道交通或轨道交通线路较少的城市，常规公共汽（电车）必然成为城市公交运输的主力。

9.5.1　方案设计

为验证基于站点的公交线网优化流程的有效性，针对武汉市的状况设计了三大类情景，即无轨道交通（A 类）、近期三条轨道交通线路投入运行（B 类）、远期八条轨道交通投入运行（C 类）的情况。A 类情景已不符合当前及未来的发展状况，但作为过去的参照可与 B 类和 C 类进行比对，同时也用以证明在没有快速公交的大城市中软件系统的适用性。对于每一类情景设定，根据常规公汽线路长度约束条件又给出三种选项，即 8～25km（1 类）、6～20km（2 类）、4～16km

（3 类）。线路长度约束是一种硬性指标，只有满足条件的站点对才会被加入初始集并生成候选线路。这样共构成 9 种情景方案，分别用 $A_1 \sim A_3$、$B_1 \sim B_3$、$C_1 \sim C_3$ 来表示（表 9.6）。

表 9.6　公交线网优化案例方案构建

情景方案	常规线路长度约束/km			基础网络流量/万人次		
	8 ~ 25	6 ~ 20	4 ~ 16	轨道	常规	总量
无轨道交通 A	A_1	A_2	A_3	—	488	488
近期轨道建设方案 B（1 号、2 号、4 号轨道线路）	B_1	B_2	B_3	185	365	550
远期轨道建设方案 C（所有八条轨道线路）	C_1	C_2	C_3	332	269	601

三大类的公交流量通过 TransitNet 系统 PA 值计算功能算出。这是基于距离衰减函数的可达性模型，对于轨道站点，选取 1000m 的距离范围；对于常规公交站点，选取 500m 的距离范围。从表 9.6 可以看出，在无轨道交通的情形下，每日常规公交出行总量约为 488 万人次，这个数字略大于过去几年官方的实际统计数据。随着轨道交通的加入，常规公交流量逐渐减少，分别为 365 万人次和 269 万人次，而轨道交通客流则随线路条数增加而增大，分别为 185 万人次和 332 万人次。公交客流总量也保持增长。

将公交客流分配到基础道路段或轨道段上，可获得客流的空间分布（图 9.9）。图 9.9（a）是无轨道 A 类方案的基础客流，图 9.9（b）是远期八条轨道 C 类方案的轨道和道路基础客流。可以看出，大的公交客流分布在城市的骨架路网上，尤其以过江客流最大。轨道交通条件下，常规公交客流总量减少，过江需求也低于无轨道的客流。

常规公交首末站点总数统一设定为 40 个，其位置保持不变。候选线路的其他 5 类约束条件的值保持不变，即最大非直线系数 2.0、最少线路站点数 6、线路最小公里流量 1000、线路最小均衡效益值 0.2、与轨道线路的最大重复站点数 5（A 类方案不需要此参数）。其中，最少线路站点数是保证线路具有可开条件，是在线路长度约束的基础上的进一步约束；线路最小公里流量条件从基础道路边流量中提取，按公里取其经过道路边流量总和的平均值。此外，为保证同一对首末站点之间的第 k 条候选线路与前面 $k-1$ 条的候选线路有较大的差别，规定它们之间至少有 3 个不同的站点。

线网优化的参数取值为线网规模 260、种群规模 40、交叉概率 0.7、变异概率 0.3、适应函数采用站点 PA 值函数（即站点 PA 值与经过该站点的所有线路运

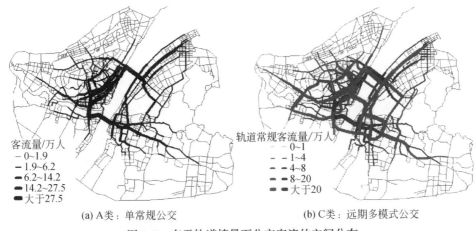

客流量/万人
- 0~1.9
- 1.9~6.2
- 6.2~14.2
- 14.2~27.5
- 大于27.5

轨道常规客流量/万人
- 0~1
- 1~4
- 4~8
- 8~20
- 大于20

(a) A类：单常规公交　　　　　　　　(b) C类：远期多模式公交

图9.9　有无轨道情景下公交客流的空间分布

力的协调度)、迭代次数400次。

在实际线网规划中，需要对成熟线路予以保留，不可能全盘推翻重新规划。TransitNet系统也提供了保留现有高效线路的功能，也可以通过线路效益值来评价现状线路。本案例分析中不考虑现有线路的分布，只对轨道交通线网的存在予以区分。

9.5.2　方案结果

分别针对 A、B、C 三种轨道交通状况，依据常规线路长度的三种约束条件生成候选线路，通过遗传算法进行优化，获得九种方案的优化线路集及其指标。图9.10是近期轨道条件下 B_1 和 B_2 两种长度限制产生的候选线路和优化线路集。

对各方案的线网进行指标统计，获得表9.7的结果。其中，初始线网规模是存在有效候选线路的首末站点对数量，即可以构成的最大有效线路集。每个站点对之间有不超过 K 条的候选线路，因此所有候选线路数量远大于初始线网规模。设定线网规模是在优化过程中限定的优化线路集大小，它是初始线网规模的子集。通过设定线网规模，产生可比性的方案指标。本案例分析中，将所有方案的实际优化线路集规模设置为260条。当初始线网规模小于这个数量时，设定线网规模等于初始线网规模。覆盖率指标基于覆盖的人口比例进行计算，系统也可以同时计算覆盖的建设用地比例。

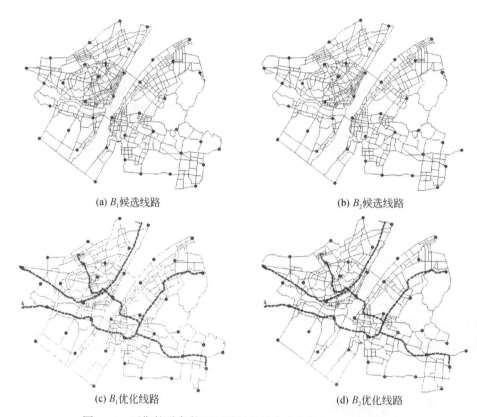

(a) B_1候选线路　　　　　　　　　　　　　(b) B_2候选线路

(c) B_1优化线路　　　　　　　　　　　　　(d) B_2优化线路

图 9.10　近期轨道条件下两种长度约束产生的候选和优化线路

表 9.7　线网规模为 260 条时九种情景方案指标

方案编号	A 无轨道			B 近期三条轨道			C 远期八条轨道		
	A_1	A_2	A_3	B_1	B_2	B_3	C_1	C_2	C_3
设定线网规模/条	260	260	260	260	260	260	260	260	260 *
初始线网规模/条	525	493	358	448	395	330	285	277	248
候选线路总数/条	4049	3345	2511	3464	2997	2397	2067	1987	1706
公交线路总长/km	4289	3556	2854	4176	3570	2858	4040	3368	2605
平均线路长度/km	16.5	13.7	11.0	16.1	13.7	11.0	15.5	13.0	10.5
平均非直线系数	1.32	1.33	1.34	1.31	1.33	1.36	1.36	1.34	1.36
线网密度/（km/km²）	9.1	7.6	6.1	8.9	7.6	6.1	8.6	7.2	5.5
线路网密度/（km/km²）	1.49	1.54	1.50	1.48	1.48	1.48	1.5	1.5	1.5
线路重复率	6.1	4.9	4.0	6.0	5.2	4.2	5.7	4.8	3.9

续表

方案编号	A 无轨道			B 近期三条轨道			C 远期八条轨道		
	A_1	A_2	A_3	B_1	B_2	B_3	C_1	C_2	C_3
平均站距/m	721	718	683	726	704	693	756	746	720
300m 覆盖率/%	66.3	66.0	68.3	66.7	66.7	66.3	63.8	64.0	64.6
500m 覆盖率/%	90.3	90.9	91.1	90.5	90.3	90.6	89.1	89.9	89.9
直达率/%	13.0	12.0	9.0	18.0	17.6	16.0	16.7	15.3	14.5
一次换乘率/%	75.1	68.7	63.6	71.3	68.5	66.0	73.2	71.3	68.2
二次换乘率/%	11.9	19.3	27.0	10.7	13.8	17.8	10.0	13.4	17.2

* 当设定线网规模大于可构建的初始线网规模时，取初始线网规模

9.5.3　分析评价

9.5.3.1　轨道交通对常规公交线网的影响

随着轨道线路的加入，初始线网规模（即具有有效候选线路的站点对数量）逐渐减少。如对于 8~25km 的方案，无轨道可有 525 条初始线网，三条轨道线加入后尚有 448 条初始线网，八条轨道加入后降至 285 条。到 C_3 方案甚至已经低于设定的线网规模（260 条）。产生这种现象的原因是系统在优选线路选择阶段规定了候选线路不得与轨道线路有 5 个以上的重叠站点，轨道线路越多，产生这种重叠数量的候选线路越多。轨道线路的加入降低了线路总长、平均线路长度、线网密度等指标值，覆盖率指标总体上也略有降低。

轨道线路本身属于长距离快速运输，因此其对长线路的常规公交具有约束作用。因此，从配置效率来看，可在原有基础上适当降低常规公交线路长度，这种改变也不会影响公交系统的空间服务水平。这一点对武汉市历史上形成的超长线路的调整是有借鉴意义的，实际上已经有实例。2012 年年底地铁 2 号线开通后，光谷至汉口站可直达，原有的承担此区间运营的公交 536 在半年之后乘客量下降一半，被迫调整走向，缩短线路长度，成为不过江线路。

在常规公交线网生成后，尽管系统不能进行详细的公交分配运算，但可以统计每条基础道路边经过的线路条数来大致了解公交运力与需求的关系。设一条公交线路在道路断面最大运力为每天 m 人次，该道路段的公交线路为 n 条，则该道路段的公交运力 $C = m \times n$；同时，在 PA 值到 O-D 数据转换过程中已经获得了该道路段的公交流量需求 Q，通过比值 $p = Q/C$ 来初步判断供给与需求的符合程度。如前所述，$p = Q/C$ 不是交通配流意义下的负荷度（V/C 比），可以称之为"准负

荷度"。考虑到常规公汽车型多样及公交服务水平的可变性，定义 $p<0.2$ 为运力过剩，$p\in[0.2,1.25]$ 为运力相当，$p>1.25$ 为运力不足，取 $m=20\,000$ 人次，则获得九个方案的"准负荷度"分布（图9.11）。可以看出，在设定的260条线网规模下，八种方案都存在50%以上的运力过剩。在同类方案内，线路长度越低，则运力相当的比例越高，说明缩短线路长度有利于提升整体服务水平。在多模式公交系统中，轨道交通线路越多，运力过剩的比例越高，如 C 类方案中运力过剩比例明显高于 B 类方案。因此，在轨道交通线网逐步完善的过程中，有必要逐渐缩减常规线网规模，优化线网覆盖，实现常规公交与轨道交通的有效衔接。

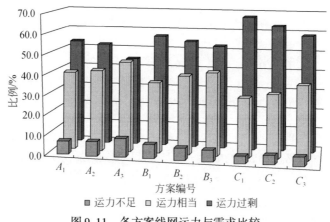

图9.11　各方案线网运力与需求比较

9.5.3.2　线路长度的影响

针对武汉市的情况，由于长江、汉水、东湖等天然水体的分割，跨江湖的公交线路长度很容易就高于国家标准。对于所有方案，初始线网规模都遵循随线路长度增加而增大的趋势。线路长度约束对线路重复率、线网密度、换乘率等指标具有决定性的影响，而对覆盖的道路网密度（线路网密度）、覆盖率等指标则没有太大影响。线路越长，直达率越高，对乘客越有利，但运营成本增加、准点率降低；线路越短，则换乘率高，需要设置综合高效换乘枢纽才能维持一定的服务水平。

在相同的线网规模设定下，线路越长，公交站点所经过的线路数量越多。如图9.12所示在 B_1 方案优化线网中，有2个站点超过了60条线路，分别达71条和76条线路；有8个站点超过40条线路。而在 B_3 优化方案中，没有超过60条线路的站点，仅有2个站点超过40条线路，而这两个站点就是 B_1 中超过60条线路的站点（分别为古琴台和徐东）。

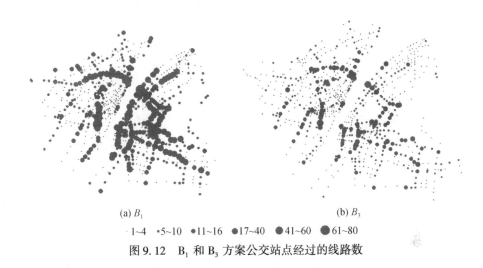

(a) B_1　　　　　　　　　　　(b) B_3

·1~4　·5~10　•11~16　●17~40　●41~60　●61~80

图 9.12　B_1 和 B_3 方案公交站点经过的线路数

从线网优化所获得的指标可知，通过优化前约束参数的设置，优化线网可以克服现状公交线路过长，非直线系数过高的缺陷，线网的几何指标可按照预定要求保持在理想水平。随着约束条件趋向严格，线网规模逐步降低，其敏感程度与轨道交通线路的数量有很大关系。通过设定合理数量的首末站，可以保障初始线网规模大于设定的优化线网规模。

9.5.3.3　多模式条件下的公交协调优化

由于优化过程对线路经过的轨道交通站点数量的限定，轨道建设假定前提的不同导致优化方案线路走向上的差异。以优化方案 A_2 与 C_2 为例：通过比较线路在基础道路段上的分布数量可知，前者线路较均衡地分布于城市干道，而后者则避开了轨道线网的覆盖廊道（图9.13）。C_2 方案中，通过设定常规线路与轨道线路的最大重叠站点数，避免了两种交通方式在空间上的长距离重叠。由此说明多模式约束的优化方法对构建多模式公交一体化体系的有效性。

9.5.3.4　线网规模

预设的 260 条线网规模产生了较高的线网密度（6.1~9.1），超过了国家规范设定的标准。可见，实验所设定的 260 条优化线网规模偏大，有可能通过更少的线网规模来达到类似的指标水平。从 C_3 的结果来看，通过缩减线路数量，仍然可以获得较好的线网密度、覆盖率和直达率。为此，将 A_3、B_3、C_3 方案的优化集规模缩减为 150 条，获得的有关指标如表 9.8 所示。在新设定的线网规模下，三种方案均获得了较为理想的线网密度和线路重复率值，换乘率与 260 条规

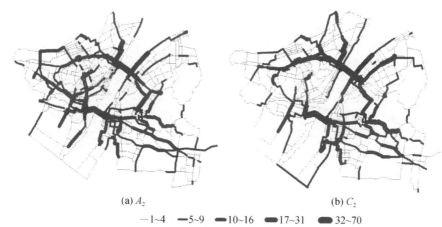

(a) A_2 (b) C_2

—1~4 ■5~9 ■10~16 ■17~31 ■32~70

图 9.13 不同方案道路段上公交线路数量分布情况

模的对应方案基本相当，而覆盖率指标则略微降低。这表明，通过实验对比，有可能通过 TransitNet 系统运算获得全局较优的线网规模，作为线网规划调整的基础。

表 9.8 方案 $A_3/B_3/C_3$ 缩小线网规模为 150 条后的指标

方案编号	A_3	B_3	C_3
设定线网规模/条	150	150	150
公交线路总长/km	1648	1655	1588
线网密度/（km/km²）	3.4	3.6	3.9
线路网密度/（km/km²）	1.32	1.32	1.5
线路重复率	2.6	2.7	2.6
300m 覆盖率/%	65.7	62.9	62.6
500m 覆盖率/%	90	88.1	87.2
直达率/%	8.0	14.4	14.9
一次换乘率/%	56.7	60.5	66.9

将 C_3 两种规模线网的空间分布进行对比，可以发现 150 条线网规模中已经没有超过 25 条线路集中于一条道路段的情形（图 9.14）。二者都是 1.5km/km² 的线路网密度，即线网覆盖了长度基本相同的道路路段。在道路覆盖率相同的情况下，由于总线路数少，在 C_3-150 的基础上进行方案深化和车辆配备更具备可操作性。

参照前面对"准负荷度"的计算模式，对 A_3、B_3、C_3 三种方案的 260 线网

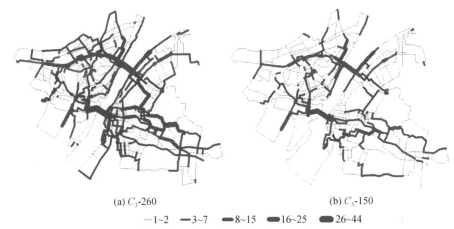

(a) C_3-260   (b) C_3-150

—1~2 ━3~7 ▬8~15 ▬16~25 ▬26~44

图 9.14 远期轨道条件下两种线网规模的公交线路数量空间分布

规模和 150 线网规模分别计算路网公交流量–公交线网运力的比值（表 9.9）。结果表明 150 线网规模的运力过剩的路段比例都降低了 10% 左右，但仍然占有 40% 左右的比例，C_3-150 则接近 50%；运力相当的比例在 A_3 和 B_3 中几乎没有变化，C_3 中运力相当的比例增加明显；与此同时，运力不足路段的比例都有所增加。在多模式环境下，降低线网规模增加了供需平衡度，但总体平衡度水平仍然偏低。这可能与适应函数的选择有较大关系。

表 9.9　线网规模约束下的路网流量与线网运力比值的分布 （单位:%）

运力类型	A_3		B_3		C_3	
	规模 260	规模 150	规模 260	规模 150	规模 260	规模 150
运力过剩	44.8	36.4	52.3	42.6	58.5	49.3
运力相当	45.6	45.4	41.5	42.6	36.5	41.5
运力不足	9.6	18.2	6.2	14.8	5.0	9.2
合计	100.0	100.0	100.0	100.0	100.0	100.0

　　本系列方案采用的适应函数形式为站点 PA 值函数，函数变量为站点 PA 总值与经过该站点的所有线路运力，将二者的差值进行归一化处理，具体参见 8.5.2 节。虽然可以通过调整有关参数以获得较好分布的适应函数形式，但在各方案实验中进行了简化处理，保持所有参数不变。总体趋势是，站点 PA 值与经过线路的运力之间的差值越大，适应函数值越小。图 9.15 给出了 A_3、B_3、C_3 三种方案在两种线网规模（260 条和 150 条）下的适应函数变化。可以看出如下几个特点：

（1）各方案不用 300 次迭代即可获得稳定的最优线网配置。

（2）在适应函数参数保持不变的前提下，150 条线网规模比 260 条线网规模具有更高的适应函数值。

（3）A、B、C 三类方案中常规公交的出行总量，由于受轨道交通的影响，其基数不一样。因此，三类情景之间的适应函数值不具很强的可比性，但某类情景下的几个方案则具有可比性，如可以通过 $A_1<A_2<A_3$，$B_1<B_2<B_3$，$C_1<C_2<C_3$ 的现象，认为 4～16km 的线路长度约定更能体现该模式的公交需求。而从线网规模来看，则是 150 条线网比 260 条线网更能响应该模式的公交需求。

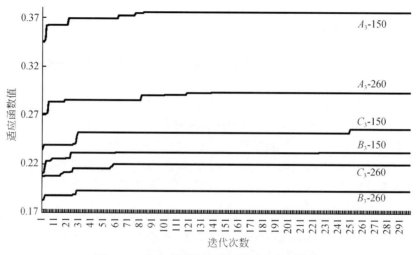

图 9.15 各方案不同线网规模的适应函数值

基于站点的多模式公交线网配置方法综合运用了地理信息系统的空间数据处理能力、公交可达性模型、遗传算法以及公交线网设计的基本原则。在当前大城市公交蓬勃发展的背景下为公交线网规划提出了新思路，其结果可以作为线路进一步设计的有效参考依据。结合该体系编制的专门运算程序能够方便地调整各种参数，以获得多种情景下的线网布局方案，对于方案的比选优化具有一定的实用价值。线网优化过程中，对常规公交现状重要线网予以保留，对轨道线路的约束充分体现，从而可以实现对现状线路的调整计算，特别是轨道线路逐步投入运行过程中，可以分阶段对常规公交线网实施优化配置。所提出的优化体系运算效率可观，一旦基础数据配置完成，可以很方便地模拟各种情景下的线网配置方案。但在站点优化布局和流量分配两个关键问题上，还需要借助其他专业工具来完成。同时，还可以在遗传算法中设计更多具有针对性的适应函数，体现不同背景下的需求特征。

参 考 文 献

Page-Jones M. 2001. UML 面向对象设计基础. 包晓露, 等译. 北京: 人民邮电出版社.

艾明, 王魁生. 2006. 蚁群算法在 TSP 问题中的应用. 电脑知识与技术, (29): 2.

蔡光跃, 董恩清. 2007. 遗传算法和蚁群算法在求解 TSP 问题上的对比分析. 计算工程与应用, 43 (10): 3.

陈爱萍. 2004. 快速公交规划的基本问题研究. 西安: 长安大学.

陈国良, 王煦法, 等. 2001. 遗传算法及其应用. 北京: 人民邮电出版社.

陈茜, 陈学武. 2003. 城市常规公共交通发展水平综合评价指标体系研究. 城市交通, (1): 8-12.

陈学武, 戴霄, 等. 2004. 公交 IC 卡信息采集、分析与应用研究. 土木工程学报, 37 (2): 105-110.

范东涛, 杨涛. 1997. 城市交通流主流向两步聚类筛选方法研究. 中国公路学报, 10 (04): 84-89.

顾保南, 高飞. 2010. 城市轨道交通线网规划的过程性评价方法. 城市轨道交通研究, (05): 6-9.

韩艳, 关宏志, 等. 2010. 公交 IC 卡数据分析处理方法研究. 交通标准化, (19): 14-19.

胡启洲, 邓卫, 等. 2007. 基于定量分析的公交线路网络优化与粒子群算法. 公路交通科技, 24 (10): 129-132.

胡启洲, 邓卫. 2009. 城市常规公共交通系统的优化模型与评价方法. 北京: 科学出版社.

胡小兵. 2004. 蚁群优化原理、理论及其应用研究. 重庆: 重庆大学.

黄正东. 2003. 公共交通实体的详细表达及其在公交出行系统中的应用. 武汉大学学报 (工学版), 36 (3): 69-75.

隽志才, 李志瑶, 等. 2005. 基于活动链的出行需求预测方法综述. 公路交通科技, 22 (06): 108-113.

孔哲, 过秀成, 何明, 等. 2010. 基于动态聚类的大城市公交客流走廊甄别方法. 东南大学学报 (自然科学版), 40 (05): 1084-1088.

李春艳, 陈金川, 郭继孚, 等. 2006. 基于行为的客流预测方法探讨及应用. 交通运输系统工程与信息, 6 (6): 6.

李清泉, 左小清, 等. 2004. GIS-T 线性数据模型研究现状与趋势. 地理与地理信息科学, 20 (3): 31-35.

李铁柱, 刘勇, 等. 2005. 城市公共交通首末站综合评价. 交通运输工程学报, 5 (1): 86-91.

陆锋. 2000. 基于特征的城市交通网络非平面数据模型. 测绘学报, 29 (4): 334-341.

陆锡明, 顾啸涛. 2011. 上海市第五次居民出行调查与交通特征研究. 城市交通, 9 (5): 1-7.

马超群, 陈宽民, 王玉萍. 2010. 城市轨道交通客流预测方法. 长安大学学报 (自然科学版), (05): 69-74.

马良, 项培军. 2001. 蚂蚁算法在组合优化中的应用. 管理科学学报, 4 (2): 6.

梅振宇，葛宏伟，等．2007．基于离散分布的公交站距优化模型．深圳大学学报（理工版），24，(4)：357-362.

邵昀泓，王炜．2008．出行需求分析的新方法：活动模型的应用研究．公路交通科技，25（5）:111-115.

史晨，杨超．2011．基于出行方式链的城市轨道交通客流分析方法．城市轨道交通研究，14（1）：29-32.

孙章，蒲琪．2010．城市轨道交通概论．北京：人民交通出版社．

覃煜，晏克非，等．2000．城市综合客运交通体系中换乘研究．长沙交通学院学报，16（2）：67-72.

陶克，吴小萍．2010．城市轨道交通网络规划的优选决策研究．武汉理工大学学报（交通科学与工程版），(3)：608-610，615.

王鹤，邵良杉，等．2011．蚁群算法在城市公交线网优化中的应用．微计算机信息，27（3）:3.

王凌．2001．智能优化算法及其应用．北京：清华大学出版社，斯普林格出版社．

王炜，陈淑燕，等．2008．"一路一线直行式"公交模式下公交车行驶诱导和调度集成方法．东南大学学报（自然科学版），38（6）：1110-1115.

王炜，杨新苗，等．2002．城市公共交通系统规划方法与管理技术．北京：科学出版社．

魏海磊．2008．我国城市快速公交系统规划方法研究．上海：同济大学．

武汉市城市综合交通规划设计研究院．2009．武汉市城市轨道交通近期建设规划（2010~2017年）．武汉市城市综合交通规划设计研究院．

武汉市城市综合交通规划设计研究院．2011．2011年武汉市交通发展年度报告．武汉：武汉市国土资源和规划局．武汉市交通发展战略研究院．

武汉市交通发展战略研究院．2012．2012年武汉市交通发展年度报告［蓝皮书］．武汉：武汉市国土资源和规划局，武汉市交通发展战略研究院．

武汉市统计局．2012．武汉统计年鉴-2012．北京：中国统计出版社．

武汉市统计局．2013.2012年武汉市国民经济和社会发展统计公报．武汉：武汉市统计局，国家统计局武汉调查队．

杨丰梅，华国伟，等．2005．选址问题研究的若干进展．运筹与管理，14（6）：1-7.

杨晓光，徐竞琪，等．2008．基于乘客平均出行时间最小的公交站距优化模型．吉林大学学报（工学版），38（4）：802-807.

杨兆升．2004．城市智能公共交通系统理论与方法．北京：中国铁道出版社．

于滨，杨忠振，等．2007．并行蚁群算法在公交线网优化中应用．大连理工学报，47（2）：4.

于勇，邓天民，等．2009．一种新的公交乘客上车站点确定方法．重庆交通大学学报（自然科学版），28（1）：121-125.

原永静，王元庆．2007．出行源点用地的居民出行生成预测．城市交通，5（2）：41，60-65.

张生瑞，严海．2007．城市公共交通规划的理论与实践．北京：中国铁道出版社．

张小丽，陈峻，等．2009．基于公交可达性的公交站距优化方法．东南大学学报（自然科学版），39（2）：384-388.

中华人民共和国建设部. 2007. 城市公共交通分类标准. 北京：中国建筑工业出版社.

朱晓宏，丁卫东，等. 2005. 公交客流信息采集的方法与技术. 城市公共交通，(7)：20，21.

住房和城乡建设部. 2011. 城市用地分类与规划建设用地标准（GB 50137-2011）. 北京：中国建筑工业出版社.

Affum J K, Taylor M A P. 1998. Selatm-a GIS based program for evaluating the safety benefits of local area traffic management schemes. Transportation planning and Technology, 21 (1-2): 93-119.

Baaj M H, Mahmassani H S. 1991. An AI-based approach for transit route system planning and design. Journal of Advanced Transportation, 25 (2): 187-209.

Baaj M H, Mahmassani H S. 1995. Hybrid route generation heuristic algorithm for the design of transit networks. Transportation Research Part C: Emerging Technologies, 3 (1): 31-50.

Babazadeh A, Poorzahedy H, et al. 2011. Application of particle swarm optimization to transportation network design problem. Journal of King Saud University -Science, 23 (3): 293-300.

Bagloee S A, Ceder A. 2011. Transit-network design methodology for actual-size road networks. Transportation Research Part B: Methodological, 45 (10): 1787-1804.

Balas E, Padberg M W. 1972. On the set covering problem. Operations Research, 20: 1152-1161.

Beltran B, Carrese S, et al. 2009. Transit network design with allocation of green vehicles: A genetic algorithm approach. Transportation Research Part C: Emerging Technologies, 17 (5): 475-483.

Bielli M, Caramia M, et al. 2002. Genetic algorithms in bus network optimization. Transportation Research Part C: Emerging Technologies, 10 (1): 19-34.

Bowman J L, Ben-Akiva M E. 2000. Activity-based disaggregate travel demand model system with activity schedules. Transportation Part A: Policy and Practice, 35 (1): 1-28.

Brinckerhoff P. 1996. Transit and Urban Form. TCRP Report 16, vol. 1. Washington: Transportation Research Board, National Research Council.

Brommelstroet M T, Bertolini L. 2011. The Role of Transport-Related Models in Urban Planning Practice. Transport Reviews, 31 (2): 139-143.

Buchanan C. 1964. Traffic in towns : the specially shortened edition of the Buchanan report. Harmondsworth: Penguin Books in association with H. M. S. O.

Butler J A, Dueker K J. 2001. Implementing the enterprise GIS in transportation database design. URISA Journal, 13 (1): 17-28.

Calabrese F, Diao M, et al. 2013. Understanding individual mobility patterns from urban sensing data: A mobile phone trace example. Transportation Research Part C: Emerging Technologies, 26 (0): 301-313.

Carrese S, Gori S. 2004. An Urban Bus Network Design Procedure//Patriksson M, Labbé M. Transportation Planning-state of the Art. Dordrecht: Kluwer Academic Publishers.

Ceder A, Wilson N H M. 1986. Bus network design. Transportation research part B, 20 (4): 331-344.

Ceder A. 2002. Urban transit scheduling: Framework, review and examples. Journal of Urban Planning and Development-Asce, 128 (4): 225-244.

Ceder A. 2007. Public Transit Planning and Operation: Theory, modelling and practice. Oxford: Elsevier.

Chakroborty P. 2003. Genetic Algorithms for Optimal Urban Transit Network Design. Computer Aided Civil and Infrastructure Engineering, 18 (3): 184-200.

Chakroborty P, Deb K, et al. 1995. Optimal scheduling of urban transit systems using genetic algorithms. Journal of Transportation Engineering, 121 (6): 544-553.

Chakroborty P, Dwivedi T. 2002. Optimal route network design for transit systems using genetic algorithms. Engineering Optimization, 34 (1): 83-100.

Chang S K. 1991. Radial bus networks with multi-period and many-to-many demand. Journal of Advanced Transportation, 25 (2): 225-246.

Chien S I, Qin Z Q. 2004. Optimization of bus stop locations for improving transit accessibility. Transportation Planning and Technology, 27 (3): 211-227.

Choi K, Jang W, 2000. Development of a transit network from a street map database with spatial analysis and dynamic segmentation. Transportation Research Part C: Emerging Technologies, 8 (1-6): 129-146.

Chu X. 2004. Ridership Models at the Stop Level. Tampa, Florida, National Center for Transit Research (NCTR). Report NO. NCTR-473-04. University of South Florida.

Cipriani E, Gori S, et al. 2012. Transit network design: A procedure and an application to a large urban area. Transportation Research Part C: Emerging Technologies, 20 (1): 3-14.

Curtin K, Noronha V, et al. 2001. ArcGIS Transportation Data Model (UNETRANS). Working paper. http://www.ncgia.ucsb.edu/vital/unetrans/ [2001-12-30].

Deneubourg J L, Aron S, et al. 1990. The self-organizing exploratory pattern of the argentine ant. Journal of Insect Behavior, 3 (2): 159-168.

Dorigo M. 1992. Optimization, Learning and Natural Algorithms. PhD dissertation of. Politecnico di Milano.

Doti J, Adibi E. 1991. A model for forecasting public transit. Transportation Research Part A: General, 25 (6): 443-450.

Dueker K J, Butler J A. 1998. GIS-T enterprise data model with suggested implementation choice. URISA Journal, 10 (1): 12-36.

Dueker K J, Butler J A. 2000. A geographic information system framework for transportation data sharing. Transportation Research Part C, 8 (1): 13-36.

Duff-Riddell W R, Bester C J. 2005. Network modeling approach to transit network design. Journal of Urban Planning and Development-Asce, 131 (2): 87-97.

ERTICO. 1999. GDF - Geographic Data Files. http://www.ertico.com/gdf-geographic-data-files/ [2013-07-05].

ESRI. 2004. ArcGIS 9: Designing Geodatabases With Visio. http://www.esri.com [2013-07-05].

Fan W, Machemehl R B. 2006. Using a simulated annealing algorithm to solve the transit route network design problem. Journal of Transportation Engineering-Asce, 132 (2): 122-132.

Farewell R G, Marx E. 1996. Planning, implementation, and evaluation of OmniRide demand-driven transit operations: Feeder and flex-route services. Transportation Research Record, 1557: 1-9.

FGDC. 2008. Geographic information Framework Data Content Standard. http://www.fgdc.gov/standards/projects/FGDC-standards-projects/framework-data-standard [2013-05-20].

Fletcher D. 1987. Modelling GIS transportation networks. 25th annual meeting of the Urban and Regional Information Systems Association, Fort Lauderdale, Florida.

Frihida A, Theriault M, et al. 2002. Spatio-temporal object-oriented data model for disaggregate travel behavior. Transactions in GIS, 6 (3): 277-294.

Furth P G, Mekuria, M C, et al. 2007. Parcel-level modeling to analyze transit stop location changes. Journal of Public Transportation, 10 (2): 73-91.

Furth P, Rahbee A. 2000. Optimal bus stop spacing through dynamic programming and geographic modeling. Transportation Research Record, 1731: 15-22.

Geurs K T, Ritsema van Eck J R. 2001. Accessibility Measure: Review and Applications. Bilthoven, National Institute of Public Health and The Environment, The Netherlands: 265.

Gleason J. 1975. A set covering approach to bus stop location. Omega. 3: 605-608.

Goldberg D E. 1989. Genetic Algorithms in Search, Optimization, and Machine Learning. Boston, MA, USA, Addison-Wesley Longman Publishing Co., Inc.

Golledge R G. 1998. The relationship between geographic information systems and disaggregate behavioral travel modelling. Geographical Systems, 5 (1-2): 9-17.

Goodchild M F. 1998. Geographic information systems and disaggregate transportation modelling. Geographical Systems, 5 (1-2): 19-44.

Goodchild M F, Anselin L, et al. 1993. A framework for the areal interpolation of socioeconomic data. Environment and Planning A, 25 (3): 383-397.

Goodwin C W H, Gordon S R, et al. 1995. Reinterpreting the location referencing problem: a protocol approach. Proceedings of GIS-T 95 Symposium., Washington DC., American Association of State Highway and Transportation Officials (AASHTO).

Gutiérrez J, Cardozo O D, et al. 2011. Transit ridership forecasting at station level: an approach based on distance-decay weighted regression. Journal of Transport Geography, 19 (6): 1081-1092.

Haddadi S. 1997. Simple Lagrangian heuristic for the set covering problem. European Journal of Operational Research, 97 (1): 200-204.

Hamdouch Y, Lawphongpanich S. 2008. Schedule-based transit assignment model with travel strategies and capacity constraints. Transportation Research Part B: Methodological, 42 (7-8): 663-684.

Hogan K, ReVelle C S. 1986. Concepts and applications of backup coverage. Management Science, 32: 1434-1444.

Holland J H. 1975. Adaptation in Natural and Artificial Systems, Ann Arbor: The University of

Michigan Press.

Hooke R, Jeeves T A. 1961. Direct search solution of numerical and statistical problems. Journal of the Association for Computing Machinery8 (2): 212-229.

Hsiao S, Lu J, et al. 1997. Use of Geographic Information System for Analysis of Transit Pedestrian Access. Transportation Research Record: Journal of the Transportation Research Board1604 (-1): 50-59.

Huang R, Peng Z. 2002. An Object- Oriented GIS Data Model for Transit Trip Planning Systems. Journal of the Transportation Research Board: Transportation Research Records, 1804: 205-211.

Huang Z. 2003. Data Integration for Urban Transport Planning. PhD dissertation of Utrecht University.

Huang Z, Ottens H F L, et al. 2007. A doubly weighted approach to urban data disaggregation in GISA case study of Wuhan, China. Transactions in GIS, 11 (2): 197-211.

Ibeas A, dell'Olio L, et al. 2010. Optimizing bus stop spacing in urban areas. Transportation Research Part E: Logistics and Transportation Review, 46 (3): 446-458.

ITE (2012). Trip Generation Manual. Washington, DC, Institute of Transportation Engineers.

Jack Faucett Associates. 1997. Multimodal Transportation Planning Data: Final Report. NCHRP Project 8-32-[5]. TRB, USA: 193.

Jiang B, Claramunt C. 2002. Integration of space syntax into GIS: new perspectives for urban morphology. Transactions in GIS, 6 (3): 295-309.

Kennedy D. 2013. Econometric Models for Public Transport Forecasting. Wellington, New Zealand, NZ Transport Agency: 407.

Kimpel T J, Dueker K J, et al. 2007. Using GIS to Measure the Effect of Overlapping Service Areas on Passenger Boardings at Bus Stops. URISA Journal, 19 (1): 5-11.

Koncz N A, Adams T M. 2002. A data model for multi-dimensional transportation applications. International Journal of Geographical Information Science, 16 (6): 551-569.

Kuby M, Barranda A, et al. 2004. Factors influencing light- rail station boardings in the United States. Transportation Research Part A: Policy and Practice, 38 (3): 223-247.

Kwan M P, Murray A T, et al. 2003. Recent advances in accessibility research: Representation, methodology and applications. Journal of Geographical Systems, 5 (1): 129-138.

Lago A M, Mayworm P, et al. 1981. Transit service elasticities: evidence from demonstrations and demand models. Journal of Transport Economics and Policy, 15 (2): 99-119.

Lautso K, Spiekermann K, et al. 2002. Modelling policies for urban sustainability. 42nd Congress of the European Regional Science Association (ERSA). Dortmund, Germany.

Li H, Bertini R L. 2009. Assessing a Model for Optimal Bus Stop Spacing with High- Resolution Archived Stop-Level Data. Transportation Research Record, (21): 24-32.

Linsalata J, Larry H P. 1991. Fare Elasticity and Its Application to Forecasting Transit Demand. Washington D. C., American Public Transit Association.

Liu Y, Bunker J, et al. 2010. Transit Users'Route- Choice Modelling in Transit Assignment: A Review. Transport Reviews, 30 (6): 753-769.

Martin W A, McGuckin N A. 1998. Travel estimation techniques for urban planning. Washington DC, Transportation Research Board.

Mayworm P D, Lago A M, et al. 1980. Patronage Impacts of Changes in Transit Fares and Services. UTMA RR-135-1. DOT-UT-90014. Washington D. C.

Mazloumi E, Mesbah M, et al. 2012. Efficient Transit Schedule Design of timing points: A comparison of Ant Colony and Genetic Algorithms. Transportation Research Part B: Methodological, 46 (1): 217-234.

Mccormack E. 1999. Using a GIS to enhance the value of travel diaries. ITE Journal. January: 38-43.

Meyer M D, Miller E J. 1984. Urban Transportation Planning: A Decision- Oriented Approach. New York [etc], McGraw-Hill Book Company.

Meyer M D, Miller E J. 2001. Urban Transportation Planning. New York [etc], McGraw- Hill Companies, Inc.

Miller H J, Shaw S L. 2001. Geographic Information Systems for Transportation: Principles and Applications. New York: Oxford University Press.

Miller H J, Storm J D. 1996. Geographic Information System Design for network equilibrium- based travel demand models. Transportation Research, 4 (6): 373-389.

Mohania M, Samtani S, et al. 1999. Advances and research directions in data warehousing technology. Australia Journal of Information Systems, 7 (1): 41-59.

Mrozinski R, Cromley R. 1999. Singly - and doubly - constrained methods of areal interpolation for vector- based GIS. Transactions in GIS, 3 (3): 285-301.

Munizaga M A, Palma C. 2012. Estimation of a disaggregate multimodal public transport Origin- Destination matrix from passive smartcard data from Santiago, Chile. Transportation Research Part C: Emerging Technologies, 24 (0): 9-18.

Murray A T. 2001. Strategic analysis of public transport coverage. Socio- Economic Planning Sciences, 35 (3): 175-188.

Murray A T. 2003. A Coverage Model for Improving Public Transit System Accessibility and Expanding Access. Annals of Operations Research, 123 (1): 143-156.

Murray A T, Davis R, et al. 1998. Public Transportation Access. Transportation Research Part D: Transport and Environment. 3 (5): 319-328.

Murray A T, Tong D, et al. 2010. Enhancing Classic Coverage Location Models. International Regional Science Review, 33 (2): 115-133.

Murray A T, Wu X. 2003. Accessibility tradeoffs in public transit planning. Journal of Geographical Systems, 5 (1): 93-107.

Ngamchai S, Lovell D J. 2003. Optimal time transfer in bus transit route network design using a genetic algorithm. Journal of Transportation Engineering-Asce, 129 (5): 510-521.

Nielsen O A, Frederiksen R D. 2001. Rule- based, object- oriented modelling of public transport systems- a description of the Transportation Object Platform. 9th World Conference on Transportation Research (WCTR), Seoul, South Korea.

OECD/ITF. 2012. Transport Outlook 2012: Seamless Transport for Greener Growth. Paris, The International Transport Forum at the OECD.

Openshaw S. 1983. The Modifiable Areal Unit Problem. , Norwich : University of East Anglia, Geo Books.

O'Neill W A. 1991. Developing optimal transportation analysis zones using GIS. ITE JOURNAL, 61 (12):33-36.

O'Packi P, Dubois R, et al. 2000. Maine's approach to data warehousing for state departments of transportation. Transportation Research Record, (1719): 227-232.

O'Sullivan D, Morrison A, et al. 2000. Using desktop GIS for the investigation of accessibility by public transport: An isochrone approach. International Journal of Geographical Information Science, 14 (1): 85-104.

Pattnaik S B, Mohan S, et al. 1998. Urban bus transit route network design using generic algorithm. Journal of Transportation Engineering, 124 (4): 368-375.

Pearson K. 1905. The problem of the random walk. Nature, July: 294.

Pelletier M P, Trepanier M, et al. 2011. Smart card data use in public transit: A literature review. Transportation Research Part C: Emerging Technologies, 19 (4): 557-568.

Peng Z R, Huang R. 2000. Design and development of interactive trip planning for web- based transit information systems. Transportation Research Part C: Emerging Technologies, 8 (1-6): 409-425.

Pirie G H Y. 1979. Measuring accessibility: a review and proposal. Environment and Planning A, 11 (3):299-312.

Ratti C, Pulselli R M, et al. 2006. Mobile Landscapes: using location data from cell phones for urban analysis. Environment and Planning B: Planning and Design, 33 (5): 727-748.

Rodrigue J P, Comtois C, et al. 2009. The Geography of Transport Systems. New York: Routledge.

Saka A. 2001. Model for Determining Optimum Bus- Stop Spacing in Urban Areas. Journal of Transportation Engineering, 127 (3): 195-199.

Shaw S, Wang D. 2000. Handling disaggregate spatiotemporal travel data in GIS. GeoInformatica, 4 (2):161-178.

Shrivastava P, O'Mahony M. 2007. Design of feeder route network using combined genetic algorithm and specialized repair heuristic. Journal of Public Transportation, 10 (2): 109-133.

Song C, Qu, Z, et al. 2010. Limits of predictability in human mobility. Science, 327 (5968): 1018-1021.

Spear B D, Lakshmanan T R. 1998. The role of GIS in transportation planning and analysis. Geographical Systems, 5: 45-58.

Stopher P R, Hartgen D T, et al. 1996. SMART: Simulation model for activities, resources and travel. Transportation, 23 (3): 293-312.

Stopher P R. 1992. Development of a route level patronage forecasting method. Transportation, 19 (3):201-220.

Stutzle T, Hoos S. 1997. MAX- MIN ant system and local search for the traveling salesman problem. Evolutionary Computation, 1997, IEEE International Conference on, IEEE.

Sutton J. 1997. Data attribution and network representation issues in GIS and transportation. Transportation Planning and Technology, 21: 25-44.

Szeto W V, Wu Y Z. 2011. A simultaneous bus route design and frequency setting problem for Tin Shui Wai, Hong Kong. European Journal of Operational Research, 209 (2): 141-155.

Tom V, Mohan S. 2003. Transit Route Network Design Using Frequency Coded Genetic Algorithm. Journal of Transportation Engineering, 129 (2): 186-195.

Tong C O, Wong S C. 1999. A schedule-based time-dependent trip assignment model for transit networks. Journal of Advanced Transportation, 33 (3): 371-388.

Trepanier M, Chapleau R. 2001. Linking transit operational data to road network with a transportation object-oriented GIS. URISA Journal, 13 (2): 23-30.

United Nations. 2012. World Urbanization Prospects, the 2011 Revision: Highlights. New York, United Nations, Word Department of Economic and Social Affairs, Population Division.

Verma A. 2005. Optimal Urban Rail Transit Corridor Identification within Integrated Framework Using Geographical Information System. J. Urban Plann. Dev, 131 (2): 98.

Verma A, Dhingra S L. 2005. Feeder bus routes generation within integrated mass transit planning framework. Journal of Transportation Engineering-Asce, 131 (11): 822-834.

Vonderohe A P, Chou C L, et al. 1997. A Generic Data Model for Linear Referencing Systems. National Cooperative Highway Research Results Digest 218. Transportation Research Board. Washington: National Academy Press.

Walters G, Cervero R. 2003. Forecasting Transit Demand in a Fast Growing Corridor: The Direct-Ridership Model Approach. Technical Memorandum prepared for the Bay Area Rapid Transit District. Fehr and Peers, Lafayette, CA.

Wang D, Cheng T. 2001. A spatio-temporal data model for activity-based transport demand modelling. International Journal of Geographical Information Science, 15 (6): 561-585.

Webber M J. 1980. A theoretical analysis of aggregation in spatial choice models. Geographical Analysis, 12: 129-141.

Wegener M. 2001. New spatial planning models. International Journal of Applied Earth Observation and Geoinformation, 3 (3): 224-237.

Whitley D. 1995. Genetic algorithms and neural networks//Winter G, Péiaux J, Galán M et al. Genetic Algorithms in Engineering and Computer Science. John Wiley & Sons Ltd.

Wirasinghe S C, Ghoneim N S. 1981. Spacing of bus-stops for many to many travel demand. Transportation Science, 15: 210-221.

Wong K I, Wong S C, et al. 2005. Estimation of origin-destination matrices for a multimodal public transit network. Journal of Advanced Transportation, 39 (2): 139-168.

Xiong Y E, Schneider J B. 1993. Transportation network design using a cumulative genetic algorithm and neural network. Transportation Research Record, 1364: 37-44.

Yao X. 2007. Where are public transit needed-Examining potential demand for public transit for commuting trips. Computers, Environment and Urban Systems, 31 (5): 535-550.

You J, Kim T J. 1999. An integrated urban systems model with GIS. Journal of Geographical Systems, 1 (4): 305-321.

You J, Nedovic-Budic Z, et al. 1997. A GIS-based traffic analysis zone design: technique. Transportation Planning and Technology. 21, (1-2): 45-68.

Yu B, Yang Z Z, et al. 2010. Genetic Algorithm for Bus Frequency Optimization. Journal of Transportation Engineering-Asce, 136 (6): 576-583.

Zhao F, Chow L, et al. 2003. Forecasting transit walk accessibility: regression model alternative to buffer method. Transportation Research Record: Journal of the Transportation Research Board, Transportation Research Board of the National Academies. Washington: 34-41.

Zhao F, Zeng X G. 2006. Simulated annealing-genetic algorithm for transit network optimization. Journal of Computing in Civil Engineering, 20 (1): 57-68.

Zhao F, Zeng X G. 2007. Optimization of transit route network, vehicle headways and timetables for large-scale transit networks. European Journal of Operational Research. 186 (2): 841-855.